국제주의 전통 자료집

V-3. 제국주의와 전쟁, 민족문제

알렉스 캘리니코스, 크리스 하먼 외 지음

이정구 엮음

국립중앙도서관 출판예정도서목록(CIP)

제국주의와 전쟁, 민족문제 / 지은이: 알렉스 캘리니코스,
크리스 하먼 외 ; 엮은이: 이정구. -- 서울 : 책갈피, 2018
    p. ;   cm. -- (국제주의 전통 자료집 ; 5-3)

원저자명: Alex Callinicos, Chris Harman
ISBN 978-89-7966-150-7 04300 : ₩13000
ISBN 978-89-7966-155-2 (세트) 04300

노동자 계급[勞動者階級]
제국 주의[帝國主義]

332.64-KDC6
305.5620941-DDC23   CIP2018026147

국제주의 전통 자료집

V-3. 제국주의와 전쟁, 민족문제

알렉스 캘리니코스, 크리스 하먼 외 지음

이정구 엮음

책갈피

차례

V. 제국주의와 전쟁, 민족문제 전체 목차

V-1. 제국주의와 전쟁, 민족문제

엮은이 머리말

이 자료집에 실린 글들은 노동자연대와 그 유관단체들이 발간한 신문과 잡지 등에서 일반성이 비교적 높은 글들을 추려 내어 주제별로 묶은 것이다.

자료집이 지닌 장점은 시간이 흘러도 그 진가가 사라지지 않을 좋은 글들을 선별하여 묶어 놓았다는 것인데, 이 자료집에 실린 글들도 그런 것이기를 바란다. 독자들은 이 자료집을 참고 자료나 교육 자료 등으로 유용하게 활용할 수 있을 것이다.

이 자료집은 이런 장점 외에, 독자들이 염두에 둬야 할 약점도 있다. 첫째, 자료집에 실린 글들이 발표된 때의 맥락을 설명하지 못했다. 물론 글을 읽어 보면 글이 작성된 취지를 대체로 파악하거나 짐작할 수 있을 것이다.

둘째, 많은 글들을 자료집으로 묶다 보니 용어의 통일, 맞춤법, 띄어쓰기 등에서 오류가 많을 수도 있다. 예를 들어, 예전에는 동성애자라는 표현을 많이 사용했지만 지금은 동성애자보다는 성소수자라는 용어를 쓴다. 특정 시기에 사용된 용어는 그 나름의 역사성을 지니고 있으므로 이 자료집에서는 오늘날 사용하는 용어로 일괄적으로 바꾸지 않았다. 또, 맞춤법이나 띄어쓰기도 세월이 지나면서 바뀌었다. 그래서 현재의 것으로 교정돼야 할 어구들이 많다. 그러나 바로잡지 못하고 놓친 부분이 많을 것이다. 독자들의 너그러운 양해를 부탁드린다.

셋째, 같은 주제의 글들을 모았기 때문에 여러 글의 내용이 중복되는 경우도 적지 않다. 이런 중복의 문제에 대해서는 엥겔스의 방식을 따랐다. 엥겔스는 마르크스의 초고를 모아 《자본론》 3권으로 편집하면서 이렇게 밝혔다. "반복도 주제를 다른 각도에서 파악하든지 다른 방법으로 표현한 경우에는 그 반복을 버리지 않았다."(《자본론》 3권 개역판 서문)

넷째, 혁명가들이 혹심한 탄압을 받던 시기에 작성된 글 중에서 필자를 확인하지 못해 필자를 명시하지 못한 경우가 있다. 이것은 엮은이가 의도한 것이 결코 아니라는 점을 밝혀 둔다.

그 외에도 다른 오류들이 편집 과정에서 있을 수 있는데, 이것들은 엮은이의 잘못이다.

이 자료집이 나오기까지 몇몇 동지들이 도움을 줬다. 인쇄된 문서를 타이핑해 파일로 만들어 준 박충범 동지와 책을 디자인해 준 장한빛 동지에게 감사드린다. 방대한 양의 원고를 나와 함께 검토해 준 책갈피 출판사 편집부에도 감사드린다.

2018년 7월 10일
엮은이 이정구

제6장 중남미

격변의 라틴아메리카

얼마 전까지만 해도 중남미는 세계 다국적 기업들이 게걸스럽게 부를 챙겨 갈 수 있는 "준비된" 땅이었다. 1980년대에 국제통화기금 (IMF)과 세계은행(WB)은 중남미 국가들에게 돈을 빌려 주는 조건으로 구조조정 프로그램을 강요했다. 공공 자산을 사유화하고, 국가 보조금을 철폐하며, 자본과 부동산 시장을 개방하며, 노동자들의 임금과 연금을 삭감하며, 재정 긴축 정책을 추진하라는 것이 구조조정 프로그램의 핵심 내용이었다.

다국적 기업과 미국은 중남미를 세계 경제에 통합하는 첫걸음으로 1994년 1월 1일 북미자유무역지대(NAFTA)를 선포했다. 미국과 캐나다와 멕시코의 정부들은 자본과 노동의 자유 이동을 가로막는 장벽을 모두 철폐한다고 발표했다. 지난해 4월 캐나다 퀘벡에서는 2005년에 미주자유무역지대(FTAA)가 출범한다고 선언했다.

이정구, 월간 《다함께》 9호, 2002년 2월 1일. https://wspaper.org/article/317.

신자유주의 구조조정 정책의 결과는 끔찍했다. 대다수 중남미 민중의 생활 수준은 피폐해졌고, 실업률은 치솟았으며, 권력과 부가 더 한층 소수에 집중됐다. 이 과정의 희생자들은 주로 노동자, 영세 농민, 학생, 도시 빈민, 실업자 들이었다.

준비된 땅

중남미에서 신자유주의적 세계화가 초래한 경제·정치 위기는 끝이 없어 보인다. 최근 아르헨티나의 붕괴는 그 일부일 뿐이다. 신자유주의 구조조정은 처음에는 성공하는 듯했다. "잃어버린 10년"이라고 부르는 1980년대가 지나간 뒤 1990년대 초반에는 인플레가 수그러들었고 수출이 증가했다. 1980년대에 2퍼센트였던 수출 증가율은 6퍼센트로 성장했다. 하지만 이런 경제 성장은 대중의 생활 수준 하락 덕분이었다. 경제 성과는 대다수 중남미인들의 삶을 개선하는 것으로 이어지지 않았다. 부채 증가로 파산한 사람들이 늘어났고, 대량 실업이 일상사가 됐으며, 계급 불평등과 사회 양극화가 심화됐다. 공공 자산을 사유화한 결과, 중남미 국가들은 국내 경제 정책을 수립하는 데서 선택의 폭이 제약됐다.

중남미 국가들의 총외채는 1990년에 4천3백90억 달러에서 1998년에는 6천7백98억 달러로 증가했다. 1980년대 초 외채 위기에서 벗어나기 위해 도입한 신자유주의 정책들은 오히려 외채를 더 늘어나게 만들었다. 다국적 기업들과 그들의 이익을 대변하는 국제 기구들은 중남미 국가들에 보건·교육·사회복지 비용을 줄이라고 강요하고 있다.

오늘날 브라질·아르헨티나·콜롬비아의 실업률은 20퍼센트를 넘나들고 있으며, 에콰도르와 베네수엘라는 16퍼센트, 칠레는 11퍼센트다. 노동자 임금도 대폭 삭감됐다. 이는 IMF로부터 대부 받는 조건으로 임금이 거의 절반으로 삭감됐던 1980년대를 연상시킨다.

그러다 보니 지금 중남미에서는 빈곤이 만연해 있다. 너무 낮게 발표해 신뢰할 수 없는 공식 통계로도 농촌 가구의 대다수와 도시 가구의 30퍼센트가 하루 1달러 이하로 살아가는 빈곤층이다. 많은 전문가들은 기본 생필품도 사지 못하는 사람들이 중남미 전체에서 60퍼센트에 이를 것으로 추정하고 있다. 또, 극빈층도 중남미 지역 인구의 35퍼센트에 이르는데, 이는 10년 전과 하등 다를 바 없다.

신자유주의 세계화의 결과로 중남미 국가들이 독자적인 경제 정책을 추구할 수 있는 여지가 더욱 줄어들었다. IMF와 세계은행이 강요한 가혹한 조건과 지금까지 진행된 사유화로 인해 중남미 경제는 미국과 세계 경제에 더욱 얽매이게 됐다.

세계 8위 경제 대국인 브라질에서 지난 5년 동안 기업의 70퍼센트가 외국 기업에 인수·합병됐다. 라틴아메리카에서 세 번째 경제 규모를 지닌 아르헨티나의 경우, 20년 전에는 대략 대기업의 3분의 1이 외국인 소유였지만 지금은 석유·에너지·통신·공공 서비스·철도 등 핵심 산업들을 포함해 경제의 3분의 2가 다국적 자본가들의 수중에 있다.

투쟁의 시작과 확산

라틴아메리카를 마음대로 요리할 수 있을 거라는 다국적 기업들의 생각은 나프타가 공식 출범하던 날부터 틀렸음이 드러났다. 멕시코 남부의 치아파스 주에서는 사파티스타 민족해방군이 치아파스 주의 주도(州都) 산 크리스토발 델 라 카사스를 장악하고는 세계화에 저항할 것이라고 선언했다.

전 세계를 향한 첫번째 선언문에서 사파티스타는 억압당하는 자들의 봉기를 선언하고 "야 바스타!"(이제 그만!)를 외쳤다. 그 후 '야 바스타!'는 반자본주의 운동을 상징하는 핵심 구호가 됐다. 사파티스타는 멕시코 남부의 30개 토착민 단체의 연대 투쟁을 대변했다. 멕시코 정부는 사파티스타와 평화 협상을 질질 끄는 한편, 6만 명의 군인을 투입해 사파티스타가 통제하는 공동체를 포위하는 전략을 동시에 추진했다.

2001년 3월 사파티스타는 치아파스 주둔 군대의 철수, 사파티스타 소속 재소자 석방, 토착민 공동체의 권리를 명시해 놓은 산 안드레 협정 준수 등을 요구하며 멕시코시티까지 행진했다. 사파티스타 민족해방군은 중남미에서 반자본주의 저항을 상징했다. 한편, 중남미의 다른 지역에서도 반자본주의 저항이 계속 성장해 더 거대한 운동으로 발전했다. 여러 쟁점들을 중심으로 형성된 항의와 저항은 공통의 적을 표적으로 삼고 있었다. 그 적은 바로 사회적 비용이 얼마가 되든 상관 없이 중남미 지역 전체에 자신의 논리를 강요하려는 자본주의 경제였다.

예컨대, 볼리비아의 반세르 정부는 신자유주의를 추종하며 공공 자원들을 사유화했다. 수자원의 사유화 시도에 반대하는 투쟁은 다양한 부문을 끌어들였으며, 이들은 2001년 4월에는 코차밤바에서 라파스까지 6백44킬로미터에 이르는 장거리 시위 행진을 하기도 했다. 행진에는 노동조합원들뿐 아니라 농장 노동자, 소상인, 소농, 토착민 단체들도 참가했다. 경찰의 잔혹한 탄압에도 불구하고 투쟁에 참여한 여러 단체는 5월 이후 항의 운동을 확대하기 위해 민중 회의를 소집했다.

자본주의의 지역적 통합을 위한 핵심 수단으로서 '달러와 연동시키는 정책'이 있는데, 이에 반대하는 투쟁의 선두에 에콰도르가 있다. 1999년 초 하밀 마우아드 정부는 대폭적인 물가 인상과 함께 생산 합리화, 보조금 폐지 정책을 펼치다가 통일노동자전선, 에콰도르 토착민연합(CONAIE) 등으로부터 강력한 반격을 받았다. 마우아드가 유가 인상 정책을 번복한다고 발표했음에도 투쟁은 1999년 말까지 계속됐다. 2000년 1월 마우아드는 대중 봉기에 의해 권좌에서 물러나야 했다. 경제를 마비시키고, 키토 거리를 통제했으며, 민족민중협의회로 표현됐던 대중 운동이 잠시나마 권력을 장악했다. 그러나 부통령 기예르모 노보아가 군부와 협력해 다시 권력을 장악했다. CONAIE의 지도자 한 명이 노보아 정부에 입각했으나, 노보아는 그의 전임자와 비슷한 정책을 펼치고 있다.

노보아가 달러화 정책을 다시 시도하자 2001년 2월 7일에 전국에서 파업이 벌어졌다. 에콰도르 정부는 감금된 CONAIE 지도자 안토니오 바르가스를 석방하고, IMF가 강요하는 정책을 추진하지 않겠으며 미국의 콜롬비아 개입 계획인 '플랜 콜롬비아'에 참여하지 않겠다고 약속했다.

저항과 대안

요즘에는 아르헨티나가 중남미가 갈 길을 보여 주는 듯하다. 아르헨티나에서 데 라 루아 정부가 구조조정 프로그램을 추진하면서 인플레는 천정부지로 치솟았고, 실업률은 신기록을 경신했다. 지난해 3월에도 데 라 루아가 교육 재정 삭감과 가스 및 전기에 대한 보조금 폐지를 포함한 가혹한 긴축 조치들을 발표하자 조직 노동자·학생·연금 생활자들이 파업, 거리 점거, 고속도로 봉쇄, 대중 시위를 벌인 바 있다. 아르헨티나의 대중 투쟁은 데 라 루아의 계엄령을 무력화시키고, 그와 그의 후임자 로드리게스 사아를 물러나게 했다. 지금 아르헨티나에서 대중 투쟁의 폭발력은 봉기를 넘어 혁명으로 발전할 조짐을 보이고 있다.

브라질은 지난 20년 동안 대중 운동의 본보기를 보여 줬다. 1970년대 말 산업 노동자들이 파업을 통해 군부 통치의 종말을 앞당겼다. 그리고 노동자 파업 투쟁의 성과로 노동자당(PT)이 건설됐다. 1990년대에는 '땅없는 사람들의 운동'(MST)이 수십만 명의 가난하고 억압당하는 사람들과 함께 토지와 주거권을 위해 투쟁을 벌였다. PT는 주요 정당으로 발전해 여러 주에서 요직을 차지했다. 그렇지만 PT는 자신이 유기적 연관을 맺고 있는 대중 운동과, 브라질 정부와 세계 경제가 가하는 압력 사이에서 샌드위치 신세다. FTAA(미주자유무역지대)가 브라질 경제에 가하는 압력이 커질수록 PT는 기성 질서와 제도를 뛰어넘어야 한다는 압력을 더 많이 받을 것이다. 오늘날 콜롬비아는 중남미에서 반자본주의 운동이 넘어야 할 장애물을 가장 적나라하게 보여 주는 나라다. 미국은 '플랜 콜롬비아'에 대한 군사적 지원을 위해 13억 달러를 제공했다. 군사 장비나 코카인 생산을 못하도록 이 보조금은 주로 화학 약품으로 제공됐다. 미국은 마약 단속이라는 허울 좋은 이름을 내걸지만 사실은 다른 이해관계를 감추고 있다.

콜롬비아는 현 정부군이 통제하는 지역과 콜롬비아혁명군(FARC)이 통제하는 지역, 그리고 민족해방군(ELN)이 통치하는 지역으로 나뉘어 있다. 콜롬비아 정부는 상이한 파벌 사이의 협상 테이블 노릇을 해 왔다. 1990년대 초반, 게릴라 조직을 제도 정치권으로 끌어들이려는 시도는 우익 민병대 조직이 게릴라 조직 지도자들을 암살함으로써 좌절됐다.

'플랜 콜롬비아'는 콜롬비아 대통령 안드레스 파스트라나가 미국 정부에 제시한 계획으로, 이 지역에 대한 경제적·군사적 통제를 위해 콜롬비아 국가의 군사력을 증대시키는 것이다. 콜롬비아 접경의 에콰도르 군사 기지가 미국의 후원을 받는 군벌의 세력권 안에 들어갔다. "마약과의 전쟁"은 미국이 주요 마약 생산지인 페루·에콰도르·볼리비아에 대한 개입을 정당화하는 데 이용되고 있다. 페루에서는 블라디미로 몬테시노스가 우두머리로 있던 억압 기구의 만행들이 폭로되면서 후지모리 정부가 몰락했다. 대선 주자였던 알란 가르시아는 거액을 횡령한 혐의로 기소된 상태이며, 현 대통령 알레한드로 톨레도는 신자유주의 경제 계획에 충실할 것임을 천명했다. 칠레의 현 대통령 리카르도 라고스도 사회당 출신인데도 신자유주의에 충실하다는 점에서는 톨레도와 똑같다.

중남미의 전체적인 상황이 매우 분명해지고 있다. 1980년대 말 소위 '민주주의로의 이행'과 함께 시작된 과정이 완성 단계에 접어들고 있다. 그 과정의 우선 순위는 구조조정 프로그램과, 중남미 경제를 "자유화"(개방)하는 과제를 수행할 수 있는 민간 정부의 구성이었다. 많은 새 정부들이 게릴라 조직의 지도자(과테말라, 엘살바도르, 콜롬비아)나 야당 인사들(칠레)을 정부 내로 끌어들였다. 중남미의 저항 운동은 토지나 주택을 위해 투쟁하는 단체에서부터 토착민들의 단체에 이르기까지 다양한 시민·사회단체들과 밀접한 연계를 가지고 있다. 이런 운동의 특징은 현 사회와는 다른 대안을 제시하기보다는 종종 눈에 띄는 항의 행동을 벌이면서 세계화의 결과(환경 파괴, 인권 침해, 경제적 폐해 등)에 반대해 싸운 점이다. 멕시코 대통령 비센테 폭스가 사파티스타에 몇 가지 양보 조처를 내놓는다 하더라도 1999~2000년에 멕시코 국립대학을 14개월간 점거하며 투쟁했던 학생들의 무상 교육을 수용하지는 않을 것이다. 또, 멕시코-미국 접경 지역의 마킬라도라(수출 자유 지역) 노동자들의 권리를 보호하거나 멕시코시티 공장 노동자들의 노동조건을 개선하지는 않을 것이다. 그가 약간의 양보를 한다 할지라도 곧 멕시코 사회 전체에서 새로운 약탈과 파괴를 시도해야 할 처지에 빠질 것이다.

베네수엘라에서 포퓰리스트인 우고 차베스가 대통령이 되면서 석유 수입에 바탕을 둔 강력한 국민 국가를 세울 수 있을 것이라는 기대가 형성되고 있다. 그러나 베네수엘라의 역사적 경험은 석유 수출이 아무리 잘된다 할지라도 세계 시장이 시장에 반대하는 세력을 어떻게 붕괴시켰는지를 잘 보여 준다. 카리브해의 쿠바가 생생한 선례일 것이다.

대안은 아르헨티나·볼리비아·에콰도르의 경험에서 찾아볼 수 있다. 이 나라들에서는 신자유주의 세계화에 저항하는 농민·토착민·유색인·여성·도시 빈민·학생 등이 부를 직접 생산하는 노동자들의 투쟁과 연대하고 있다.

아르헨티나의 폭발

지난해 12월 20일 아르헨티나 대통령 데 라 루아가 분노에 찬 실업자들의 식량 폭동에 직면해 사임했다. 이 반란은 적어도 3년 전부터 시작된 경제 위기에서 비롯한 투쟁의 결과였다. 아르헨티나 노동자들, 실업자들, 심지어 중간계급조차 지난 몇 해 동안 심각한 경제 위기로 고통을 겪었다. 최근 실업률은 거의 20퍼센트에 이른다. 심지어 정부는 연금 생활자 1백40만 명에게 연금을 지급하지 못하고 있다. 그러다 보니 날마다 2천 명이 빈곤선 이하로 추락하고 있다.

지난해 12월 중순 데 라 루아와 재무장관 도밍고 까바요가 서방 은행에서 빌린 외채를 갚기 위해 복지 재정을 삭감하고, 신규 대출을 받기 위해 IMF의 요구 조건을 이행하려 한 것이 투쟁을 촉발시켰다.

폭동이 부에노스 아이레스를 휩쓸자 데 라 루아는 계엄령을 선포했다. 계엄령은 1970년대 중반부터 1983년까지 아르헨티나를 지배

이정구. 월간 《다함께》 9호, 2002년 2월 1일. https://wspaper.org/article/315.

했던 군사 정부의 가혹한 탄압을 떠올리게 했다.

하지만 계엄령에도 아랑곳하지 않고 시위대가 '5월 광장'으로 모여들자 데 라 루아는 투쟁을 진압하려 했다. 진압 과정에서 적어도 수십 명이 죽었다. 하지만 이런 탄압으로도 투쟁을 잠재울 수 없었다. 결국 데 라 루아와 도밍고 까바요는 사임할 수밖에 없었다.

신자유주의 정책이 낳은 재앙

IMF와 미국 관료들은 데 라 루아와 까바요가 아르헨티나의 위기를 해결할 것이라며 환영했다. 하지만 아르헨티나인들은 까바요가 미국과 IMF의 요구에 충실한 예스맨이라는 것을 잘 알고 있다.

까바요가 1990년대 초에 도입한 페그제(아르헨티나 페소화와 미국 달러화를 1 대 1로 연동시키는 것)는 아르헨티나 경제를 더한층 위기에 빠뜨렸다. 아르헨티나는 IMF가 강요한 자유 시장 정책들 — 기업에 대한 규제 완화, 공기업의 사기업화, "유연한" 노동정책 등 — 을 충실히 따랐다. 중남미에서 가장 발전한 사회 가운데 하나였던 아르헨티나는 빈곤 상태에 빠졌다. 하지만 데 라 루아 정부는 긴축 정책을 더 강경하게 밀어붙일 뿐이었다.

대부분의 서방 언론들은 파산한 중간계급이 항의 행동에 참가했다는 사실을 부각시키고 있다. 하지만 이번 봉기는 노동자와 실업자들이 여러 해 동안 투쟁을 벌인 결과였다. '사회주의를 위한 운동'(MAS)이라는 단체는 다음과 같이 보도했다. "이번 반란의 동력은 평범한 노동자들을 비참하게 만든 기아였다. 탄압은 가혹했다. TV에 비친 모습은 대중의 분노를 자아냈다. 몇 시간 만에 수천 명의 젊은이들이 전투에 참가했으며, 실업자 단체들도 동참했다." 데 라 루아가 도망가기 직전에 노동조합총연맹(CGT)의 지도자 로돌포 다에르가 총파업을 호소한 데 이어 아르헨티나노동운동(MTA: CGT에서 갈라져 나온 반대파 노조) 지도자 우고 모야노도 정권 퇴진을 위한 총파업을 선포했다.

페론주의 정당은 지난해 12월 시위를 이용해 데 라 루아를 제거하고 주도권을 잡았다. 페론주의 정당은 데 라 루아에 반대하는 시위에 동참해 대중의 신뢰를 회복하려 했다. 이 당은 재빨리 이 투쟁의 선두에 서서는, 아돌포 로드리게스 사아를 임시 대통령으로 만들었다.

로드리게스 사아는 외채 상환 중단을 선언하고 1백만 개의 일자리 창출을 약속했다. 하지만 그가 할 수 있는 일이라곤 투쟁을 기성 정치 안으로 끌어들이는 것뿐이었다. 지난해 12월 26일 로드리게스 사아는 로돌포 다에르와 우고 모야노를 만나 총파업을 중단해 달라고 요청했다. 그는 이 자리에서 월 2백 달러인 최저 임금을 두 배로 올리고 기업이 노동자들을 쉽게 해고할 수 없도록 법을 개정하겠다고 약속했다. 하지만 3일 뒤에 또 다른 대중 시위가 수도를 휩쓸었다. 로드리게스 사아가 공무원 고용 인원을 동결시켰기 때문이다. 국회의사당을 점령한 시위대는 로드리게스 사아 정부에 포함된 부패 정치인을 비난했다.

시위대는 또한 아르헨티나 법원이 예금 인출을 금지시켜 페소화를 찾을 수 없게 되자 분노를 터뜨렸다. 사아의 계획에 따르면, 노동자들은 페소화보다 가치가 작은 아르헨티노로 임금을 지급받게 될 터였다.

평가절하가 핵심인 새 화폐 계획은 투쟁의 불씨 구실을 했다. 실업자와 '피켓팅 시위대'의 투쟁은 매우 인상적이었다. 이들은 정기적으로 도로를 봉쇄하고 직접적 행동을 주도해, 지방 공무원들로 하여금 식량 원조나 비상 일자리 프로그램을 제공하도록 했다. 피켓팅 시위대에 의해 자극을 받은 노조 지도자들도 지난 2년 동안 총파업을 일곱 번 단행했다.

그러는 동안 정부는 달러화로 표기된 외국인 투자와 채권은 보호해 주기로 했다. 한 시위 참가자는 팻말에 "나는 내 돈을 훔치는 것이 아니라 보호해 달라고 은행에 맡긴 것이다"라는 글을 써 놓았다.

페론주의 정당 지도부와의 갈등 때문에 로드리게스 사아는 사임하고 두알데가 대통령직을 이어받았다. 그러나 두알데도 아르헨티나가 겪고 있는 위기를 해결할 능력은 없어 보인다.

줄타기

페론주의 정당은 노동자와 빈민들에게 양보조처를 얻어 내는 것과 아르헨티나 기업과 다국적 기업들의 이익을 보호하는 것 사이에서 줄타기를 하고 있다. 이것은 인기 없는 정부를 무너뜨린 대중 봉기가 일어났던 나라들의 공통된 현상이다. 1989년 동유럽 민주주의 혁명의 결과로 탄생한 정부들, 1998년 인도네시아 혁명 이후의 정부, 2000년 필리핀의 사례 등이 이를 보여 준다. 페론주의 정당은 데 라 루아와는 다른 정책들을 추구할 수 있을 것이다. 하지만 그들도 노동자들의 희생을 통해 경제 위기를 극복하려 한다는 점에서 데 라 루아와 근본적으로 다르지 않다. 두알데는 IMF와 은행가들에 대한 대중의 분노를 누그러뜨리려 안간힘을 쓰고 있다. 그는 국회 연설에서 이렇게 말했다. "이제는 진실을 말해야 할 때다. 아르헨티나는 파괴됐다. 아르헨티나 모델은 모든 것을 파괴했다." 그러나 그는 페론주의 정당이 1990년대 초반에 카를로스 메넴 정부 하에서 자유 시장 모델을 세웠다는 사실을 말하지 않았다. 더욱이 두알데의 평가절하 계획은 노동자와 빈민에게 심각한 타격을 가할 것이다.

두알데가 평가절하 계획을 발표하자 또다시 분노가 폭발했다. 게다가 두알데 정부에 부패한 각료가 포함돼 있는 것 때문에 저항 세력 내에서는 조기 대선을 치러야 한다는 분위기가 팽배해 있다. 항의 시위자들은 새로 선거를 해서 대중의 지지를 받는 국회를 구성하자고 요구하고 있다. 데 라 루아를 몰아냈던 대중 봉기 때처럼 사람들은 빈 냄비를 들고 다니며 기아에 분노를 나타내고 있다. 노동자들은 자신의 일자리를 지키기 위해 새로운 파업을 준비하고 있다.

전망

아르헨티나 노동자와 실업자들의 투쟁이 새 국면에 접어들면서 극복해야 할 문제들도 함께 나타나고 있다. 데 라 루아를 몰아낸 민중의 거리 시위는 중간계급까지 포함된 다계급적 성격을 불가피하게 띠고 있다. 그래서 '5월 광장'에 모인 항의 시위대의 구호에는 계급적 요구들이 분명하게 드러나지 않았다. 한편, 노동자들은 생활 수준 하락에 저항하는 파업을 벌이고 있다. 세라믹을 만드는 사논 공장 노동자들은 공장을 점거하면서 지역 단체들과 사회단체를 끌어들여 투쟁의 과제와 진로를 토론하고 성명서를 발표하기도 했다. 사회를 변화시킬 수 있는 결정적 힘은 노동자 대중의 투쟁에 있다. 거리 투쟁은 공장 점거와 같은 생산 현장 투쟁과 결합될 필요가 있다.

두번째는 페론주의를 극복하는 일이다. 페론주의는 노동자 운동에서 생겨난 포퓰리즘 이데올로기다. 후안 페론이 집권한 이후로 노조 관료들은 페론주의 정당과 긴밀한 관계를 맺어 왔다. 노동조합총연맹이 국가에 종속돼 있는 것에 반대해 갈라져 나온 아르헨티나노동운동조차 페론주의에는 반대하지 않는다. 심지어 도시 무장 게릴라 조직인 몬토네로스도 페론주의를 받아들이고 있다.

하지만 로드리게스 사아나 두알데가 보여 주었듯이, 페론주의 정당은 아르헨티나의 위기를 노동자와 민중의 희생을 통해 극복하려 한다. 현재 아르헨티나 노동자 투쟁은 페론주의가 아닌 정치적 대안이 필요하다.

볼리비아 민중 봉기

돌과 몽둥이로 탱크를 무찌르다

이번 봉기는 지난 9월 20일 군대가 시위대 7명을 살해한 뒤 한 달 동안 계속된 파업과 시위의 정점이었다. 당시 시위대는 신자유주의 정부가 천연가스를 미국으로 수출하려는 계획을 놓고 국민투표를 요구했다.

군대가 발포하자 전국에서 도로 봉쇄가 잇따랐고 볼리비아 노총(COB)이 총파업을 호소했다. 그러나 처음에 시위는 성공하지 못할 것처럼 보였다. 고용주들이 파업 노동자들을 해고할 수 있도록 보장하는 법 때문에 많은 노동자들은 어쩔 수 없이 계속 일을 해야 했다.

그런데 10월 12일에 수도 라 파스 교외의 대규모 노동계급 거주

크리스 하먼. 격주간 〈다함께〉 18호, 2003년 10월 25일. https://wspaper.org/article/938.

지역인 로스 알토스에서 군대가 또다시 학살을 저질렀다. 그 뒤 며칠 동안 얼마나 많은 사람들이 죽었는지는 확실치 않다. 어떤 시위대는 70명이라고도 하고, 다른 이들은 130명이라고도 한다. 확실한 것은 학살 때문에 전체 노동계급과 농민 대중과 도시 빈민이 한데 뭉쳐 대통령인 곤살로 산체스 데 로사다를 제거하기 위한 거대한 운동에 나섰다는 점이다.

로사다는 미국식 교육과 북미식 억양의 스페인어 때문에 "엘 그링고"[미국인]로 불리는 백만장자이다. 10월 17일이 되자, 볼리비아가 억압적 군사 정권이냐 봉기의 성공이냐 하는 갈림길에 서 있음이 명확해졌다. 전국에서 총파업의 효과가 나타났고, 시위대가 알 알토와 라 파스로 끊임없이 쏟아져 나왔다.

당시 상황은 20개월 전에 이웃 나라 아르헨티나에서 IMF의 신자유주의 프로그램을 강요한 대통령 데 라 루아를 쫓아낸 것을 연상시켰다. 그러나 이번에 볼리비아에서 거리로 뛰쳐나온 사람들은 단순한 자생적 군중이 아니었다. 운동의 중심부에는 다이너마이트로 무장한 볼리비아 광부들이 있었다! 농민연합과 코칼레로스 ─ 미국의 "마약과의 전쟁" 때문에 유일한 생계수단을 잃어버린 코카 재배자들 ─ 의 조직도 광부들과 함께 행진했다.

미국은 잔혹한 정권을 전폭 지지했다.

볼리비아의 민중 봉기는 조지 W 부시에게 한방 먹였다. 로스 알토스 학살 바로 다음 날 미국 국무부는 황급히 곤살로 산체스 데 로사다를 변호했다.

"미국 국민과 정부는 민주적으로 선출된 볼리비아 대통령을 지지한다. 미국은 볼리비아의 헌정 질서가 중단되는 것을 결코 용납하지 않을 것이며, 비민주적 방식으로 수립된 정권을 지지하지도 않을 것이다."

라 파스의 미국 대사관은 "볼리비아 정부가 범죄적 폭력에 기초한 정부로 교체돼서는 안 된다. 돌과 몽둥이는 평화적 저항의 수단이 아니다." 하고 덧붙였다.

그러나 미국은 어린이도 포함된 비무장 시위대에게 기관총을 발사한 볼리비아 정부를 비판하는 말은 한 마디도 하지 않았다. 잡지 〈풀소〉(Pulso)는 볼리비아 정부가 강경 탄압을 자행하는 과정에서 미국 관리들이 중요한 구실을 했다고 주장했다.

볼리비아 노동자 투쟁의 역사

볼리비아는 칠레뿐 아니라 아르헨티나·페루·파라과이처럼 사회적 격변을 겪은 나라들에 인접해 있다.

1530년대: 볼리비아는 스페인에 정복당한 잉카 제국의 남부 지역이었다. 스페인 정착민들은 대토지를 차지하고 토착민들의 강제 노동을 이용하는 세계 최대의 은광산을 지배했다.

1820년대: 스페인으로부터 독립을 쟁취했지만 스페인어를 말하는 엘리트들은 인구의 대부분을 차지하는 토착민들의 권리를 여전히 인정하지 않았다.

1880년대: 세계 최대의 주석 광산이 발견됐다. 극소수 상층 가문들은 엄청난 부를 축적했다. 그러나 토착민 광부들의 평균 수명은 겨우 35세였다.

1920년대: 단결한 광부들은 대규모 파업들을 일으켜 자신들의 힘을 보여 주었지만 잔혹하게 진압당했다. 그들은 지배 엘리트들에 맞선 끊임없는 저항의 선두에 섰다.

1952년: 혁명이 일어났다. 광부들은 라 파스로 행진해서 군대를 무장해제시켰다. 노동자 시민군이 결성되고, 노동자들이 광산을 통제했으며, 농민들은 대토지를 분할했다. 그러나 광부 지도자들은 중간계급 민족주의 정치인들에게 권력을 넘겼다. 볼리비아 자본가 계급의 필요에 맞는 개혁 조처들이 시행됐다.

1960년대: 군대가 광부들을 무장해제하고 파업 노동자들을 학살하고 광산 지역에 주둔했다. 군부 독재가 이어졌다.

1961~71년: 총파업과 함께 새로운 노동자 투쟁 물결이 일어났다. 잠시나마 민중의회가 기존 국가 기구들에 도전하기 시작했다. 운동의 지도자들이 중간계급 정치인들에게 신뢰를 보내면서 1952년의 실수를 되풀이했다.

1970년대: 반세르 장군의 쿠데타가 일어나 잔인한 탄압이 뒤따랐다.

1982년: 총파업으로 나라가 거의 내전 상황에 빠졌다. 군부는 권력을 포기했다. 중도 좌파 민족주의자들이 선거에서 승리했다. 그들은 광산의 일자리를 절반으로 줄이면서 신자유주의 노선을 추구했다.

2000년: 코차밤바에서 물 사유화에 반대하는 대중 반란이 일어났다. 시위와 도로 봉쇄로 전국이 마비된 끝에 물 사유화 반대 투쟁이 승리했다.

2002년: 대통령 선거에서 코칼레로스 운동의 지도자 에바 모랄레스가 광산업 백만장자 산체스 데 로사다를 거의 이길 뻔했다.

그들은 어떻게 싸웠나
'거리 전투를 준비하기'

10월 16일(목요일) 엘알토와 라 파스의 거의 모든 하층계급 지구에서 쏟아져 나온 25만 명 이상의 노동자·민중이 정부 청사를 포위했다. 그들은 볼리비아 역사상 가장 강렬한 증오의 대상인 백만장자 대통령 곤살로 산체스 데 로사다에게 사임하고 볼리비아를 떠날 마지막 기회를 주었다.

산 프란시스코 광장에 모인 민중은 대중 동원을 전국으로 확대하기로 합의하고 사람들에게 탱크와 기관총에 맞선 거리 전투를 준비하라고 알렸다.

볼리비아 노동자센터(COB)의 지도자인 광부 하이메 솔라레스는 "각 블록의 각 지구마다 참호를 팝시다. 자위대를 조직합시다." 하고 말했다. 대중의 구호는 어제보다 더 급진적이었다. 남녀노소 가리지 않고 사람들이 저마다 몽둥이를 흔들면서 "아오라 씨, 게라 시빌, 아오라 씨, 게라 시빌"(Ahora si, guerra civil, ahora si, guerra civil)("그래, 이제 내전이다") 하고 외쳤다.

도시 중심에는 광부, 코카 재배자, 남부에서 온 농민, 학생, 교사, 연금수령자, 노점상, 젊은이 들이 모여들었다. 젊은이들이 아주 많았다. 어떤 거리에서는 충돌이 발생해서, 최루탄, 바리케이드, 불타는 태국어를 볼 수 있었다. 최루가스 때문에 고통스러워하는 사람들도 있었고, 피를 흘리는 사람들도 있었다. 다른 거리에서는 코카 재배자들과 지역민들이 빵과 음료수를 경찰들과 나누어 먹었다. 이것은 모순되기도 한, 다양한 모습을 가진 민중 봉기였다.

중간계급이 더 많이 사는 지구에서도 대통령의 사임을 바라는 기도회가 교회에서 열렸다. 이러한 저항의 지도자들은 "우리는 사람들이 계속 살해당하는 것을 더는 용납할 수 없다. 우리는 상황이 정상화되기를 바란다. 해결책은 대통령이 사임하는 것밖에 없었다." 하고 말했다.

10월 17일(금요일) 볼리비아 의회의 3분의 2를 차지하는 신자유주의 정당들의 지도자들은 자신들이 거리에서 잃은 것을 되찾으려 애를 썼다. 그들은 헌법에 따라 대통령이 퇴진하기를 원했다. 그러나 여러 도시의 거리들과 전국의 도로들은 노동자와 빈민 들이 통제하고 있었다. 바로 이것이 공식 권력을 압도한 진정한 권력이었다.

돌과 몽둥이가 탱크와 기관총을 무찔렀다. 그러나 지도자들 내부에는 카를로스 메사[새 대통령]를 당분간이라도 인정할 것인지 말 것인지를 둘러싸고 의심과 논쟁이 존재한다. 의회에서 네 블록 떨어진 산 프란시스코 광장에서는 손에 다이너마이트를 든 광부 수천 명이 대중의 열렬한 박수를 받았다.

10월 18일 (토요일) 대통령[로사다]은 마이애미로 날아갔다. 군대는 거리를 떠났다. 광부, 코칼레로스, 농민 들은 환호하며 집으로 돌아갔다. 그들의 지도자들은, 새 정부를 지지하지는 않지만 시간을 주겠다고 말했다.

차베스의 승리는 베네수엘라 대중의 급진적 분위기를 보여 준다

우고 차베스가 또다시 베네수엘라 대통령으로 선출됐다. 득표율은 62퍼센트에 약간 못 미쳤지만, 이는 역대 대선과 [2004년] 대통령 소환 국민투표 때 득표율보다 높은 수치다.

이번 선거는 그 어느 때보다 계급 쟁점이 두드러진 선거였다.

야당 후보인 마누엘 로살레스는 자신이 성실하고 정직한 민주주의자라고 말했다. 그 말이 사실이라면, 2002년 차베스를 제거하려다 실패한 군사 쿠데타를 공공연하게 지지했던 로살레스가 개과천선한 셈이다! 그는 이번 선거에서 베네수엘라의 소수 특권층을 대변했고, 1990년대에 대다수 베네수엘라인들을 불행에 빠뜨린 신자유주의 정책들을 지지했다.

마이크 곤살레스. 〈맞불〉 23호, 2006년 12월 7일. https://wspaper.org/article/3672.

반면에, 차베스를 지지한 사람들은 도시 빈민, 농민, 조직 노동자들이었다.

1998년에 차베스가 시작한 볼리바르 식 혁명은 많은 베네수엘라인들의 삶을 진정으로 개선했다. 특히, 이른바 미션이라는 주요 프로젝트들을 통해 보건의료·교육을 개선하고 토지를 재분배했다.

베네수엘라의 막대한 석유 판매 소득이 처음으로 노동 대중의 삶을 개선하는 데 사용됐다. 그것만으로도 이번 선거에서 차베스 지지율이 상승한 것을 설명할 수 있다.

라틴아메리카라는 더 넓은 맥락에서 보면, 차베스의 볼리바르 식 혁명은 그 지역 대중 운동의 자신감 고양을 반영함과 동시에 그것에 영향을 미치고 있다.

차베스의 대선 승리 1주일 전에 치러진 에콰도르 대통령 선거에서 세계 자본가들이 선호하는 후보가 패배했다. 볼리비아의 에보 모랄레스나 멕시코의 사실상 대통령 로페스 오브라도르 등 대중의 지지를 받는 후보자 명단에 또 한 명이 추가된 것이다.

따라서, 부시 정부 인사들의 얼굴이 어두워진 것도 당연하다. 미국이 늘 하던 대로 반제국주의 정권을 공격하고 무너뜨리는 것이 이라크 재앙 때문에 훨씬 더 어렵기 때문이다.

실패

그렇다고 해서 미국이 베네수엘라의 친미 세력들 — 세계화론자들과 신자유주의자들 — 을 지지하지 않았다는 말은 아니다. 그들은 그 동안 세 차례나 차베스를 제거하려 했지만 모두 실패했다.

그리고 무엇보다 가장 중요한 것은 그들이 어떻게 실패했는가 하는 점이다.

그들은 대중 운동 때문에 실패했다. 쿠데타를 좌절시키고 차베스를 권좌에 복귀시킨 것도, 2002년 말부터 시작된 기업주들의 파업을 분쇄한 것도, 2년 전 대통령 소환 국민투표를 격퇴한 것도 대중 운동이었다.

차베스 스스로 말했듯이, 이번 선거는 다음 단계의 시작이 돼야 한다. 지난해에 차베스는 [볼리바르 식] 혁명이 사회주의 혁명이어야 한다고 선언했지만, 그가 말한 사회주의가 어떤 의미인지는 여전히 논쟁의 대상이다.

분명한 것은 혁명의 적들이 우익들 — 수단과 방법을 가리지 않고 그 과정을 사보타주할 태세가 돼 있는 — 만은 아니라는 것이다. 차베스 진영 안에도 위험 요인들이 있다.

차베스가 당선 축하 연설에서 "반(反)혁명적 관료주의와 부패에 맞선 위대한 투쟁"을 시작하겠다고 공언한 것은 매우 의미심장하다.

왜냐하면 차베스 집권기 동안 베네수엘라의 여러 측면에서 중대한 진보가 있었지만, 여전히 국민의 60퍼센트 이상이 빈곤층이고, 많은 노동자들은 열악한 조건에서 생활하거나 노동하고 있고, 옛 소수 특권층이 많은 토지와 부를 차지하고 있기 때문이다.

그 이유는 여러 가지가 있지만, 주된 원인은 차베스 정부 안에 있다. 일신의 부귀영화를 위해 최근에야 차베스 편에 붙은 자들이 정부의 많은 부처들을 좌지우지하고 있다. 그들은 어떤 종류의 혁명에도 관심이 없다.

다음 단계에서는 분명한 권력 이전이 이루어질 필요가 있다. 이 과정에서 차베스가 핵심적으로 중요하겠지만, 그것은 차베스의 개인적 지위나 그의 공식 포고령에 관한 문제가 아니라 이 과정을 실제로 누가 통제할 것인가 하는 문제이다.

새로운 노동조합 연맹인 UNT는 선거 후 발표한 성명서에서 다음과 같이 분명하게 밝혔다. "수많은 노동자들이 차베스에게 표를 던지긴 했지만, 정부 부처에 만연한 관료주의, 부정·부패, 절박한 문제들에 대한 늑장 대응 등을 잘 알고 있다."

차베스를 옹호하고 지지하는 것은 이미 얻은 성과들을 지키기 위한 것이다. 그러나 중요한 투쟁들이 아직 남아 있다.

심화

UNT가 차베스를 권좌에 앉힌 대중 동원의 지속과 심화를 호소하는 것은 그 때문이다.

경제는 성장하고 있지만 그 혜택은 여전히 주요 민간 자본가들에게 돌아가고 있다. 언론 매체와 주요 경제 부문이 여전히 민간의 수중에 남아 있다.

심화하는 볼리바르 식 혁명은 머지않아 그런 불평등에 도전하지 않으면 안 될 것이다. 그리고 늘 그렇듯이 노동자·농민·도시빈민의 대중 운동이 미래를 결정적으로 좌우할 것이다.

그들의 행동 능력, 자신감과 조직화 수준, 무엇보다 그들을 기꺼이 혁명적 과정의 지도부로 끌어올리려는 우고 차베스의 태도가 베네수엘라 혁명의 이 새로운 단계가 어디로 나아갈지를 결정할 것이다.

공격받는 사회주의?

베네수엘라 대통령 우고 차베스가 권좌에서 쫓겨났다 복귀했다. 기성 언론들은 "사회주의 개혁"으로 민심을 잃은 "독재자"가 민중의 저항에 부딪혀 퇴진했다가 간신히 살아난 것으로 보도했다. 세계 4위의 석유 수출국 베네수엘라는 천연자원이 풍부한 나라다. 그러나 빈곤·불의·불평등 또한 엄청나다. 인구의 1퍼센트도 안 되는 지주가 60퍼센트의 토지를 소유하고 있다. 인구의 약 80퍼센트가 빈곤층이고, 국부의 40퍼센트를 외채 상환에 쓰고 있다.

1970년대에 들이닥친 세계 경제 위기의 여파로 베네수엘라 자본주의는 쇠퇴하기 시작했다. 유가 폭락으로 경제는 곤두박질쳤다. 노동자·농민은 절박한 생존의 위기로 내몰린 반면, 부자들은 석유 수입으로 부를 쌓았다.

당시 베네수엘라 정치를 지배하고 있었던 기독교민주당(COPEI)과

이수현. 월간 《다함께》 12호, 2002년 5월 1일. https://wspaper.org/article/381.

민주행동당(AD)은 중남미 최대의 부패 스캔들에 휘말렸다. 20년 동안 중간 계급의 소득은 70퍼센트나 폭락했다. 부패에 찌든 기성 정당들은 무기력했다. 군부 내에서는 주로 프티 부르주아지 출신의 소장파 장교들 사이에서 불만이 팽배했다. 1983년에 이들 가운데 일부가 차베스의 지도 아래 비밀리에 '볼리바르 혁명 운동'(MBR-200)을 시작했다. 그들의 사상은 민족주의와 갖가지 좌파 사상이 뒤섞인 것이었다.

그러다가 1989년에 대중의 분노가 폭발했다. "카라카소", 즉 빈민 대중의 자생적 봉기가 발생한 것이다. 전국은 봉기의 소용돌이에 휘말렸다. 그러나 민주행동당의 카를로스 안드레스 페레스 정부는 봉기를 유혈 진압했다. '볼리바르 혁명 운동'의 소장파 장교들은 카라카소 유혈 진압에 충격을 받았다. 그들은 1992년에 페레스를 몰아내고 "명예롭고 애국적인" 정부를 수립하기 위해 쿠데타를 일으켰다. 이들의 쿠데타는 실패했고 그 지도자들은 투옥됐다. 1990년대에 베네수엘라의 노동자·민중은 생활 조건을 개선하기 위해 다양한 방식을 시도했다. 베네수엘라 최대 노조 연맹 베네수엘라 노총(CTV) 지도자들에게 압력을 넣어 총파업을 호소하게 한다거나 '사회주의를 위한 운동'(MAS)과 급진당(Causa Radical) 같은 좌파 정당들을 지지했다. 그러나 이 모든 시도는 정치인들과 노조 지도자들의 배신으로 실패했다. 노동자의 18퍼센트를 아우르는 CTV는 철저하게 관료들의 통제를 받았다. CTV 관료들의 생활 조건은 대중의 실제 생활과는 완전히 동떨어진 것이었다. CTV 지도자들은 단지 압력용으로만 파업을 호소했고, 파업이 정치 투쟁으로 발전할 조짐이 보이면 바로 중단시켰다. 그리고 CTV는 "말 안 듣고" "분란을 일으키는" 조합원 명단을 작성해 사장들에게 넘겨 주는 짓도 서슴지 않았다. 바로 이런 경제적·사회적·정치적 위기 상황에서 차베스의 제5공화국운동(MVR)이 출범했다. 군부 내 소장파 장교들과 그 밖의 다른 중간 계급 부문의 주도로 결성된 MVR은 공산당(PCV), MAS, 우리의 조국(Homeland for All:PPT) 같은 상이한 좌파 경향들을 포괄하는 애국전선을 만들었다.

"볼리바르 혁명"

1998년 12월 차베스는 압도적인 지지를 받으며 대통령에 선출됐다. 그는 제헌의회를 구성해, 완전한 사회 정의를 실현하고 제국주의에 맞서 민족 자립을 강화하며 부정부패를 일소할 수 있는 헌법을 만들겠다는 공약을 내걸었다. 이 헌법은 소위 "볼리바르 혁명"의 초석이 될 것이었다.

차베스의 "볼리바르 혁명"은 결코 사회주의를 뜻하지 않았다. 그것은 국제 노동자 운동의 촉진보다는 세계 시장에서 베네수엘라 국가의 몫을 더 늘리고 그 지역에서 영향력을 확대하는 것을 목표로 삼았다. 차베스는 "야만적인 신자유주의"를 비난했지만, 해외 투자를 적극 유치하려 했고 고용주들의 노동 유연화 전략에도 도전하지 않았다. 그는 언제나 "인간의 얼굴을 한 자본주의"를 옹호했다. 1999년에 차베스는 "국가가 필요한 만큼 시장도 필요합니다." 하고 말했다. 그가 추진한 개혁 입법의 일부는 노동자를 공격하는 내용도 포함하고 있었다. 대통령이 공기업 단체협약을 "국가 재정에 무책임한" 것이라고 판단하면 파업을 금지할 수 있었다. 국가가 임신한 여성 노동자들을 예고 없이 해고할 수도 있었다.

1999년과 2000년에 차베스 정부는 유가 인상과 세계 경제 호전 덕분에 그런 대로 잘 나갔다. 베네수엘라 석유회사의 사유화를 중단시키고 이 회사의 일부 소득으로 공공 지출을 늘릴 수 있었다. 그래서 외채나 통화량을 늘리지 않아도 됐고, 자본가 계급과의 결정적인 전투를 피할 수 있었다. 2000년 공공 지출은 42퍼센트나 상승했다. 그럼에도 이런 조치들은 차베스를 지지하는 대중의 기대를 충족시키지 못했다. 그들은 생활 조건의 근본적인 변화를 바랐다. 2001년에 유가가 하락하고 경제 위기가 닥쳤다. 특히 빈민층이 고통을 겪었다. 환멸은 늘어났고 볼리바르 운동에 대한 지지는 더욱 낮아졌다.

작년 11월 23일 차베스가 49개의 "개혁 입법"을 통과시킨 것은 바로 이런 상황에 대응하려는 시도였다. 많은 사회·경제적 개혁 조치들을 시행함으로써 자신의 기반을 강화하려 했던 것이다. 개혁 입법 중에서 특히 세 가지가 부르주아지와 제국주의 세력의 강력한 반발을 샀다. 정부가 유휴지를 몰수해 농민에게 분배하거나 지주에게 경작을 강제하는 "토지법." 석유와 가스 부문의 외국 자본에 대한 세율을 16.6퍼센트에서 30퍼센트로 올리고, 자국 내에서 채굴한 석유와 가스에 30퍼센트의 로열티를 부과하는 내용의 "탄화수소법." 소규모 어업과 환경을 보호한다는 차원에서 특정 해안 지대 내의 대형 트롤 어업을 금지한 "해안지대법." 페데카마라스(베네수엘라 상공회의소)나 부르주아 언론의 호들갑에도 불구하고, 그런 조치들은 전혀 사회주의적이지도 않았고 "마르크스주의적"이지도 않았다. 사실, 그런 조치들은 각국의 부르주아 정부들이 간혹 선택했던 국가의 경제 개입 조치였다. 그러나 지금 베네수엘라 상황에서 이 조치들은 제국주의자들이 세계 곳곳에서 밀어붙이고 있는 정책들(사유화, IMF 긴축 조치, 시장 자유화, 모든 사회 생활에 도입된 시장의 논리, 특히 다국적 자본의 명령에 대한 굴종 등)과 상충하는 것이었다. 그래서 차베스를 본격적으로 공격하기 시작했다. 투자를 중단하고 자본을 해외로 빼돌리는 합법적인 방법과 "냄비" 시위나 12월 10일의 공장 폐쇄 같은 방법들을 동원해 대항했다. 서방 언론에서는 12월 10일의 공장 폐쇄와 상가 철시를 두고 가당치도 않게 '노동자와 고용주의 연합 총파업'으로 묘사했다. 자본가들의 반발에 부딪힌 차베스는 처음에는 공세적으로 나갔다. 그는 군 장악력을 더욱 강화하고 문제의 개혁 입법을 고수하는 한편 이를 지지하는 대중 시위를 호소했다. 12월 18일에는 농민들에 대한 대출을 거부하는 은행은 국유화할 수 있다는 말까지 했다.

격돌

그러나 반정부 세력의 반격도 만만치 않았다. 2002년 1월 13일, 베네수엘라의 "유력" 일간지 〈엘 나시오날〉에는 "카라카스 군대 선언"이라는 제목의 문건이 실렸다. 차베스에게 정책의 방향을 바꾸라는 경고문이었다. 1월 23일에는 친정부 시위대와 반정부 시위대가 모두 거리를 점거했다. 그 시위에 자신감을 얻은 기득권층은 언론을 통해 차베스가 대중의 지지를 완전히 상실했으며 이제는 그의 사임이 시간 문제일 뿐이라고 떠들어 댔다.

차베스가 아프가니스탄 전쟁을 "테러와 싸우는 테러리즘"이라고 비난하자 미국은 그에게 테러리즘에 대한 태도를 "분명히" 하라고 요구했다. 또, 베네수엘라 주재 미국 대사를 소환하기도 했다. 유가 하락과 국내외 투자 감소로 인한 경제 위기에다 지배 계급의 공세, 미국 제국주의 위협 등 안팎의 거대한 압력에 직면한 차베스는 후퇴하기 시작했다. 2월 13일에 그는 고정환율제를 포기했다. 그러자 곧바로 인플레이션이 일어났다. 올해 인플레이션은 30퍼센트에 달할 것으로 예상된다. 동시에, 차베스는 재정적자를 이유로 예산안을 22퍼센트 삭감하고 공공 지출을 7퍼센트 줄이겠다고 발표했다. 또, 콜롬비아혁명군과 연계 의혹에 시달린 내무장관도 교체했다. 차베스의 양보를 목격한 지배 계급은 더욱 자신감을 얻었다. 〈워싱턴 포스트〉에 따르면, 최근 몇 주 동안 베네수엘라 군인·언론인·야당 정치인들이 미국 대사관을 드나들면서 쿠데타 시나리오를 문의하는 등 차베스 축출 기회만 노리고 있었다. 그러다가 차베스가 베네수엘라 석유회사 경영진을 자기 주변 인사로 교체하자 이를 계기로 대중을 동원해 시위를 벌이는 한편 쿠데타를 감행한 것이다. 결국 이번 쿠데타는 가톨릭 교회·부패한 노조 관료 집단 등과 손잡은 자본가 계급이 도시 빈민과 농민·노동자의 지지를 받는 포퓰리스트 정부를 타도하려 한 시도였다.

카스트로와 쿠바

지난주 쿠바 국가평의회 의장직에서 사임한 피델 카스트로는 20세기 라틴아메리카에서 가장 중요하고 영향력 있는 정치 지도자들 중 한 명이다.

거의 50년 동안 카스트로는 강대국 미국의 의사를 거슬렀고, 쿠바 정권을 무너뜨리려는 미국의 경제 제재에 맞서 살아남았다. 쿠바는 수많은 라틴아메리카 사람들에게 반제국주의의 상징이었다.

그러나 쿠바는 다른 것을 상징하기도 한다. 쿠바는 냉전 시대 옛 소련과 동맹 관계에 있던 국가들 가운데 1990년대 초 소련 블록 붕괴를 이겨낸 극소수 국가들 중 하나이기도 하다.

카스트로의 사임에 대한 반응에서도 이 점을 볼 수 있었다. 언론들은 쿠바가 현재의 정치적·경제적 길을 고수할 것인지, 아니면 카스트로의 사임과 함께 변화가 올 것인지를 놓고 논쟁을 벌였다.

〈맞불〉 76호, 2008년 2월 28일. https://wspaper.org/article/5027.

지난 50년 동안 자신을 사회주의자로 여긴 사람들 가운데 많은 사람들이 카스트로의 쿠바를 찬양해 왔다. 그러나 쿠바는 사회주의와 거리가 멀었다.

원래 카스트로는 어떤 종류의 사회주의자도 아니었다. 카스트로는 쿠바의 포퓰리즘적 민족주의 전통을 이어받았고, 정통주의당[1947년 창당된 쿠바 민족주의 정당]의 당원이었다. 카스트로를 비롯한 이 당의 청년 당원들은 1940년대 말과 1950년대 동안 미국이 지원하는 풀헨시오 바티스타 장군의 독재에 맞서 싸우면서 급진화했다.

카스트로는 무장 행동에 나서기도 했다. 1953년 카스트로는 쿠바 제2의 도시인 산티아고 소재 몬카다 병영을 공격했다. 이것은 무모한 행동이었고 실패할 수밖에 없었다. 카스트로가 이끈 게릴라 단체 '7·26운동'은 다른 반(反)바티스타 단체들처럼 잔혹하게 탄압당했다. 카스트로는 법정에서 감동적인 변호 연설을 했지만 투옥됐고 나중에 멕시코로 추방됐다.

쿠바 망명객들은 망명지에서 또 다른 공격을 계획했고 군사 훈련을 했다. 나중에 아르헨티나 출신 순회 의사인 에르네스토 체 게바라가 여기에 동참했고, 그들은 1956년에 고작 수십 명의 병력으로 쿠바를 침공했다.

이 게릴라군은 산으로 들어갔지만, 7·26운동에 속한 사람들은 대부분 도시에서 사보타지[파괴공작], 암살, 선동을 통해 저항했다.

그러나 도시에서 혹독한 탄압을 받으면서 이 운동의 축은 점점 게릴라전으로 옮겨갔다. 특히 카스트로와 게바라가 게릴라 전략을 중요시했다. 그들은 곧 바티스타에 맞서는 급진 반정부파들 사이에서 지배적 세력이 됐다.

게릴라

1958년 말에 이르러 대중적 불만이 크게 고조되면서 당황한 미국 후원자들은 바티스타를 내버렸다. 카스트로의 군대가 산에서 내려와 도시들을 포위하자 쿠바 군대는 게릴라들과 싸우기를 거부했고 와해돼 버렸다.

1959년 1월 1일 바티스타는 쿠바를 떠났다. 카스트로의 군대는 의기양양하게 수도 아바나로 진입했다. 그러나 카스트로가 승리한 이유는 게릴라 전략이 옳았기 때문이 아니라 운이 좋았기 때문이었다. 실제로 이후에 '쿠바 모델'을 확산시키려는 시도들은 모두 재앙으로 끝났다.

당시에 카스트로는 자신이 공산주의자가 아니라고 애써 강조했다. 카스트로는 쿠바 혁명이 적색이 아니라 황록색(게릴라 위장복의 색깔)이라고 말했다. 나중에 카스트로가 소련과 가까워진 것은 미국의 제국주의 때문이었고, 그 후로 미국 정부에게 카스트로는 눈엣가시였다.

물론 당시 쿠바 대중은 게릴라 군대를 지지했고, 이 군대가 위로부터 건설한 국가 기구도 지지했다. 그러나 7·26운동은 토지 점거를 비난하고 노동조합을 철저히 통제하는 등 조심스런 행보를 했다.

그 정부는 '민중의 정부'가 아니라 '민중을 위한 정부'였다. 정치 권력은 7·26운동의 수중에 있었다. 7·26운동은 강철 같은 규율과 위계를 강조했는데, 이런 조직 방식은 이 운동이 비밀 군사조직에서 비롯했기 때문이다.

비록 쿠바 민중은 1959년 혁명에서 중요한 구실을 하지 못했지만, 초기 카스트로 정부는 의료, 교육, 문맹, 실업 문제 등에서 중요한 개혁을 단행했다.

쿠바의 부자들은 이런 개혁들을 참을 수 없었고, 미국 플로리다의 마이애미로 도망갔다. 그들은 미국이 곧 카스트로를 몰아내 자신들이 쿠바로 복귀할 수 있으리라고 확신했다.

미국 정부는 처음에 신생 쿠바 정부를 승인했지만 곧 마음을 바꿨다. 바티스타가 쫓겨난 것은 아쉽지 않았지만, 코앞에 있는 정부가 미국 자본가들의 이익에 손해를 입히는 것을 두고보지 않기로 결심했다. 미국 정부는 카스트로의 숨통을 조이기 시작했다.

미국 기업들은 쿠바에서 사용되는 석유의 정제를 거부했다. 쿠바 정부는 이 기업들을 국유화했고, 다른 쿠바 기업들도 곧 국유화했다.

1961년 CIA가 지원한 피그만(灣) 침략은 실패했고, 카스트로 정부에 대한 대중적 지지는 더 굳건해졌다. 미국 정부의 사주를 받아 시작된 미국 기업들의 경제 보이콧은 나중에 완전한 경제 제재로 확대돼 지금까지 계속되고 있다.

카스트로는 냉전 시대 전 세계 모든 국가 지도자들이 택한 길을 따랐다. 즉, 그는 하나의 초강대국이 자신을 위협하자 다른 초강대국인 소련에게 접근했다. 그러면서 카스트로는 자신이 공산주의자이고 쿠바 혁명이 사회주의 혁명이라고 주장하기 시작했다.

소련은 카스트로의 움직임을 환영했다. 미주 대륙에 교두보를 마련할 기회가 생겼다고 생각했기 때문이었다. 그러나 쿠바에 대한 소련의 '의무'는 철저히 소련의 이익에 따라 변화할 수 있는 것이었다.

쿠바와 소련의 이익이 충돌하면 쿠바가 일방으로 양보해야 했다. 많은 쿠바 지도자들은 1962년 쿠바 미사일 위기를 종결시킨 미국과 소련 정부 사이의 협상에서 쿠바가 무시당했다고 느꼈다.

의존

카스트로의 동료 지도자들 사이에서 쿠바 경제가 나아갈 방향과 구조에 관한 치열한 논쟁이 벌어지기도 했다. 그러나 1960년대 말에 이르면 이 논쟁은 종결됐다. 쿠바는 미국에 대한 의존에서 벗어났지만 이제는 소련과 그 위성국가들에 의존해야 했다.

쿠바는 경제 다변화 계획을 포기하고 전통적 수출 상품 — 특히 사탕수수 — 에 다시 의존하게 됐다. 쿠바는 소련의 공식 위성국가가 됐다. 심지어 아프리카 몇몇 곳에서 소련 대신 대리전을 치르기도 했는데, 어떤 것은 매우 성공적이었다.

공산당 지도자들의 비교적 높은 생활수준과 그들만을 위한 시설 등 공산당 일당 국가에 존재하는 특징들이 모두 쿠바에서도 나타났다. 그럼에도 과거 독재 정권의 만행과 1960년대 초반 개혁 조처들을 기억하는 쿠바 민중은 여전히 카스트로 정권을 방어하고 지지했다.

1991년 소련 붕괴 이후 쿠바는 경제·정치 위기에 빠졌다. 쿠바인들은 쿠바 경제 구조가 변화하고 쿠바가 세계시장의 경쟁에 노출되면서 힘든 고통을 겪어야 했다.

관광업 같은 특정 산업은 호황을 누렸지만, 다른 산업들은 그러지 못했다. 또, 관광업으로 일부 쿠바인들은 외환을 얻을 수 있었지만 대다수는 그러지 못했다. 사회 불평등이 심해졌고, 많은 사람들의 생활수준이 하락했다. 오늘날 쿠바 경제는 이른바 '사회주의 천국'과 한참 거리가 멀다. 오히려 암시장이 번성하고 관광업과 연관돼 성매매 행위가 광범하게 벌어지고 있다.

사회주의자들은 미국 제국주의에 맞서 쿠바를 방어해야 한다. 그러나 우리는 쿠바가 '사회주의적 성격'을 지녔다고 착각을 해서는 안 된다.

쿠바 같은 정권들은 '위로부터' 다양한 진보적 개혁 정책을 추진할 수 있다. 그러나 그들은 세계자본주의 체제에서 쉽게 벗어날 수 없을 뿐 아니라, 평범한 사람들이 투쟁을 통해 자신의 운명을 스스로 개척하는 '아래로부터의 사회주의'를 대체할 수도 없다.

수많은 위기와 모순을 겪고 카스트로 정권은 살아남았다. 쿠바 체제는 의심의 여지없이 권위주의적 성격을 지니고 있고, 이것이 정권의 생존에 도움이 된 것은 사실이다. 그러나 이것만으로는 카스트로 정권의 안정을 설명할 수 없다.

그것은 부분적으로는 카스트로가 진정한 민족주의적 자부심을 불러일으키고 있기 때문이다. 쿠바인들은 막강한 미국의 온갖 공세를 이겨냈다는 자부심을 갖고 있다.

그러나 다양한 형태의 저항 — 비록 아직 개별적이거나 소규모인 저항에 한정돼 있지만 — 이 존재한다는 것은 지령을 내리고 그것을 실행하는 데 익숙한 이 위계적 정권의 앞날이 순탄치 않을 것임을 암시한다.

카스트로의 쿠바는 모순으로 가득하다. 한때 식민지적 종속에서 벗어나려는 시도를 대표했지만, 이제는 작은 섬이 세계시장의 규칙을 거스르는 것이 불가능함을 보여 주고 있다.

카스트로와 그 동료들은 한때 대중적 지지를 받는 — 대중이 능동적으로 참가하지는 않았지만 — 혁명을 일으켰지만, 이제는 권위주의적으로 통제하는 정체된 관료들이 됐다.

쿠바의 현 지배자들이 1990년대 경제 이행기를 감독했다. 일부는 중국과 가까워지고 싶어하고, 다른 자들은 유럽을 우방으로 보고 있다.

쿠바 정권이 추구하는 또 다른 전략은 브라질이나 아르헨티나 등 라틴아메리카의 다른 경제들과 무역 관계를 강화하는 것이다.

그럼에도 쿠바는 라틴아메리카에서 여전히 주권과 자주의 상징이다. 문제는 카스트로의 후계자들이 얼마나 오랫동안 그 길을 고수할 수 있을 것인가이다.

체 게바라의 생애와 유산

오늘날 체 게바라의 모습은 어디서나 볼 수 있다. 그러나 우리는 신화 속의 인물에 대해서 얼마나 알고 있을까?

무엇이 체 게바라를 정치적으로 만들었는가? 그의 생각은 어떻게 바뀌었는가? 짧은 생애를 산 그가 어떻게 전 세계적인 인물이 됐으며, 왜 그는 여전히 많은 사람들에게 영감을 주고 있는가?

지난 몇 년 동안 체 게바라에 대한 관심이 대단히 높아졌다. 이것은 반자본주의 운동과 반전 운동의 폭발이 초래한 급진화를 반영하는 것이다.

멕시코의 사파티스타에서 유럽의 노동조합원들에 이르기까지 게바라는 반란과 반제국주의의 불멸의 상징이 됐다. 게바라의 저작이 다시 출간되고 있다. 심지어 영화도 있다.

최근 개봉된 〈모터싸이클 다이어리〉는 게바라의 삶에 큰 영향을

격주간 《다함께》 44호, 2004년 11월 24일. https://wspaper.org/article/1660.

미친 그의 라틴아메리카 여행을 묘사하고 있다.

아르헨티나 중간계급 출신의 이 신출내기 의사 청년은 이런 여행을 통해 정치화했고 헌신적인 혁명가가 됐으며 결국 그 이름이 쿠바와 동의어가 됐다.

게바라는 타고난 마르크스주의자가 아니었다. 사실, 게바라가 처음으로 정치적 각성을 하게 된 것은 모터싸이클을 타고 라틴아메리카를 여행하면서였다.

그가 만난 원주민들은 궁색하고 가난에 찌든 삶을 살고 있었다. 그 경험은 게바라의 인도주의 정신과 동정심을 자극했다.

그러나 그의 삶의 경로를 영원히 바꿔놓은 것은 그가 의사 자격증을 취득한 직후에 떠난 여행이었다.

1954년 게바라가 과테말라에 이르렀을 때, 미국 소유의 식료품 회사들을 과감하게 국유화한 개량주의 정부가 미국의 후원을 받은 군사 쿠데타로 전복됐다. 이런 사건들 때문에 급진화한 많은 청년들 가운데 한 명이 게바라였다.

그 쿠데타 때문에 게바라는 멕시코에 망명 중이던 다른 사람들과 만나게 됐고, 거기서 한 쿠바 청년 활동가를 만났다. 그 혁명가의 이름은 물론 피델 카스트로였다.

점차 정치화하고 있던 게바라는 이 만남을 계기로 삶의 방향을 결정했다.

이 청년들은 라틴아메리카 대륙이 미국의 거대 기업들의 이익에 맞게 운영되고 있다고 보았다. 그들은 스스로 반제국주의자라고 여겼다.

얼마 뒤 게바라 자신을 포함한 소수는 냉전에서 소련을 편들며 스스로 공산주의자라고 여겼다. 그러나 안타깝게도 소련은 결코 사회주의 사회의 모델이 아니라 전체주의 국가였다.

이 집단이 구체화한 사상과 정치 전략이 그 뒤 몇 년 동안 라틴아메리카 지역의 많은 투쟁들에서 출발점이 됐다.

게바라는 이런 사상과 전략을 요약해 ≪게릴라전≫이라는 소책자를 썼다. 그는 게릴라 군대를 동원해 지배계급을 군사적으로 공격해야 한다고 생각했다.

게바라는 농촌이 주요 전쟁터라고 주장했고, 게릴라들의 용기와 의지로 객관적 조건을 극복할 수 있다고 주장했다.

그는 "혁명을 시작할 수 있을 때까지 조건이 무르익기를 기다릴 필요 없다. 왜냐하면 반란을 일으킨 게릴라 집단이 그런 조건을 만들어 낼 수 있기 때문이다." 하고 썼다.

그는 또 이 엘리트 집단이 대중을 대리해 혁명을 일으킬 것이라고 믿으며 이렇게 말했다. "게릴라 전사는 일종의 수호천사로서, 항상 빈민들을 도와주고 전쟁의 초기 국면에서는 되도록 부자들을 괴롭히지도 않을 것이다."

그래서 처음부터 그의 투쟁관을 지배한 것은 남성 위주의 엘리트 집단을 조직해 그들을 군사적으로 — 흔히 야만적인 규율로 — 훈련시켜야 한다는 것이었다.

멕시코시티를 가로지르는 인수르헨테스 대로(大路)를 따라 17마일[약 27킬로미터]을 걷는 장거리 행군과 산악 등반 등이 그런 훈련의 일부였다.

게바라는 해발 고도가 높은 멕시코시티에서 생활하는 것 자체가 하나의 투쟁이라는 사실을 깨달았다. 왜냐하면 늘 천식에 시달린 그는 죽을 때까지 계속 호흡용 마스크를 달고 살았기 때문이다.

그 집단은 이제 구체적인 목표를 갖게 됐다. 그것은 쿠바에서 증오의 대상이던 바티스타 독재정권을 무너뜨리는 것이었다.

1950년대에 쿠바는 부유한 미국인들의 놀이터나 다름없었다. 카지노와 매음굴은 넘쳐난 반면, 평범한 쿠바인들은 대부분 가난하게 살고 있었다.

그러나 바티스타 정권을 타도하자는 운동은 거의 재앙으로 끝났다.

1956년 말 게바라와 그 동료들을 태운 배는 예정보다 늦게 쿠바 해안에 상륙했고, 바티스타 정권은 이미 알고 그들을 기다리고 있었다. 배에서 내린 82명 가운데 19명만이 가까스로 살아남았다.

게바라는 쿠바의 산악지대에서 게릴라 병사의 생활에 적응해 나갔다. 그는 자기와 함께 싸운 사람들에게 충성심과 공포심을 심어 주는 카리스마적인 지도자였다.

그 집단은 모두 심각한 신체적 고통에 시달렸는데, 특히 게바라는 끊임없는 천식 때문에 괴로워했다.

형편없는 무기로 무장한 이 오합지졸 게릴라 병사들이 1959년 1월 아바나에서 권력을 장악할 수 있었던 것은 바티스타 정권이 붕괴 일보직전이었고 내부에서부터 무너졌기 때문이다.

바티스타 정권의 패배는 라틴아메리카 지역에서 미국의 패권에 대한 커다란 타격이었다. 미국은 쿠바를 철저하게 봉쇄하는 것으로 보복했고, 그 봉쇄는 오늘날까지도 계속되고 있다.

쿠바혁명의 승리는 전 세계 혁명가들에게 영향을 미쳤다. 게릴라전 전략의 정당성이 입증된 듯했다. 그것은 정치적·경제적 배후조종에 익숙한 미국을 물리쳤다. 그 뒤 몇 년 동안 라틴아메리카 전역의 다른 많은 사람들이 그 전략을 모방했다.

게바라는 쿠바의 진정한 변화에 큰 기대를 걸고 있었다. 그러나 안타깝게도 그런 기대는 실현될 수 없었다.

그 이유 가운데 하나는 혁명이 처음부터 근본적 약점을 갖고 있었기 때문이다. 가장 중요한 점은 민주주의, 즉 노동자 통제가 실제로 확대되지 않았다는 점이다.

대다수 보통 사람들은 그저 구경꾼이었다. 그들은 그들 자신의 삶을 통제할 수 없었다.

오히려 새 정부는 생산을 증대하고 경제의 활력을 유지하기 위해 노동자들에게 계속 더 많은 것을 요구했다. 희생을 요구했고, 더 열심히 일할 것과 주말에도 자발적으로 일할 것 등을 요구했다.

모범을 보이기 위해 게바라는 늘 자기 사무실에서 늦게까지 일한 뒤에도 주말에는 육체 노동을 했다.

쿠바혁명의 공식 사진사가 된 유명한 사진사 오스발도 살라스의 책에 나오는 많은 사진들 가운데 하나는 게바라가 건설 현장에서 "자발적으로" 일하는 모습을 보여 준다. 이런 규율과 자기 절제 덕분에 게바라는 평범한 쿠바인들의 존경을 받았다.

그러나 자기 희생과 규율만으로는 부족했다. 그것만으로는 미국의 봉쇄가 초래한 결과를 극복할 수 없었고 대중 민주주의 — 모든 사회주의 혁명의 근본적 특징 — 의 부재, 대중의 사회 조직 참여 부재의 한계를 극복할 수 없었다.

선거도 없었다. 새 정부는 단지 스스로 임명할 뿐이었다.

사실, 피델 카스트로는 쿠바혁명과 새 국가를 사회주의라고 생각하지 않았다. 훨씬 나중에 소련 편에 붙은 뒤에야 그렇게 했을 뿐이다.

게바라와 그의 동료들이 집권 뒤 맞닥뜨린 딜레마는 중요했다. 그들이 미국에 반대한 것은 옳았지만, 그들의 잘못된 정치 전략 때문에 오늘날의 쿠바는 사회주의를 자처하면서도 시민적 자유나 민주적 절차도 부정하는 끔찍한 모습을 보이고 있다.

게바라 자신은 더 많은 것을 원했다. 그는 쿠바가 점차 소련에 의존하는 것에 실망하고 좌절했다.

그는 혁명의 확산을 원했다. 그는 쿠바 혼자서는 살아남을 수 없다는 것을 알고 있었다. 그것은 결국 말 그대로 자본주의라는 바다 위의 섬일 뿐이었다. 그는 결코 자신의 정신을 포기하지 않았고, "베트남이 하나, 둘, 셋, 아니 훨씬 더 많아야 한다"고 호소했다.

그러나 그는 자신의 전략에 사로잡혀 더 나아가지 못했다. 이것은 그의 생애의 비극적 모순이었다.

그는 세계를 변혁하기를 원했지만, 그가 의존한 정치 전략 때문에 그것은 불가능했다. 그래서 혁명을 확산시키려는 그의 방법은 여전히 게릴라전이었다.

그는 결국 쿠바에서 모든 관직을 사퇴하고 콩고로 가서 투쟁했다. 그 투쟁은 대실패로 끝났지만, 다행히 그는 살아서 빠져나올 수 있었다.

마지막으로 그는 볼리비아로 가서 또 다른 게릴라전을 수행했다. 그는 볼리비아 군대에 쫓겨다니다가 붙잡혀 미국의 군사 "고문단"이 지켜보는 가운데 살해당했다.

짧은 생애 동안에 게바라는 이미 전 세계에서 혁명과 반제국주의를 대표하는 인물이 돼 있었다. 수많은 사람들이 그의 죽음을 슬퍼했다. 오늘날 수많은 사람들이 여전히 그를 저항의 상징으로 여긴다.

아마도 일부 사람들은 게바라에 대한 정치적 비판이 불쾌할지도 모른다. 그러나 게바라의 약점과 강점을 모두 살펴보는 것과 이 비범한 인물을 깎아내리는 것은 별개의 문제다.

오히려 이런 고찰을 통해 우리는 게바라가 반자본주의·반제국주의 투쟁에 기여한 바를 훨씬 더 잘 이해할 수 있을 것이다.

사파티스타 봉기, 그 후 10년

1994년 1월 1일 캐나다·멕시코·미국 대통령들이 기자회견을 열어 북미자유무역협정(NAFTA)의 발효를 선언했다.

그것은 세 나라 경제를 사실상 하나로 통합하는, 단일한 세계 자본주의 경제를 향한 대행진의 제1단계 조치가 될 터였다.

그러나 이튿날 전 세계 신문에는 그들의 사진이 아니라 무장한 멕시코 원주민들의 사진이 실렸다.

발라클라바[어깨까지 덮는 큰 털모자]를 뒤집어쓰고, 간단하게 짠 담요를 걸치고, 다 떨어진 샌들을 신고 있는 그들의 모습은 잘 꾸며진 기자회견장에서 폼을 잡던 자들의 아르마니 양복과는 너무도 대조적이었다.

치아파스의 사파티스타민족해방군(EZLN)이 세계 무대에 자신들

마이크 곤살레스. 격주간 《다함께》 29호, 2004년 4월 17일. https://wspaper.org/article/1234.

이 등장했음을 선언한 것이다.

과테말라와 국경을 접한 멕시코 남부 치아파스 주(州)는 라틴아메리카에서 가장 가난한 지역 중 하나다.

1990년에 주 전체 인구의 50퍼센트가 영양실조 상태였고, 42퍼센트는 깨끗한 물을 이용할 수 없었으며, 33퍼센트는 전기 없이 살아야 했고, 62퍼센트는 초등학교도 마치지 못했다.

당시 멕시코 대통령 살리나스는 NAFTA를 준비하면서 대규모 사유화 계획을 1990년에 발표했다.

공공 자산뿐 아니라 농촌 공동체들이 소유하고 있던 토지도 매각 대상이 됐다. 그것은 농민들이 수십 년 동안 싸워서 얻은 권리였는데도 말이다.

치아파스 고지대의 공동체들은 이미 몇 차례 자신의 토지에서 쫓겨난 바 있었다.

다국적 햄버거 기업에 고기를 공급하던 목우 농장들이 확장되자 원주민 공동체들은 라칸돈 정글 지역으로 더 깊숙이 내몰렸다.

그러나 당국은 어떠한 보호책도 내놓지 않았다. 예를 들어, 1990년에 치아파스 주지사는 주 최대의 목장 소유자 가운데 한 명이었다.

세계화의 참모습

기자회견장에서 세 나라 대통령은 세계화가 가져다 줄 이익을 찬양했다. 그러나 치아파스에서 그것은 사망선고나 다름 없었다.

NAFTA가 발효되던 그 날, 사파티스타 봉기는 세계화의 가면을 찢어 버리고 세계인들에게 세계화의 참모습을 보여 주었다.

세계화가 여섯 가지 신종 생수를 제공할지 모르지만, 그와 동시에, 무수히 많은 사람들이 깨끗한 물을 마실 수 있는 기회를 빼앗아 갈 것이다.

세계화는 식량 생산을 점점 더 소수의 손에 집중시킬 것이다. 그러면 치아파스에서는 더 많은 어린이들이 굶주림에 시달릴 것이다.

라칸돈 지역은 압도적으로 원주민이 많은 곳이었다. 그들 원주민은 토홀로발에서 키체까지 30개 이상의 언어를 사용하고 있었다. 그들은 자신들의 공동체를 지키기 위해 수십 년 동안 싸웠다.

이제 그들은 단결해 사파티스타민족해방군을 결성했다. 사파티스타민족해방군은 멕시코의 위대한 농민 혁명가 에밀리아노 사파타의 이름을 따서 만든 조직이었다.

그 조직의 지도자들 중에는 원주민이 아닌 사회주의자들도 소수 있었다. 그들은 1968년의 학생·노동자 대중 운동이 탄압받자 그 곳으로 피신해 온 사람들이었다.

그 중 한 명이 오늘날 부사령관 마르코스, 즉 "엘 숩"(부사령관의 애칭)으로 널리 알려진 사람이다.

1월 봉기는 겨우 며칠 동안만 지속됐다. 그 기간에 사파티스타는 주도(州都)인 산크리스토발 데 라스 카사스와 몇몇 다른 도시들을 장악했다. 그들은 토지 개혁, 원주민의 정치적·경제적 권리와 민주주의를 요구했다.

멕시코 정부는 여느 때처럼 민중을 탄압하는 방식으로 대응할 수 없었다. 사상 처음으로 전 세계가 치아파스를 주목하고 있었던 것이다.

라칸돈에서 발표된 최초의 선언문들에서 사파티스타는 아주 단순한 질문을 던졌다. 세계 경제는 그토록 부유한데 우리는 왜 이토록 가난한가?

간단한 대답은 그들이 어찌어찌하다가 근대화 과정에서 뒤처졌고 위대한 신자유주의 축제에 동참할 준비가 아직 안 된 미개인이라는 것이다.

그러나, 물론, 이 공동체의 비극은 고립이나 후진성 때문이 아니었다.

치아파스는 이미 근대 세계의 일부였다. 사파티스타 투사들이 고대의 언어를 사용하고 단출한 옷을 입은 건 사실이다.

그러나 그들의 토지를 빼앗고 옥수수 가격을 하락시키고 물 소유권마저 강탈한 것은 바로 다국적기업들이었다.

이 사실은 전 세계 지식인들과 언론을 매료시킨 역설에 의해 완벽하게 입증됐다.

신속히 출동한 멕시코 군대가 사파티스타 공동체들을 포위하는 동안 원주민조정위원회(CCNI)의 대변인으로만 모습을 드러내던 부사령관 마르코스가 인터넷을 통해 세계인들과 대화를 했다.

포위당한 상태에서 그는 신자유주의에 대한 비판문과 원주민의 관점에서 쓴 라틴아메리카 역사를 내보냈다.

이것이 세계화의 참모습이었다. 사파티스타는 자본주의적 근대화의 희생자들을 대표했다. 그런 그들이 반격하고 있었던 것이다!

지도

치아파스의 급진적 주교 사무엘 루이스의 중재로 산 안드레스에서 평화 협상이 시작됐다.

평화 협상은 여러 해 동안 답을 찾지 못한 채 끝없이 계속됐다. 그 사이에 사파티스타에 대한 포위망이 서서히 좁혀졌다.

수많은 멕시코 노동자들이 점증하는 가난과 실업, 그리고 사유화로 파괴된 사회안전망 속에서 살고 있었다.

그들은 모두 사파티스타민족해방군이 뭔가 방향을 제시해 줄 것이라고 기대했다. 그러나 돌아온 것이라고는 치아파스 공동체의 요구를 지지해 달라는 호소뿐이었다.

사파티스타는 세계화에 대한 저항의 상징이 됐지만 그 저항을 지도하지 않기로 작정했다. 오히려 그들은 그 해 대통령 선거에서 좌파 후보 쿠아테목 카르데나스를 지지했다. 그들은 그가 단지 그들을 이용해 선거에서 득을 보려 할 뿐, 결코 그들의 대의에 동참하지 않으리라는 점을 이해하지 못했다.

아마도 결정적 순간은 1994년 8월이었을 것이다. 멕시코 사회운동의 지도자 6천 명이 특별히 건설된 라칸돈의 초막에 모였다.

그것은 전례 없는 집회였다. 그러나 공동체의 자치와 그들의 특정 요구들을 강조했을 뿐, 도시에 사는 수많은 지지자들을 전혀 지도

하지 못했다.

그러나 멕시코 외부에서는 세계화의 가혹한 현실에 맞닥뜨린 새 세대의 상상력에 사파티스타 봉기가 불을 질렀다.

사파티스타는 가장 착취받고 억압받는 자들도 투쟁에 나설 수 있으며 실제로 나선다는 사실을 입증해 보였다. 그리고 마르코스의 선언문과 서정적인 에세이들은 모종의 새로운 정치를 시사하기도 했다.

이들 주로 젊은 시위대들은 그들이 낡았다고 여긴 것들을 극도로 불신하며 이제는 베를린 장벽의 잔해 아래 묻혀 버린 정치적 방식들을 신용하지 않았다.

멕시코 안에서 마르코스는 자본주의 국가와 계속 타협해 왔다. 그는 우리가 "권력을 장악하지 않고도 권력을 장악할" 수 있다고 주장했다. 설득과 연대의 힘을 바탕으로 사태를 좌우할 수 있다는 것이다.

그것은 귀가 솔깃한 메시지였고, 전 세계인들의 반향을 얻으며 지지자를 늘려 나갔다.

미완성

1999년 시애틀에서 반자본주의 운동이 탄생했을 때 많은 시위대가 사파티스타를 지지하는 플래카드(팻말)를 들고 행진했고 치아파스의 붉은색 손수건을 착용했다.

그런 표현의 이면에 있는 동기는 멋진 것이었다.

그것은 국제주의적이었고, 피억압자들의 투쟁을 공감했으며, 연대감과 공동의 목적을 보여 주었고, 우리 모두의 공통의 적, 곧 세계 자본주의를 분명히 확인했다.

또, 공동체에 대한 헌신과 평등한 자들의 진정한 민주주의에 대한 헌신을 찬양했는데, 그것은 마르코스 철학의 핵심이었다.

10년이 지났다. 사파티스타는 신자유주의에 저항하는 세계 규모의 운동을 태동시키는 데 일조했다고 정당하게 주장할 수 있다.

그러나 치아파스의 공동체들은 처음 반란을 선언한 뒤 대통령이 두 번 바뀌었는데도 여전히 포위당해 있다. 날마다 새로운 공격이 벌어지며 그들을 에워싼 포위망도 좁혀지고 있다.

그들이 처음 요구 사항을 제기한 지 8년 만에 멕시코 의회가 원주민의 권리를 헌법에 반영하는 데 동의했지만, 바뀐 것은 아무것도 없다.

결국 권리와 법의 언어가 변화를 가져올 수 있는 것은 국가를 장악한 자들이 그것들을 실시하는 데 동의할 때뿐이다.

사파티스타 봉기가 일어난 지 10년이 지난 지금 세계는 훨씬 더 위험해졌다. 자신의 행위를 도덕으로나 법으로 정당화하려는 노력을 전혀 하지 않는 자들이 이 세계를 통치하고 있다.

그들이 통치하는 국가들은 정의를 구현하는 중립적 기구가 아니라 그들의 수중에 든 무기이다.

중요한 것은 그 국가들을 다른 종류의 진정으로 민주적인 사회로 대체하는 것이다. 그것만이 미완의 사파티스타 혁명을 지속시켜 완수할 것이다.

룰라 정부는 반신자유주의의 대안을 제시하는가?

[편집자 주] 2000년대부터 라틴아메리카는 신자유주의와 자본주의에 반대하는 다양한 움직임들의 '실험실'로 여겨졌다.

2000년 에콰도르, 2001년 아르헨티나, 2002년 베네수엘라에서 기존 정부를 뒤흔들거나 우익 쿠데타 세력을 몰아낸 대규모 항쟁이 일어났고, 그 속에서 대중의 기대를 한껏 받는 좌파 정권들이 새롭게 집권하거나 기존 정권이 급진화했다.

한국에서도 라틴아메리카의 실험에 관심 있는 사람들이 많다. 〈레프트21〉은 세 차례에 걸쳐 브라질, 베네수엘라, 볼리비아의 경험과 교훈을 다룬다.

2002년 브라질 대선에서 노동자당(PT)의 후보 룰라가 당선했을

김용욱. 〈레프트21〉 28호, 2010년 3월 25일. https://wspaper.org/article/7890.

때, PT가 1970~80년대 브라질 군부 독재 정권을 약화시킨 강력한 노동자 파업 투쟁 속에서 탄생한 정당이며, 룰라는 바로 그 파업 투쟁을 이끈 지도자였기에 사람들의 기대가 컸다.

그러나 룰라 정부는 시작부터 IMF와 중앙은행이 정한 틀 — 외국 자본을 끌어들이기 위한 세계 최고 수준의 이자율, IMF에 외채지불 약속을 지키기 위한 대규모 재정흑자 창출과 공공지출 억제 등 — 안에서 경제 정책을 운용했다.

혁명적 변화는 아니더라도 적어도 동시대 서유럽 사민주의 정당들의 제3의 길('개혁없는 개혁주의')과는 달리 사회를 좀더 평등하고 정의롭게 만드는 진정한 개혁을 추진할 거란 기대가 깨지기 시작했다.

그래서 2005년 포르투알레그레에서 세계사회포럼이 다시 열렸을 때 참가자들에게 가장 열렬한 환영을 받은 라틴아메리카 정부 지도자는 룰라가 아니라 '21세기 혁명'을 외친 차베스였다. 오히려, 룰라는 일부 참가자들의 야유를 듣기도 했다.

그러나 5년이 지난 지금 상황이 약간 변했다. 어쨌든 룰라 정부에게 배워야 할 긍정적 교훈이 있다는 주장이 국제적으로 세를 얻고 있는 듯하다.

최근 PT 전당대회를 앞두고 친PT 지식인들이 공저한 책을 보더라도, 2000년대 중반의 위축된 분위기와는 달리 이른바 '룰라 모델'을 적극적으로 옹호하고 있다. 얼마 전 출간된 조돈문 교수의 《브라질 룰라 정부에서 진보의 길을 묻는다》(후마니타스)도 비슷하다.

이런 주장의 공통적 근거는 다음과 같다.

먼저, 룰라가 집권하자마자 IMF 정책을 충실히 따른 것은 어쩔 수 없었기 때문이었고, 그는 의식적으로 반신자유주의 정책을 접목시켜 그런 한계를 뛰어넘으려 했다는 것이다.

예컨대, 볼사 파밀리아(빈민 가정 소득 보조 정책) 같은 정책으로 최근 몇 년간 절대빈곤자의 수가 줄고 불평등이 완화됐다는 것이다. 그리고 이런 정책을 통해 룰라 정부가 빈민들을 정치적으로 각성시켰다고 주장한다.

또, 룰라 정부는 IMF의 직접 감시가 끝난 2005년 이후, 또는 2006년 재선된 뒤부터 급진화하면서 성장촉진정책(PAC) 같은 본격적인 '반신자유주의' 정책을 폈다는 것이다.

"운이 억세게 좋은 신자유주의 정부"

일단 룰라 정부 등장 이후 빈곤층의 삶이 개선된 것은 의심할 여지가 없다. 1999년 브라질의 극빈자 비율은 35퍼센트였지만 2007년에는 25.1퍼센트로 줄었다. 지니계수도 같은 기간 0.57에서 0.53으로 줄었다. 이것이 룰라에 대한 빈민들의 지지율을 크게 높였다.

그러나 빈곤 퇴치와 불평등 완화가 룰라 정부의 우선순위였다고 말할 수는 없다.

먼저, 브라질의 가장 중요한 운동 세력 중 하나인 무토지농업노동자운동(MST)이 빈곤 문제 해결의 핵심 고리로 요구한 농지개혁의 진행 속도는 선거공약에 한참 못 미쳤다.

룰라는 경작 가능한 토지의 대부분을 극소수(인구의 0.6퍼센트)

의 대지주가 소유하고 수백만 명이 자기 토지 없이 근근이 먹고사는 상황을 크게 변화시키지 못했다. 이것은 대지주인 농기업과 연관된 자를 농업부 장관으로 임명했을 때부터 예고된 것이었다.

또, 룰라의 가장 중요한 사회 정책인 볼사 파밀리아도 한계를 드러냈다. 이 정책은 한 달에 가구소득이 약 1백 20헤알(대략 8만 원)이 안 되는 모든 가구에게 일괄로 돈을 지불하고 자녀수에 따라 3명까지 추가로 보조금을 지불하는 정책이다.

지불되는 액수 자체는 적지만 지원받는 대상자의 삶이 워낙 빈곤해 이 정도도 그들에게는 상당한 도움이 된다. 또, 지원받는 가구가 많아(2006년 1천1백만 가구), 오랫동안 침체된 가난한 지역의 내수를 다소 활성화하는 구실을 하기도 했다.

그러나 이 정책이 정부 재정에서 차지하는 비중은 지극히 작다. 볼사 파밀리아 예산은 2006년에 GDP의 0.3퍼센트, 국가 재정의 2퍼센트밖에 안됐다.

반면에 룰라 정부는 평균 재정의 40퍼센트를 부채 상환에 썼고, IMF가 요구한 선(GDP의 3.75퍼센트)을 초과해 재정흑자(평균 GDP 4.5퍼센트 이상)를 달성했다. 초과분만 사용했어도 볼사 파밀리아의 지원 규모를 갑절 이상 늘릴 수 있었다.

룰라 정부는 PT의 전통적 원칙(외채 상환 거부)을 버렸을 뿐 아니라, '부당한' 부채의 상환을 조정하거나 유예한 다른 라틴아메리카 정부들의 온건한 정책을 도입하는 것도 거부했다.

또, 거의 20퍼센트에 육박하는 고이자율 정책을 고수하면서 은행과 이 은행에 거액을 저축한 소수 부자들의 부는 폭발적으로 증가했다. 은행 이윤은 역대 최고를 기록했고 최상위 1퍼센트의 부가 GDP에서 차지하는 몫도 늘었다.

룰라의 친자본가 정책은 금융 영역에 한정되지 않았다. 예컨대, 대표적 '반신자유주의' 성장 정책으로 꼽는 PAC의 주된 내용은 감세 등으로 민간 투자를 유인하고 사회기반시설을 독점적으로 운영하는 민간 기업의 이윤을 국가가 조세로 일정 기간 보장해 주는 것이다.

이렇게 우선순위가 잘못된 상황에서 앞서 말한 수준으로 불평등이 완화된 것 자체가 거의 기적으로 보일 수도 있다. 세계경제, 특히 중국 경제가 막대한 양의 브라질 상품을 수입한 덕분에 빈곤인구 수와 불평등 지수가 그나마 하락할 수 있었던 것이다.

2008년 OECD 보고서를 보면, 2006년에 룰라 정부의 사회 정책이 지니계수 하락에 미친 영향은 0.01에 불과했다. 반면에 유럽 각국 정부의 사회 정책이 지니 계수 하락에 미친 영향은 0.15였다.

룰라 시대 빈민 처지 향상은 정책 때문이라기보다는 주로 세계시장 호황 덕분이었던 것이다.

즉, 룰라 정부는 "운이 억세게 좋은 신자유주의 정부"였다.

룰라의 정책은 시장의 뒤꽁무니를 쫓은 유럽 사민주의 정당들보다 그다지 낫지 않았다. 그러나 브라질 경제가 세계경제와 맺는 특수한 방식 때문에 문제가 크게 부각되는 것을 피할 수는 있었다.

그래서 룰라는 세계은행, 〈파이낸셜 타임스〉, 브라질 주류 세력과 브라질 빈민들과 일부 좌파들한테 동시에 우호적 평가를 받는 희귀한 정치인이 될 수 있었다.

계급 분열

룰라 정책의 또 다른 문제는 기업과 부자들에게 재원을 퍼주고 난 뒤 사회 정책의 재원을 확보하는 정치적 방식이었다.

룰라 정부는 2003년부터 공무원 연금을 공격했다. 룰라는 공무원이 터무니없이 높은 연금을 받기 때문에 빈민을 위한 사회 정책을 펼 돈이 없다고 거짓말을 했고, 반발하는 공무원 노동자들을 '특권층'이라며 공격했다.

노무현 정부의 '노동 귀족론'을 연상시키는 이런 공격으로 룰라는 계급을 분열시킨 후 승리를 거뒀다. 이것에 반대한 일부 PT 의원들은 당에서 축출됐고 이들은 나중에 급진좌파 정당인 사회주의자유당(PSoL)을 결성했다.

룰라는 공공부문 연금을 강제로 민간 수준으로 낮춰 거기서 생긴 차액을 볼사 파밀리아 프로그램에 투입했다.

조돈문 교수의 책을 보면 룰라 정부의 연금 개악 논리를 대부분 수용한다.

그러나 연금이 적자 상태라는 주장은 사실이 아니었다. 또, 룰라가 노동자·민중을 정치적으로 이간질하고 분열시켰다는 점을 무시한 것이다. 이 사건은 룰라 정부가 계급적 각성을 촉진했다는 룰라 옹호자들의 주장과 정면으로 배치되는 것이다.

룰라는 빈민들을 정치적으로 각성시켰다기보다는 이들을 미조직 상태로 남겨두고 표밭으로 활용했을 뿐이다.

룰라 정부는 빈민들을 조직할 '최적'의 조직인 MST와 끊임없이 긴장 관계에 있었다(비록 MST가 차악론에서 벗어나진 못했지만). MST는 2009년 8월에 농지개혁이 답보 상태에 머무른 것에 항의해 재무부 청사를 점거하기도 했다.

또, 룰라가 빈민들을 운동으로 동원한 경우는 드물었고 동원했을 때조차 동기는 별로 아름답지 않았다. 2005년 PT 중진들이 연루된 대규모 부패 스캔들이 발생했을 때 이들을 친정부 시위에 동원한 것이 대표적 사례다.

그리고 룰라 정부와 PT 정부의 거듭된 부패 스캔들은 정치의식의 각성은커녕 많은 좌파 활동가를 환멸에 빠뜨렸다.

예컨대 룰라의 오랜 친구이자, 저명한 진보적 가톨릭 인사인 프레이 베토는 2005년 스캔들이 발생했을 때 이렇게 말했다. "군부독재 당시 우파가 했던 어떤 일도 오늘날 PT 지도자들이 집권 3년 만에 저지른 일만큼 좌파의 사기를 떨어뜨리지는 못했다.

"독재 하에서 우리는 고문당하고 살해당했지만 머리를 높이 들 수 있었다. 우리가 이 나라의 민주화에 기여한다는 자부심이 있었기 때문이다. 그러나 이제는 아니다. 그들은 당 전체의 사기를 떨어뜨렸을 뿐 아니라 브라질 좌파 전체에 먹칠을 했다."

룰라 정부의 친신자유주의 정책에 반발해 2005년 PSoL이 창당됐다. PSoL의 대선 후보 엘로이사 엘레나는 2006년 대선 1차 투표에서 6백만 표를 얻었고, 2008년 여론조사에서 15퍼센트 가까운 지지를 받았다. 지지율 80퍼센트의 '룰라 헤게모니'에도 균열이 있다는 것을 보여 주는 사례다.

'룰라 모델'이 과연 신자유주의와 자본주의 경제 위기의 대안이 될 수 있는가 하는 질문에 대한 답은 부정적이다.

경제 위기 시대 여전히 신자유주의에서 벗어나지 못하는 지배자들에 맞선 투쟁이 필요한데, 그 투쟁의 좌표를 '룰라 모델'로 정하기는 어렵다.

교착 상태에 빠진 베네수엘라 혁명

나는 2005년 브라질 포르투알레그레 세계사회포럼에 참석한 차베스를 멀찍이서 본 적이 있다. 당시 룰라와 차베스가 하루걸러 포르투알레그레 체육관에서 연설을 했고, 수만 명이 몰려들었다.

그런데 룰라가 일부 참석자들의 야유를 받은 반면 차베스는 모든 사람들한테서 박수를 받았고 청중도 차베스 연설 때 훨씬 많았다.

룰라는 브라질 민주화 투쟁에서 영웅적 구실을 한 노동자 출신이고 차베스는 군인 출신으로 원래 룰라와 같은 확고한 좌파적 기반이 없었다. 그런데 어떻게 차베스가 세계사회포럼 참가자들의 열광적 지지를 받게 된 것일까?

룰라는 2003년 집권하면서 전임 정부의 신자유주의 정책을 계승했기에 급격하게 지지자들의 환멸을 샀다. 그러나 차베스는 이날 연설에서 '21세기 사회주의'를 외쳤다.

김용욱, 〈레프트21〉 30호, 2010년 4월 22일. https://wspaper.org/article/8014.

차베스 지지자들 중 일부는 차베스가 집권할 때부터 룰라와 달랐다고 주장한다.

차베스는 1958년부터 베네수엘라를 통치한 양대 정치 세력, 즉 민주행동당(AD)과 기독사회당(COPEI)의 신자유주의적 정책에 실망한 대중의 반발 — 그것은 1989년 '카라카소'라는 대중항쟁으로 나타났다 — 덕분에 집권했다.

그러나 사실, 차베스는 집권하기 전 자신의 모델이 영국 노동당의 '제3의 길'이라고 답한 적이 있다.

그래서 초기 차베스의 정책을 보면, 그는 2003년 룰라 정부와 비교해 크게 다르지 않을 정도로 대단히 조심스러웠다. 차베스는 한편으로 빈민 정책을 확대했으나 다른 한편으로는 베네수엘라의 특권층과 갈등을 빚지 않으려 했다.

일부 차베스 지지자들은 1999년 헌법을 차베스의 '혁명성'을 입증하는 사례로 자주 인용한다. 이 헌법이 좀더 진보적인 것은 사실이다. 그러나, 대중의 직접 민주주의를 약속한 구절을 당장 실현하려는 노력은 뒷받침되지 않았을 뿐더러(주민자치위원회는 2006년부터 본격화), 사유재산을 엄격히 보호하는 조항도 포함돼 있었다.

쿠데타와 민중 저항

그는 2000년 신헌법 아래 치른 대선에서 1998년보다 표를 4퍼센트 더 얻은 것을 확인한 다음에야 사회·경제적 개혁에 착수했다. 대표적인 것이 2001년 11월 대통령령으로 49개 법을 통과시킨 것이었다. 당시 차베스는 신중함을 보여, 이 법안들 중 상당수는 2004년에 가서야 실제로 적용되기 시작했다.

그러나 베네수엘라 정치는 친차베스와 반차베스로 급격하게 양극화하기 시작했다. 가장 중요한 이유는 차베스가 통과시킨 법안에 베네수엘라 국영석유회사(PDVSA)의 수입에서 정부 몫을 늘리고 정부 통제를 강화하는 내용이 포함돼 있었기 때문이었다.

이 조처는 정부 몫을 15퍼센트에서 30퍼센트로 늘리는 정도였는데도, 베네수엘라 지배자들은 철저히 특권층의 이익에 복무해 온 PDVSA의 사소한 변화도 용납하려 들지 않았다.

그들은 2001년 말부터 거리에서 반정부 우익 시위를 시작했다. 그러나 차베스의 대응은 미온적이었다. 그에게는 대중조직 '볼리바리안 서클'이 있었지만 선거 운동 조직의 성격을 넘어 대중 운동 조직으로 발전시키려 하지 않았다.

우익은 차베스의 약점을 봤다고 생각했고 2002년 4월 12일 군사 쿠데타로 차베스를 몰아냈다. 이때 우익과 심지어는 차베스 측근 인사들도 전혀 예상하지 못한 뜻밖의 사태가 발생했다. 베네수엘라의 평범한 민중 수십만 명이 차베스의 복귀를 요구하며 거리로 나선 것이었다. 4월 13일 차베스는 대통령 궁으로 복귀할 수 있었다.

돌아온 차베스가 처음 한 일은 PDVSA의 사장으로 친우익 인사를 임명하는 등 쿠데타 세력에게 화해의 손길을 내미는 것이었다. 그들은 다시 한번 차베스의 약점을 봤고 그해 말 PDVSA와 주요 기업을 포함하는 전국적 직장폐쇄를 단행했다. 경제를 파국으로 몰아 차베스를 내쫓고 대중의 급진화에 쐐기를 박으려는 것이었다.

그러나 이것도 (차베스가 조직하지 않은) 기층의 반격을 받았는데, 특히 중요한 것은 PDVSA 노동자들이 쿠데타와 사보타주에 동조한 우파 노조 지도부의 명령을 거슬러 직접 시설을 접수하고 운영하기 시작한 것이었다.

차베스는 이런 기층 투쟁의 압력 속에서 급진화했다. 2003년 4월 우익의 패배가 명백해지자 미시온(교육, 보건, 고용 등을 담당한 사회복지 시설)을 근간으로 하는 급진적 사회정책들을 실행하기 시작했다. 차베스는 PDVSA 재국유화를 진행했고, 여기서 들어오는 수익을 이용해서 25개 미시온들을 설립했다.

차베스가 반신자유주의 대안을 추진하게 된 것은 대중투쟁이 지배자들을 두 번이나 완패시키고 세력균형을 완전히 바꿔 놓았기 때문에 가능한 것이었다. 차베스는 대중의 에너지를 흡수해 2004년 말에는 '볼리바르식 혁명', 또는 '21세기 사회주의'를 주장하는 데까지 나갔다.

21세기 사회주의

한편, 국제적 상황도 베네수엘라 정부가 반신자유주의 개혁을 추진하기에 유리하게 변했다. 일단 미국이 이라크에 발목이 잡혀 자기 뒷마당에 손을 대기 힘들어졌다. 또, 전쟁 여파로 각국이 비축 석유량을 늘리고 특히 중국 등이 고도성장을 위해 다량의 석유를 구매하면서 유가가 크게 올랐다.

미시온은 큰 성과를 거뒀다. 절대적·상대적 빈곤이 모두 줄었고 단지 소득 격차만이 아니라 교육, 주거, 의료, 식량 등 다양한 방면에서 진전이 있었다. 가장 유명한 것은 쿠바 의사들을 대거 초빙해 방방곡곡에 의료원을 설립한 미시온 '바리오 아덴트로'일 것이다.

미시온 프로그램의 규모나 성과는 룰라 정부의 빈민 정책 '성과'를 훨씬 뛰어넘는 것이다. 반시장적 개입이 시장에 의존한 것보다 빈곤 퇴치와 복지 확충에 훨씬 더 효율적임을 증명한 것이다.

그러나 우파들은 여전히 베네수엘라의 부와 생산수단 대부분을 소유하고 있었고, 차베스가 운영하는 기존 국가 기구는 그런 특권 보호에 헌신해 온 인사들로 가득했다. 베네수엘라 국가 기구가 다른 자본주의 국가와 마찬가지로 자본의 이윤 창출을 돕는 방향으로 구성돼 있었기 때문이다.

그래서 차베스는 기존 국가 기구의 저항을 피하고자 기존 국가 기구와 독립적으로 미시온을 운영했고 여기에는 지역 활동가와 대중의 자발적 참여가 필요했다.

실제로 기층 미시온의 경험을 다룬 르포를 찬찬히 읽어 보면 헌신적인 지역 활동가들과 구성원들의 눈물 나는 노력을 볼 수 있다.

바로 이것이 1970년대 유가 호황기 베네수엘라 포퓰리즘 정부나 브라질 룰라 정부의 복지 정책과 미시온의 가장 중요한 차이점이다. 앞선 정부들은 대중에게 약간의 떡고물을 던져 준 대신 그들을 수동적 표밭으로 활용했다. 그러나 차베스 정부는 2002~2003년 투쟁에서 정치적으로 각성한 기층의 에너지와 호흡할 수밖에 없었다.

그러나 미시온은 한계도 있다. 미시온은 여전히 베네수엘라 자본주의에 포위돼 있다. 그래서 기층에서 사람들은 미시온을 최대한 이상적 형태로 운영하려 하지만 그들의 노력은 자주 좌절했다.

예컨대, 미시온 메르칼은 국가 운영 상점으로 식료품을 일반 상점보다 훨씬 값싸게 공급한다. 그런데 식료품 생산은 사회화돼 있지 않고 시장 메커니즘에 휘둘리는 자본가나 자영업자에 의한 생산이 지배적이다.

그러자 차베스 정부는 처음에는 우유 등 식료품 가격을 강제로 정했다. 그러나 생산 통제가 없는 가격 통제는 생산자의 반발에 직면해 무기력함을 드러냈고 일부 생필품은 품귀현상을 빚었다.

2007년 신헌법 국민투표가 부결된 것은 대중이 '볼리바르식 혁명'에 지쳤다기보다는, 이런 모순이 낳은 효과 때문이었다.

차비스모

차베스 정부의 대응은 한 걸음 후퇴하는 것이었다. 그는 〈포브스〉 선정 2백대 기업 중 하나로 꼽힌 베네수엘라 최대 식료품 업체에서 시장가격으로 식량을 사들여 미시온 메르칼에 공급했다. 그러나 대중의 불만은 생산의 민주적 통제와 계획을 포함하는 훨씬 급진적 방식으로 해결될 수 있다.

차베스는 반자본주의적 대안의 실험 — 노동자 자주관리, 협동조합, 주민자치위원회 등 — 을 시도했지만, 아직 걸음마 수준이다.

예컨대, 그중 가장 급진적인 노동자 자주관리 공장의 경우, 알카사나 인베팔 등 중요한 사례들이 있지만, 아직은 소규모일 뿐이다. 게다가, 차베스 정부는 베네수엘라에서 가장 중요한 작업장 중 하나인 PDVSA를 노동자 자주관리 사례로 발전시킬 생각이 없다. 2002~2003년 직장폐쇄 당시 이미 기층 노동자들이 그 실험을 했는데도 말이다.

대안적 생산방식 실험이 이류하지 못하면서 볼리바르식 혁명의 재원은 거의 전적으로 PDVSA에 의존해 왔다. 미시온부터 주민자치위원회까지 모두 PDVSA의 수입에 의존한다.

이것은 고유가가 유지된 2008년 여름까지는 큰 문제가 되지 않았다. 그러나 세계경제가 후퇴하면서 유가가 하락하자 베네수엘라도 타격을 입을 수밖에 없었다. 볼리바르식 혁명은 진정으로 갈림길에 서 있는 듯하다.

이 갈림길에서 중요한 변수는 다양한 정치로 분화된 차비스모('차베스주의') 내부의 역학관계다. 차비스모 중 정부 운영에 밀접히 연관된 가장 영향력 있는 세력은 자본주의의 틀을 벗어나고 싶어 하지 않거나 그것을 먼 미래의 과제로 여긴다.

또, 일부는 사사로이 부를 축적하는 데 몰두하면서 '볼리부르헤세스'('볼리바르식 혁명'이 탄생시킨 부르주아)라는 신조어가 등장하기도 했다.

심지어 일부 차비스모 관료들은 급진파의 투쟁을 탄압하기도 했다. 가장 대표적 사례는 노동부가 기존 우파 노총에 반대해 나타난 베네수엘라판 민주노총인 전국노동자연합(UNT)의 급진파인 '통합적

계급적 혁명적 자주적 경향'(C-CURA)를 종종 탄압한 것이다.

차베스는 사회주의통합당(PSUV)을 건설해서 이런 다양한 조류들 간 토론을 활성화하고 볼리바르식 혁명을 전진시키려 했다. 그러나 PSUV에서 차비스모 관료들의 영향력이 확대되면서 원래의 목표는 점점 멀어지고 있다.

오늘날 볼리바르식 혁명은 2002~2003년처럼 기층의 움직임이 급격한 전환을 낳은 유동적 상황과는 거리가 있는 것처럼 보인다. 그러나 갈림길에 선 혁명이 자체의 모순을 극복하려면 진정한 반자본주의로 나아가야 하고, 그것을 위해서는 베네수엘라 노동자·민중이 다시 한번 주도권을 쥐어야 한다.

볼리비아의 투쟁, 연속성 그리고 모순

볼리비아 대통령 모랄레스는 코차밤바 세계민중회의에서 기후변화는 자본주의 때문이며 사회주의가 대안이라고 외쳤다. 아마 전 세계 정부 지도자 중에서 이런 말을 할 사람은 베네수엘라의 차베스 정도밖에 없을 것 — '시장사회주의'를 말하는 중국 정부의 사기꾼들은 제외 — 이다.

그러나 고작 10여 년 전만 해도 볼리비아는 IMF의 모델 국가였다. 1985년 민영화, 복지 삭감, 노동 유연화 등 재앙적 긴축 정책들을 물가 상승을 억제한다는 명목으로 한꺼번에 도입했다. 오늘날 유럽연합·IMF와 이명박이 그리스, 유럽, 한국 노동자들에게 강요하려는 정책들과 똑같은 정책을 말이다.

이런 '충격 요법'은 경제를 살리기는커녕 대재앙을 낳았다(경제가 성장하려면 빨리 긴축 정책을 도입해야 한다고 말하는 거짓말쟁이들

김용욱. 〈레프트21〉 32호, 2010년 5월 20일. https://wspaper.org/article/8179.

은 볼리비아의 사례를 똑똑히 봐야 할 것이다).

경제 성장률은 바닥으로 추락했고 기업 도산과 민영화 과정에서 대량 해고가 발생하면서 내수가 급격히 위축되는 악순환을 낳았다. 1952년 혁명의 성과물인 소농들의 토지는 대지주의 수중으로 집중됐고 소농들은 자기 토지를 잃고 떠돌기 시작했다.

2000년대가 되면 정부 공식 통계로도 빈곤 인구가 총인구의 67퍼센트에 이르렀다. 옛 독재 정부 출신 대통령은 저항하는 사람들을 무자비하게 탄압했다.

그래서 15년간 신자유주의 정책 때문에 쌓인 울분이 터져 나오기 시작했다. 2000년 물 사유화에 반대하는 코차밤바의 '물 전쟁', 2003년과 2005년 연거푸 우파 대통령을 몰아낸 투쟁까지 볼리비아는 라틴아메리카에서도 대중 운동이 가장 급진화한 곳이었다.

코차밤바 투쟁은 2003년과 2005년에 반복될 투쟁 양상 — 거리 시위와 노동자 투쟁의 결합, 투쟁의 목표와 방향을 민주적으로 결정하는 기구의 등장 — 을 예고하는 것이었다.

볼리비아 정부가 코차밤바 주(州)의 물 공급을 벡텔 등 다국적기업에 넘긴 결과, 최저임금이 약 6만 원인 나라에서 가구당 월평균 수도요금이 1만 5천 원에 이르게 됐다.

분노한 지역 주민들, 다양한 시민단체와 조직 노동자가 힘을 모았다. 그들은 '물과 삶을 방어하기 위한 연합'을 결성했고, 공개 회의에서 민주적으로 투쟁 과제와 투쟁 방식을 논의하고 결정 사항을 함께 이행했다.

급진화한 주민 대중은 수도요금 인상 반대를 넘어 물자원에 대한 민주적 통제를 요구했다. 그들은 주요 도로를 점거했고, 노동자들은 파업을 벌였다. 정부는 민영화 결정을 번복할 수밖에 없었다.

민중의회

2003년 우파 정부를 몰아낸 투쟁의 직접적 원인은 볼리비아 천연가스를 미국과 멕시코에 수출한다는 정부 계획이었다. 이 과정에 석유 다국적기업들이 개입했기 때문에 사실상 천연자원 추가 민영화의 전초전이나 다름없었다.

대중은 이렇게 생각했다. "우리는 돈이 없어 가스를 사용하지도 못하는데 가스를 수출한단다. 가스를 수출한 돈은 다국적기업이 가져간다. 그렇다면 도대체 누구를 위한 가스 수출인가?" 대중은 거리로 나섰다.

2003년 9월 19일 경찰이 시위대에 발포해 세 명이 사망했다. 대중의 분노가 폭발했고 코차밤바 '물 전쟁'에서 일어났던 일이 전국으로 확산됐다.

수도 라파스에서는 '민중회의'가 열렸다. 각 지역에서 선출된 대의원 수천 명이 모여 공동으로 결정을 내렸다. 그들은 결정된 사항을 라디오를 통해 알리고 자기 지역에 돌아가 투쟁을 조직했다. 민중회의는 투쟁에 참가한 모든 사람들이 공감하고 볼리비아를 공정한 사회로 만드는 데 필요한 공통 요구를 작성했다. 민중회의는 자본주의가 아닌 대안 사회의 모습을 힐끗 보여 줬다.

시민들과 농민단체는 도로를 점거하기 시작했다. 화물운송 노동자들도 파업에 들어가 물류를 마비시켰다. 볼리비아 전략 산업 중 하나인 광업에서는 전투적인 볼리비아노총(COB)이 총파업을 선언했다. 모든 광물 채굴이 즉각 중단됐다.

구체제 인물인 메사는 민영화 중단, 재국유화, 복지 확대, 토지 재분배를 약속하면서 대통령에 당선했다. 메사는 "만약 내가 여러분의 명령을 따르지 않으면 나를 쫓아내도 좋다"고 했다. 그래서 메사가 약속을 어겼을 때 사람들은 그의 소원을 들어줬다.

메사 정부를 몰아낸 2005년 5~6월 투쟁은 볼리비아 민중 항쟁의 정점이었다. 민중회의가 훨씬 더 큰 규모로 등장했다. 6월 8일, 항쟁의 심장부인 엘알토에서 최초로 전국적 민중회의가 열렸다. 당시 민중회의는 사실상 대안 정부 구실을 할 수 있는 위치에 있었다.

기존 국가 기구는 무기력해졌다. 평범한 사병과 말단 경찰 들은 시위대를 향해 총부리를 겨눌 수 없었다.

이런 급진화 분위기에 힘입어 원주민 농민 운동 지도자이자 좌파 정당 '사회주의를 향한 운동(MAS)'의 지도자인 에보 모랄레스가 2005년 12월 볼리비아 선거 사상 최대 득표율로 대통령에 당선했다.

모랄레스는 자신의 집권 동력이 전 세계에서 가장 전투적인 기층 투쟁이었던 것을 잘 알고 있었다. 이 운동은 MAS보다 훨씬 급진적인 좌파 조직들과 밀접한 연관을 맺고 있었다. 그는 자신에게 기회를 준 이 운동의 힘과 좌파들의 반자본주의적 사상을 의식했다.

그래서 2006년 5월 1일 천연가스 생산설비 재국유화, 무토지 농민을 위한 토지 개혁, 모든 농민을 상대로 노령연금 지급 등을 실행했다. 또 이번 코차밤바 세계민중회의에서 볼 수 있었듯이 원주민, 볼리비아와 남반구의 고통을 낳은 악이 바로 자본주의 그 자체임을 폭로하고 사회주의적 해결책을 주장했다.

모순

그러나 모랄레스와 MAS는 기층 운동과 좌파만 의식하지 않는다. 그들은 볼리비아의 기존 세력들 즉, 기업주·대지주·해외 자본 그리고 다른 누구보다도 기존 국가 기구의 관료들을 의식한다.

이것은 MAS의 정치와 그것을 실현하는 수단이 낳은 결과다. MAS는 선거를 통해 기존 국가 기구를 장악해 체제 내 개혁을 진행하는 것을 목표로 하는 정당이다. 그래서 MAS는 개혁을 요구하는 기층 운동에 호의적이지만 이 운동이 2003년과 2005년처럼 체제를 뛰어넘으려 할 때는 거리를 뒀다.

그러나 기존 체제 내에서 국가 기구를 이용해 급진적인 개혁을 추구하는 것은 엄청난 긴장과 모순을 낳을 수밖에 없다. 모랄레스 정부의 말과 행동 모두에서 모순을 볼 수 있다.

예컨대, 2007년 초 모랄레스는 "자본주의가 인류의 가장 큰 적이라는 결론에 도달했다"고 말했다. 그러나 그 직전에 부통령 가르시아 리네라는 이렇게 말했다. "우리는 수천 번이라도 강조할 것이다. 모랄레스 정부는 사유재산 … 건강한 기업 활동을 보장하며 민간의 교육·보건 분야 참여를 환영한다."

불행히도 모랄레스 정부의 실천은 종종 전자의 발언보다는 후자에 가까웠다.

재정흑자 창출 원칙을 엄격하게 고수한 결과로 복지 확대, 공공부문 일자리 창출과 임금 인상이 대중의 기대에 못 미치는 수준으로 제한됐다.

또, 사유재산권에 대한 도전을 뜻하는 모랄레스의 가장 급진적 정책인 자원 국유화 문제에서도 모순을 볼 수 있다. 그는 천연가스 자원을 국유화했지만 천연자원을 둘러싼 국내외 민간 기업의 합작과 투자를 고무하고 있다. 그 때문에 미국과 중국 기업뿐 아니라 한국 LG상사도 리튬 채굴 사업에 뛰어들 수 있었다.

결론적으로, 모랄레스와 MAS는 두 번의 혁명으로 창출된 유리한 세력균형을 충분히 활용하지 못했다.

그래서 만신창이가 됐던 우익들은 천연자원이 집중 매장돼 있는 부유한 동부 '반(半)달' 지역의 우파 주지사들을 중심으로 다시 결집할 수 있었다.

그들은 자치권 확대를 내세워 볼리비아의 자원과 부를 독식한 기존 상황을 유지하고 싶어 한다. 모랄레스를 좌절시키고 운동을 약화시키기 위해 무자비한 폭력을 사용하기를 주저하지 않는다. 예컨대, 2008년 우파 청년 행동 대원들이 모랄레스 지지 농민들을 기습해 수십 명이 죽고 다쳤다.

볼리비아 노동자·민중은 우익의 도전에 끈질기게 맞서 싸웠고, 그 덕분에 지난해 12월 모랄레스는 우익 후보를 큰 표차로 따돌리고 재선할 수 있었다.

그러나 기층 대중과 좌파는 우익에게 빌미를 준 모랄레스 정부의 모순에 때때로 불만을 표시했다.

예컨대, 올해 4월 지방선거에서 MAS는 전국 평균 51퍼센트를 득표했는데 예상보다 상당히 적은 표였다. 5월 초에는 볼리비아노총(COB)이 주도한 임금 인상을 요구하는 대규모 시위가 벌어졌다.

현재 볼리비아는 겉보기에는 2008년 시작된 세계적 경제 위기의 타격을 덜 입은 것으로 보인다. 이것은 중국 경제의 성장률이 높아 볼리비아산 천연자원 수입이 다시 늘고, 엄청난 유동 자금이 천연자원 투기에 몰리며 볼리비아 주요 수출물들의 가격이 빠르게 회복된 덕분이다.

그러나 오늘날 세계 경제가 여전히 불안정해 볼리비아의 모순과 갈등은 앞으로 더 첨예해질 가능성이 높다. 모랄레스의 개혁은 기득권 세력의 더 큰 도전에 직면할 것이다. 그리 되면 2003년이나 2005년처럼 기층 운동이 다시 새로운 수준으로 도약하는 계기를 만들 수도 있을 것이다.

돌이켜보면, 2003년 10월과 2005년 6월 민중회의가 구성되고 노동자·농민의 힘이 정점에 이르렀을 때 볼리비아 국가관료·기업주·대지주의 권력 기반 — 기존의 보수적 국가 관료 기구와 사회의 부 — 을 기층 대중이 통제하는 것으로 바꿨어야 했다. 그랬다면 민중이 요구하고 모랄레스가 이행하겠다고 약속했던 것들을 실현하기 훨씬 더 수월한 조건이 마련됐을 것이다.

우익의 공격 앞에서 모랄레스 정부의 개혁 정책을 방어해야 한다. 그러나 앞으로 분출할 볼리비아의 새로운 변혁적 기층 투쟁은 2003년과 2005년에 힐끗 보여 주고 가지는 않았던 방향을 향해 나아가야 할 것이다.

라틴아메리카는 어디로 갈 것인가?

올리버 스톤 감독의 최신 다큐멘터리 영화 〈국경의 남쪽〉은 지난 10년간 라틴아메리카에서 일어난 혁명들에 대한 거짓말과 신화들을 반박하고 있다.

타리크 알리가 공동으로 시나리오를 쓴 이 영화는 많은 언론 매체들로부터 "치우쳤다."는 비난을 받았다. 틀린 말은 아니다. 실제로 올리버 스톤은 라틴아메리카의 여러 좌파 정권들을 방어하면서 미제국주의가 이 지역에서 저지른 끔찍한 만행들을 거침없이 폭로한다.

영화의 중심에는 베네수엘라 대통령 우고 차베스가 있다. 끊임없이 미국과 대립각을 세우면서 자본주의가 아닌 대안을 옹호하는 차베스는 라틴아메리카 대륙에서 신자유주의에 맞선 저항을 상징하는 인물이다.

마이크 곤살레스(영국 글래스고대학교 스페인어문학부교수). 〈레프트21〉 39호, 2010년 8월 26일. https://wspaper.org/article/8510.

베네수엘라가 "21세기 사회주의"로 나아가고 있다는 차베스의 선언(2005년 세계사회포럼에서 한)은 청중의 열광적인 박수갈채를 받았다.

그러나 베네수엘라의 상황, 그리고 베네수엘라와 비슷한 혁명들을 겪은 나라들의 상황은 모순적이다. 운동을 일으킨 민중의 열망과 지도자들의 행보가 갈수록 서로 충돌하고 있고, 그래서 이제 이 혁명들은 갈림길에 서 있다.

차베스는 1998년에 베네수엘라 대통령으로 당선했다. 그를 중심으로 건설된 대중 운동은 신자유주의·자본주의에 반대하는 모든 이들의 상상력을 사로잡았다.

그 후 10년 동안 여러 나라에서 좌파가 집권했고 2005년에 이르러 신자유주의의 독주 시대는 막을 내렸다. 라틴아메리카와 중동에서는 제국주의와 세계화에 맞선 저항이 성장했고 전 세계에서 반전 운동이 일어났다.

라틴아메리카의 대중 운동들은 1990년대에 강요된 신자유주의가 대중의 삶을 파탄내면서부터 형성되기 시작했다.

라틴아메리카 민중의 분노가 폭발한 것은 2000~2005년 사이였다. 이 기간 중 열 개 이상의 부패한 정권들이 타도됐다.

에콰도르에서는 대중 반란이 대통령 둘을 갈아치웠다. 아르헨티나에서는 대통령 세 명이 쫓겨났다.

볼리비아 민중은 대통령 둘을 갈아치웠고(원래는 네 명을 갈아치우려 했지만) 2005년에 코카 재배농이자 원주민 지도자인 에보 모랄레스를 대통령에 당선시켰다.

볼리비아의 운동은 정부가 악명 높은 벡텔 사에 물을 팔아넘기려는 데 맞서 2000년에 코차밤바 시의 빈민들이 들고 일어나면서부터 시작됐다.

3주간의 투쟁 끝에 정부가 물을 민영화하기로 한 결정을 번복했다. 이런 투쟁과 승리가 2년 뒤 엘알토 시에서도 되풀이됐다. "카빌도스 아비에르토스"(열린 마을 회의)라는 새로운 형태의 민주적 자치 기관들이 전국에 걸쳐 등장하기 시작했다.

운동들

그러나 라틴아메리카의 신생 운동들을 대변하게 된 나라는 베네수엘라였다.

베네수엘라의 볼리바르식 혁명은 빈민 대중이 역사의 핵심 주체로 떠올랐음을 알리는 사건이었다.

베네수엘라 빈민들이 세계 무대의 전면에 등장한 것은 2002년 4월 11일, 베네수엘라 경제 단체들과 군부와 교회가 차베스에 맞선 쿠데타를 감행했을 때다.

쿠데타 발생 48시간 만에 비탈진 언덕에 있는 판자촌 곳곳에서 내려온 수많은 빈민들이 수도 카라카스의 중심부를 점거했다. 그들은 차베스가 돌아올 때까지 한 발짝도 움직이지 않겠다며 버텼고 결국 승리했다.

그러나 우파들의 공격은 계속됐다. 2002~2003년에 그들은 '사장들의 파업'으로 석유 산업을 마비시키려 했다. 노동자들과 지역 주민들의 대중 운동이 이 시도를 좌절시켰다.

이런 대중적 저항의 과정에서 새롭고 창의적인 조직 방식들이 나타나기도 했다.

라틴아메리카의 신생 좌파 정권들이 이룬 성과는 대단했다.

2003년에 차베스는 보건, 교육, 주거와 원주민 권익 방어를 위한 전국적 프로그램인 "미션"들을 발족시켰다.

미션은 여전히 구 정권 인사들이 다수 포진해 있고 변화를 거부하는 국가 관료제를 우회하기 위한 수단이었다.

[차베스 등이] 희망한 것은 미션 운동의 기층에서 새로운 유형의 권력이 등장해 혁명을 전진시키리라는 것이었다.

볼리비아에서는 석유와 가스가 국유화됐고 외국 기업들에게 세금이 부과됐다. 국가가 미사용 토지를 몰수해 지역 사회에 환원했다. 에콰도르에서도 급진적인 헌법이 채택됐다.

이 모든 사건은 제국주의와 세계 시장에 대한 중대한 도전이었으며, 신생 정권들을 탄생시킨 운동들의 요구를 반영했다.

그러나 이제는 민중 권력에 관한 온갖 수사들이 밑바닥의 현실을 반영하지 못하고 있다.

볼리비아에서는 동부의 부유하고 주로 백인들이 사는 주들이 벌이고 있는 인종차별적 공격이 확실히 볼리비아 사회의 진보를 위협하고 있다.

그러나, 그와 동시에, 이른바 "볼리바르 국가"들은 중국, 이란, 러시아와 거래 관계를 트고 있는데, 이는 사회주의를 전진시키는 것과는 전혀 무관한 행보다.

비록 라틴아메리카 좌파 정부들이 말로는 여전히 2000년대 초의 저항 운동들을 대변한다고 하지만 이들의 실천은 매우 다른 방향으로 가고 있는 듯하다.

반란의 라틴아메리카와 좌파

〈다함께〉 기자 김용욱이 세계사회포럼에서 크리스 하먼을 만나 그에게서 라틴아메리카의 운동과 좌파 정치에 대해 들었다.

Q 라틴아메리카에서 좌파 정권의 바람이 불고 있습니다. 그 배경은 무엇입니까?

지난 5년 동안 라틴아메리카에서는 세 번의 봉기가 발생해서 신자유주의 정부를 전복시켰고, 베네수엘라에서는 차베스를 타도하려는 우익 쿠데타를 저지한 봉기가 일어났으며, 브라질에서는 카르도주의 신자유주의 정부에 대한 반발로 중도좌파 정부가 당선됐습니다.

각각의 사례는 수많은 사람을 빈곤으로 몰아넣고 있는 현대 자본

크리스 하먼. 2005년 2월 19일. https://wspaper.org/article/1831. 크리스 하먼은 영국 사회주의노동자당(SWP) 중앙위원이자 계간지 《인터내셔날 소셜리즘》의 편집자였다. 국내에는 《민중의 세계사》(책갈피), 《세계를 뒤흔든 1968》(책갈피), 《신자유주의 경제학 비판》(책갈피), 《저항의 세계화》(북막스) 등 여러 권이 번역돼 있다.

주의의 사조인 신자유주의의 위기를 반영하는 것이었습니다. 그리고 이러한 봉기는 신자유주의에 반대하는 멋진 대응이었습니다.

나는 이것이 매우 중요한 사건이었다고 생각합니다. 왜냐하면 라틴아메리카에서 지난 번 투쟁 물결은 군사적 수단에 의해 패배했기 때문입니다. 1970년 우루과이, 1973년 칠레, 그 뒤 아르헨티나, 그리고 1980년대 중앙아메리카가 그랬습니다.

이러한 패배 때문에 좌파 전체가 분열했고, 사기 저하했고, 일부는 매우 종파적이 됐습니다. 최근의 봉기들은 새로운 투쟁의 물결을 나타내는 것이었습니다.

라틴아메리카 정부 간에는 약간의 차이가 존재합니다. 아르헨티나·볼리비아·에콰도르 정부는 기본적으로 선거가 아니라 거대한 운동이 전임 정부를 전복시킨 결과 탄생했습니다.

그러나 브라질과 우루과이 정부는 그 나라의 선거 과정을 통해 탄생했습니다.

하지만 이들 모두에게는 한 가지 공통점이 있습니다. 그들은 자본주의에 맞설 준비가 돼 있지는 않지만, 신자유주의에 반대하겠다고 약속했습니다. 그러나 현실에서 그들은 세계 체제의 요구에 신속하게 굴복했습니다.

그러나 우리는 신중할 필요가 있습니다. 이 굴복은 완전한 굴복이 아닙니다. 그래서 아르헨티나 정부는 IMF와의 협상용 카드로 지난 2년 반 동안 외채 이자의 일부를 지급하지 않고 있습니다.

또, 브라질 정부는 단지 외국 자본의 압력에만 반응하지 않습니다. 룰라 정부는 기본적으로 브라질의 대규모 산업과 수출 농업 부문의 요구를 충족시키기 위해 일합니다. 그렇기 때문에 칸쿤 WTO 각료회담에서 미국과 충돌했던 것입니다.

그와 동시에, 브라질 정부는 국내적으로 소위 개혁, 특히 농업 개혁을 추진하고 있습니다. 농업 개혁은 과거에 양보했던 것을 회수하기 위한 것입니다.

이러한 브라질 정부의 특징은 다른 라틴아메리카 정부에도 적용됩니다. 하지만 이들 정부는 국민들로부터 높은 지지를 받고 있습니다.

아르헨티나에서는 전임 정부를 타도하는 데 참가했던 대형 자율주의 단체와 노동조합 중 일부가 지금 키르히너 정부를 지지하고 있습니다. 브라질에서는 최근 지방선거에서 집권당인 노동자당(PT)이 대규모 산업 중심지에서 표를 잃었지만 소규모 산업중심지에서는 오히려 표를 회복했습니다. 이것은 투쟁의 역사를 가진 사람들이 PT로부터 등을 돌리기 시작했지만, 여전히 많은 노동자들이 PT가 상황을 나아지게 하리라고 기대하고 있음을 뜻합니다.

Q 브라질 룰라 정부의 신자유주의 정책이 뜨거운 논쟁을 일으키고 있습니다. 이에 대해 어떻게 보며, 급진좌파들은 어떠한 태도를 취해야 한다고 생각하십니까?

PT는 원래 1970년대 말~1980년대 초반 군사독재를 종식시킨 대규모 파업 물결 속에서 탄생한 정당입니다. PT는 이전 노동조합보다 훨씬 전투적인 새로운 노동조합인 CUT에 기초해서 영향력을 획득했습니다.

그러나 선거에서 표를 얻기 위해 룰라는 점점 우파 정당들과 타협하기 시작했습니다. 그래서 룰라는 자기 정부에 기존 우파 정당들을 포함시켰습니다. 그리고 2년 반 전 룰라의 당선 가능성이 현실화되자, 그는 서둘러 IMF와 협정을 체결함으로써 국제 금융자본가들과 타협했습니다.

이러한 협정의 결과로, 룰라 정부는 공공 부문 노동자들의 연금을 삭감했고, 지난해 말 은행 노동자들의 처절한 파업 투쟁 때는 사용자들을 지지했습니다. 그리고 지금 룰라는 대학 개혁과 노조 관료의 영향력을 증대시키기 위한 노동조합 개혁을 추진하고 있습니다.

이러한 측면에서 룰라 정부는 다른 나라의 사회민주주의·개량주의 정부와 크게 다르지 않습니다. 동시에, 룰라는 여전히 PT의 지지를 원합니다. 그리고 부르주아 정책을 추진하고 있지만 PT는 여전히 노동자 정당입니다.

그리고 이 점은 이번 세계사회포럼에서도 드러났습니다. 룰라가 연설했을 때, 청중 가운데 4분의 3이 룰라에게 박수를 보냈고, 4분의 1은 가만 있었고 아주 극소수만이 야유를 보냈습니다.

차베스가 연설할 때, 어떤 사람들은 "Chavez si, Lula nao(차베스는 좋고 룰라는 싫다)"라고 외쳤지만 이 구호를 외친 사람은 전체 청중 가운데 절반에 불과했고, 이 구호에 적의를 드러낸 사람도 있었습니다.

하지만 신자유주의에 반대하는 구호에는 모두가 함께 호응했습니다. 룰라 지지를 외친 사람 중에는 "100% 룰라"라고 적힌 티셔츠를 입은 사람들도 있었습니다. 그러나 실제로 아주 많은 사람들은

"75% 룰라" 혹은 "50% 룰라"였습니다.

혁명가들이 룰라 정부를 대할 때 첫째, 이 정부가 자본주의 틀 안에서 움직이고 있고, 자본주의가 자기 계획을 완수하는 것을 사실상 돕고 있다는 점을 명확하게 이해할 필요가 있습니다.

그러나, 그와 동시에, 우리는 여전히 매우 많은 노동자들이 룰라에게 신뢰를 보내고 있고, 자신들이 일정 정도 항의하면 룰라가 변할 것이고, 문제는 룰라가 잘못된 사상을 가지고 있는 것이기 때문에 다른 식으로 행동하도록 설득할 수 있다고 믿고 있는 것을 알아야 합니다.

나는 지금 단계에서 우리가 그를 '배신자'라고 불러서는 안 된다고 생각합니다. 이것은 다수의 사람들에게 아직 자명한 사실이 아닙니다. 물론 그는 배신자입니다. 그러나 지금 상태에서 룰라를 배신자라고 부르는 것은 그의 지지자들을 획득하기 위한 최선의 방법은 아닙니다.

나는 사회주의노동자단결당(PSTU) 같은 조직이, PT 당 안에 있거나 룰라를 신뢰하고 있는 사람들을 투쟁에 연루시키고 그 속에서 룰라 정부의 진정한 성격을 이해할 수 있는 기회를 주기보다 종파적 활동에 빠지지 않을까 걱정스럽습니다.

실제로 PSTU는 자기 회원들을 주요 노동조합 연맹체인 CUT로부터 탈퇴시킨 후 새로운 노동조합 연맹체인 '투쟁 속에서'(Con Lutas)를 결성했습니다. 나는 이것이 치명적인 실수라고 생각합니다. 오히려 룰라를 지지하는 노동자들과 함께하면서 실천을 통해 그들을 PT로부터 견인하려고 노력해야 합니다.

Q PSTU는 어떤 성격의 당입니까?

PSTU는 2천~4천 명의 당원을 가진 정당입니다. PSTU는 모레노가 건설한 트로츠키주의 경향으로부터 탄생했고, 매우 전투적이지만 동시에 매우 종파적입니다. 제가 보기에 그들은 노동자들의 개량주의 정서를 거의 이해하지 못합니다.

모레노 전통에 속한 사람들은 개량주의 사상을 가진 노동자들이 대단히 전투적으로 싸울 수 있고, 혁명가들이 이런 투쟁 과정에서 그 노동자들을 설복할 수 있다는 것을 이해하지 못합니다.

그들은 자신들을 '정통 트로츠키주의'라고 부르지만, 그들은 공동전선을 통해 혁명가들이 개량주의자들과 함께해야 하는 이유에 관한 트로츠키의 글을 전혀 읽지 않은 듯합니다.

만약 당신이 이라크 전쟁에 맞서 싸우기를 원한다면, 우리는 혁명가와 비혁명가를 모두 아우르는 강령이 필요합니다. 영국에서 우리가 이라크 전쟁 반대를 조직할 때, 우리는 SWP 당원, 무슬림 단체에 속한 사람들과 노동당에 속한 사람들 모두를 조직했습니다.

Q 브라질 좌파 정당인 '사회주의자유당'(P-SoL)의 정치에 관해 소개해 주십시오.

PT가 창당됐을 때, 다양한 배경을 가진 사람들이 가입했습니다. 어떤 이는 트로츠키주의자였고, 어떤 이는 노동자였으며, 어떤 이는 강단 마르크스주의자였습니다. 그리고 그들은 PT 안에서 조직된 경향으로 존재했습니다.

포르투알레그레에 기반하고 있는 조직된 경향 중 하나가 사회주의 좌파운동(MES)입니다. 또 다른 경향은 사회주의적 민주주의(DS)인데 이들은 제4인터내셔널과 기타 조그만 단체들에 연결돼 있습니다.

2년 전 룰라 정부가 연금 개혁을 추진했을 때, 이 개혁에 반대하는 대규모 파업이 일어났습니다. 엘레나 엘로이사라는 한 상원의원과 세 명의 의원들이 이 개혁에 반대표를 던졌고, 이 때문에 PT로부터 축출됐습니다.

그러자 그들은 룰라의 정책에 반대하는 사람들을 모두 모을 수 있는 정치강령에 기초해서 새로운 선거 정당을 결성하기로 결정했습니다.

처음에 모인 사람들은 주로 트로츠키주의 배경을 가지고 있었습니다. 엘레나는 DS 출신이고(DS의 나머지 회원들은 PT 안에 남아 있습니다), 루치아나 젠로는 MES 출신입니다. 또 다른 의원인 바바도 트로츠키주의자입니다.

하지만 그들은 스스로를 '혁명적 개량주의자'라고 부르는 독립사회주의자들, 마르크스주의 지식인들이 단결할 수 있는 대안 정당을 건설하려 했습니다.

P-SoL이 직면한 진정한 시험은 PT에 환멸을 품은 많은 사람들을 끌어들이는 데 성공할 수 있을 것인지와 아직 PT와 결별하지 않았지만 이견을 가지기 시작한 사람들에게 계속 개방적일 수 있는지 입니다.

PT의 한 저명 인사가 지난 주말에 세계사회포럼에서 자신을 포함해 1백여 명이 PT를 탈당하겠다고 선언했습니다. 그리고 그는 P-SoL 전당 대회에 참가했습니다. 그는 아직 P-SoL에 가입하지 않았지만 지금 가입을 고려하고 있습니다. P-SoL이 발전하기 위해서 중요한 것은 이런 다른 집단에게 개방적이어야 한다는 것입니다.

P-SoL 강령은, 올바르게도 자본주의에 반대한다고 선언하면서도, 개량과 혁명 중 어떤 방식으로 자본주의에 맞설 것인지 명확하게 설명하고 있지 않습니다.

제가 보기에 현재 단계에서 이러한 입장은 옳습니다. 브라질은 지금 혁명적 상황에 있지 않습니다. 지금 브라질에서는 룰라와는 다른 방식으로 싸우고 싶어하는 사람들을 그러모으는 것이 가장 중요합니다.

그리고 혁명가들은 그 당 안에서 토론을 진행해야 합니다. 혁명가들은 자기 사상을 솔직하게 말해야 합니다. 그러나 매번 혁명이냐 개량이냐 하는 논쟁으로 당의 모든 일상과 모임을 마비시켜서는 안 됩니다.

Q 이번 세계사회포럼에서 베네수엘라의 차베스에 대한 지지가 대단했습니다. 그 정권은 어떤 정권입니까? 차베스의 '볼리바르 혁명'의 전망을 어떻게 보십니까?

차베스는 6년 전에 권력을 잡았고, 특히 헌정 개혁과 토지 관련 개혁 등 작은 개혁을 추진했습니다. 그는 이러한 개혁을 추진하면서 베네수엘라 상층 계급과 상층 중간계급의 격렬한 적대에 부딪쳤습니다.

베네수엘라는 계급 분열이 심각한 사회입니다. 수도 카라카스의 부촌은 빈민가로 둘러싸여 있습니다. 힐튼 호텔에서 불과 2백 미터

떨어진 곳에 판자촌이 있습니다. 그 정도로 심각합니다.

따라서 부자들은 빈민을 두려워하면서 살고 있고, 그들을 경멸합니다. 전통적으로 베네수엘라의 석유 수입은 베네수엘라 부르주아지와 상층 중간계급의 수중으로 들어갔습니다. 차베스가 이것을 위협하자 그들은 두 번이나 차베스를 전복하려 했습니다.

그들이 차베스를 전복하려 했을 때, 차베스 전복에 반대해 이전에는 존재하지 않았던 새로운 대중 운동이 일어났습니다. 그 뒤로 차베스는 점점 급진적인 언어를 사용하기 시작했지만 실제로 그의 정부는 상층 중간계급과 지배계급을 가만 놔두었습니다.

그는 석유 수입 중 일부를 취해 정부 재정을 늘렸고, 이것을 사용해 보건소, 빈민을 위한 학교 등을 포함하는 '미시오네스(misiones: 복지 시설)를 설립했습니다.

그러나 그는 중간계급에게 혜택을 주는 기존 구조를 그대로 유지했습니다. 앞서 말한 것들은 빈민을 돕는 일종의 작은 국가였습니다. 그러나 진짜 국가는 그대로 남아 있었습니다.

육군에서도 비슷한 일이 반복됐습니다. 차베스는 육군을 주요 지지 기반으로 삼았지만 육군에는 지금 침묵을 지키고 있는 반동적 장교들이 아직 남아 있습니다. 물론 작은 개혁에 찬성하는 장교들이 많이 있습니다. 그들은 중간계급 출신이거나 혹은 중간계급의 일부가 됐습니다. 그러나 그들은 작은 개혁에는 괘념치 않지만 베네수엘라 사회 전체를 포괄하는 혁명을 원하지는 않습니다. 그러므로 차베스가 빈민 사이에서 높은 지지를 얻고 있지만, 혁명은 아직 일어나지 않았습니다. 나는 차베스 정부에서 잠시 장관직을 지냈던 한 활동가와 얘기를 나눈 적이 있습니다. 그는 이렇게 말했습니다. "차베스는 말을 진짜 잘 한다. 하지만 그의 정부는 아주 나쁘다."

Q 2000년 이후 라틴아메리카 나라들에서는 일련의 봉기가 일어났습니다. 그리고 지금 개량주의 정부들이 들어섰습니다. 대륙 혁명은 계속 나아갈까요? 이를 위해 무엇이 필요합니까?

반드시 이해해야 할 점은 이것들이 새로운 투쟁 물결이란 것입니다. 그들은 과거로부터의 단절을 나타냅니다. 그들은 새로운 세력을 대변합니다. 아르헨티나에서 이전에 정치에 연루된 적이 없었던 많은 사람들이 봉기에 참가했고, 그 뒤로 계속 정치적으로 능동적입니다.

그리고 완전히 새로운 형태의 조직, 일례로 아르헨티나의 피케테로스 등이 생겨났습니다. 볼리비아와 에콰도르에서 봉기의 원동력은 많은 부분 스페인어를 말하지 못하고 정치로부터 완전히 배제됐던 원주민들, 즉 부적절하게 '인디언'이라고 불리는 사람들의 동원이었습니다.

베네수엘라에서 새로운 운동은 정말 완벽하게 새롭습니다. 저는 6년 전 베네수엘라를 방문한 적이 있는데, 당시에는 운동이 전혀 존재하지 않았고, 오직 소규모 단체들밖에 없었습니다.

당시 베네수엘라 혁명 조직은 붕괴하거나 활동을 중단한 상태였습니다. [그러나] 새로운 운동은 운동에 적극 개입하는 수많은 사람들을 배출했습니다.

하지만 이러한 사람들은 당연하게도 정치적 경험이 없기 때문에 여러 가지 혼란된 생각을 가지고 있고, 자기 삶을 통제하고 싶은 열망과 지도자에 의존하는 경향이 뒤섞여 있습니다.

2년 전에 "룰라! 룰라! 룰라!"를 연호한 사람들이 지금 "차베스! 차베스! 차베스!"를 연호하고 있습니다. 이것은 그들이 자신에게 자신감이 없고, 누군가 이끌어 주기를 바란다는 점을 보여 줍니다.

이런 상황에서 차베스 정부의 성격을 명확하게 이해하고 있을 뿐 아니라, 모든 투쟁에 개입하면서 무엇을 해야 하는지 인내심을 가지고 사람들과 우호적으로 토론할 수 있는 혁명가들의 존재가 매우 중요합니다.

다른 곳과 마찬가지로, 라틴아메리카에서의 문제점은 1960~70년대의 혁명가 세대들 중 많은 이들이 20여 년의 패배를 겪으면서 체제에 흡수됐다는 것입니다.

그래서 라틴아메리카의 많은 옛 게릴라들이 지금 신자유주의 정부의 장관으로 재직하고 있습니다. 우루과이의 한 장관은 30년 전에 게릴라였습니다. 이것은 패배에 대한 한 반응이었습니다.

또 다른 반응은 지독한 종파주의였습니다. 그들은 경직돼 있고, 다른 조직들로부터 철저하게 고립됐습니다. 그들은 구호를 외칠 뿐 누가 실제로 그것을 듣고 있는지 상관하지 않습니다. 그들은 사람들과 토론하지 않습니다.

이러한 종파주의는 브라질의 일부 조직들 사이에 존재하며, 새로운 운동으로부터 철저하게 고립돼 있는 볼리비아의 오래된 트로츠키주의 조직들에게도 존재합니다.

그리고 이러한 두 가지 반응을 보면서 새로운 운동의 일부는 자율주의 사상으로 흡수되는 새로운 사상을 발전시켰습니다. 라틴아메리카의 게릴라 조직들은 모두 스탈린주의나 마오주의의 영향을 받았기 때문에 사람들은 혁명 조직들이 활동하는 방식을 좋아하지 않았습니다. 그리고 이에 대한 반응으로 사람들은 정당이 독재와 위계질서를 의미한다고 말했습니다. 이러한 맥락에서 자율주의자들은 "국가도 조직도 중요하지 않다"고 주장했습니다. 그러나 국가가 중요하게 되면, 그들은 국가에 타협하거나 개량주의적 해결책을 받아들이곤 합니다.

Q 라틴아메리카의 좌파 중 일부는 미국 제국주의를 과대평가하고 있습니다. 그들은 혁명이 더 나아가면 미국이 개입할 것이므로, 혁명을 더 밀어붙여서는 안 된다고 주장합니다. 이라크에서 위기에 빠져 있는 미국이 군사적으로 라틴아메리카에 개입할 처지에 있다고 보십니까?

첫째, 북미는 라틴아메리카에 보통 간접적 방식으로 개입해 왔습니다. 그들은 카리브 해의 도미니카 공화국과 아이티를 침략했고, 20세기 초에 쿠바를 침략했습니다. 그리고 1960년대와 70년대에 라틴아메리카의 다른 지역에서 보통 그들은 토착 지배계급과 함께 대중 운동을 공격했습니다. 엘살바도르와 니카라과에는 미군이 거의 없었습니다. 그리고 콜롬비아 전쟁에서는 미국의 돈을 받은 암살단들이 활동하고 있지만, 콜롬비아 군과 준군사조직 등 주로 토착 지배계급이 전쟁을 수행하고 있습니다.

칠레 쿠데타를 일으킨 피노체트는 칠레인이었고, 물론 미군이 일정한 기술적 지원을 제공했지만 쿠데타를 감행한 것은 미군이 아니었습니다. 그러나 라틴아메리카의 많은 대중 운동은 이 사실을 이해하지 못하고 있습니다. 그들은 보통 민족주의적이며, 실제로는 토착 지배계급이 온갖 더러운 짓을 다 저지른 것인데도 문제를 라틴아메리카 대 미국의 구도로 보는 경향이 있습니다.

오히려 미국은 보호자처럼 행동합니다. 미국은 만약 자기 지배계급의 이윤이 걸려 있으면 토착 지배계급에게 지원을 제공할 것입니다. 이것이 전반적인 상황입니다. 따라서 핵심적 문제는 국내 세력관계입니다.

베네수엘라 쿠데타는 미국 정부 일부의 지지를 받은 토착 지배계급들이 일으켰습니다. 미국 정부의 일부는 그들을 지지했지만, 다른 이들은 그다지 좋은 생각이 아니라고 생각했습니다. 그래서 지배계급과 미국 사이에 이견이 존재했습니다. 이러한 상황에서 핵심 문제는 내부 계급투쟁입니다.

물론 이라크에서 미국의 취약성은 매우 중요합니다. 베네수엘라 지배계급은 여전히 국민 중 30~40퍼센트의 지지를 받고 있기 때문에 나는 미국이 어느 순간 차베스 전복을 시도할 것이라고 생각합니다.

그리고 미국은 미래에 언젠가 콜롬비아 군대를 이용해서 차베스 타도를 도발할지도 모릅니다. 그러나 나는 이러한 상황이 지금 발생하리라고 믿지 않습니다.

미국은 지금 이라크에 철저하게 발목이 잡혀 있고, 국제 유가도 매우 높습니다. 따라서 미국은 지금 베네수엘라에서의 전쟁을 원하지 않고 있고, 다시 말해 우리는 혁명적 과정을 전진시킬 수 있습니다.

문제는 일부 라틴아메리카 좌파들이 "우리는 절대 혁명적 과정을 전진시키면 안 돼." 하고 주장한다는 것입니다.

볼리비아의 주요 인사인 에보 모랄레스는 원주민 운동의 핵심 지도자이기도 합니다.

그는 지금 현 볼리비아 정부를 지지하고 있습니다. 그는 이렇게 말했습니다. "볼리비아 혁명은 앞으로 더 나아가서는 안 된다. 그러면 미국이 개입할 것이기 때문이다." 미국은 지금 전혀 개입할 처지에 있지 않기 때문에 나는 이것이 말도 안 되는 주장이라고 생각합니다.

Q 한국의 일부 좌파는 사회 운동과 당 운동을 구분하고 나서, 사회 운동이 당 운동보다 우월하며 당 운동이 사회 운동에 '간섭'해서는 안 된다고 주장합니다. 그들은 부정적인 '간섭'의 예로 영국 SWP를 들고 있습니다. 이러한 주장해 대해 어떻게 생각하십니까?

모든 사회 운동에는 무엇을 해야 하는가에 대한 이해 수준이 다양한 사람들이 참가하기 마련입니다. 동질적인 사회 운동이란 존재하지 않습니다. 만약 파업을 하게 되면, 파업을 하고 강력하게 투쟁하고 싶어하는 사람과 일을 하고 싶어하는 사람이 각각 있기 마련입니다.

파업에서 피켓라인은 사용자를 겨냥한 것이 아닙니다. 쓰레기통을 버리고 열차를 운전하는 사람은 사장들이 아닙니다. 피켓라인은 사장들의 주장에 영향을 받고 일하려고 하는 노동자들을 겨냥한 것입니다.

다른 사회 운동에서도 마찬가지입니다. 무토지 노동자들이 토지를 쟁취하려 할 때, 일부는 싸울 것이고, 일부는 기존 체제를 인정해야 한다고 생각할 것입니다.

그렇기 때문에 사회 운동 안에 정치적 논쟁이 존재하지 않는다는 것은 사실이 아닙니다. 설사 자신이 그것을 정치적 주장으로 여기지 않더라도 정치적 논쟁은 정치적 논쟁입니다.

세계사회포럼에서는 정치를 언급해서는 안 된다는 암묵적 가정이 있습니다. 하지만 현실에서 우리는 언제나 정치적 과정을 볼 수 있습니다.

한편에는 힘차게 싸우지만 개량 외에는 아무것도 모르는 소규모 압력집단들이 있습니다. 그리고 다른 한편에는 체제를 타도하기를 원하는 사람들이 있습니다. 그리고 우리는 이 모든 집단이 참가하는 사회 운동을 원합니다.

하지만 동시에 우리는 개량을 원하는 사람들이 조직돼 있기 때문에 혁명을 원하는 사람들도 조직돼야 한다고 주장해야 합니다.

NGO들은 대부분 정부로부터 재정의 대부분을 지원받습니다. 그렇기 때문에 사회 운동을 건설할 때 NGO들은 보통 개량주의나 '압력 넣기'를 지지합니다.

지도자들 중 일부가 더 나아가기를 바라더라도 마찬가지입니다. 그들은 언제나 돈이 어디로부터 오고, 어떻게 너무 나아가지 않으면서 운동을 조직할 수 있을지를 고민합니다.

따라서 그들이 개혁을 추진하는 상황에서 혁명가들은 그들과 함께 일할 수 있어야 합니다. 하지만 우리의 주장을 공개적으로 주장하고 우리 방식으로 활동할 수 있어야 합니다.

우리가 지금 인터뷰하고 있는 카페 반대편에는 매우 고급스러운 호텔이 있습니다. NGO들은 바로 저런 곳에 묵고 모임을 가집니다. 반면에, 우리는 싸구려 호텔에 묵고 모임을 가집니다. 하지만 고급 호텔에 묵는 사람들의 운동에 대한 개입은 허용되는 반면, 실제로 노동자와 농민의 삶과 함께 하고 싶은 우리들의 개입은 허용되지 않습니다. 저는 이것이 심각한 문제라고 생각합니다.

우리[혁명가들]는 현실을 숨기지 않습니다. 우리는 다수인 척 가장하지 않습니다. 우리는 소수입니다. 따라서 반전 운동을 건설할 때 SWP뿐 아니라 공산당 사람들, 노동당 사람들, 무슬림 단체 사람들이 참가했습니다.

우리는 "반전 운동은 혁명적 강령을 가져야 한다"고 주장하지 않았습니다. 반전 운동은 우리 모두가 동의할 수 있는 최소 강령을 가지고 있습니다. 우리는 여기서 더 나아가기를 바라지만, 다른 사람은 그렇지 않습니다. 이것은 당연합니다.

우리는 그들과 함께하면서 운동 안에서 논쟁하고 우리 제안을 내놓아야 합니다. 그리고 "정치는 안 돼"라고 주장하는 사람들이 보통 의미하는 것은 개량주의 정치만이 유일한 정치라는 것입니다.

그러나 "정치는 안 돼"라고 말하는 사람 중 일부는 실제로 개량주의를 싫어하지만 결국 개량주의자들의 주장에 조직적으로 도전하는 데 실패하곤 합니다.

알렉스 캘리니코스 방한 강연 — 반란의 라틴아메리카

시애틀 시위 이후로 발전한 세계적인 반신자유주의·반전 운동이 가장 멀리 나아간 곳은 라틴아메리카다.

특히 우고 차베스 베네수엘라 대통령은 미국 제국주의에 맞선 세계적 저항의 상징으로 떠올랐다. 이는 지난해 UN 총회에서 차베스가 부시를 악마로 묘사했을 때 절정에 달했다. 또, 차베스가 권장한 노엄 촘스키의 책은 아마존 1위의 베스트셀러가 되기도 했다.

차베스라는 인물의 중요성은 국제적으로도 인정된다. 지난해에 나는 제국주의와 시온주의에 반대하는 카이로 회의에 참석하러 이집트에 갔는데, 거기에 참석한 이집트 활동가들은 이슬람주의자이든 세속적 민족주의자이든 라틴아메리카가 반제국주의 투쟁의 본보기

알렉스 캘리니코스. 〈맞불〉 80호, 2008년 3월 26일. https://wspaper.org/article/5137. 이 글은 2008년 1월 20일 알렉스 캘리니코스가 방한해 '라틴아메리카의 새로운 좌파 정부들'이라는 주제로 대중 강연한 것을 녹취한 것이다.

라는 데는 의견이 일치했다.

신자유주의와 제국주의에 맞선 도전이 특히 두 라틴아메리카 나라에서는 단지 상징적인 수준에 머물지 않고 실질적으로 전개되고 있다. 베네수엘라에서 차베스는 '21세기 사회주의'에 대해 얘기하기 시작했고, 산유국인 베네수엘라의 석유 수입(收入)을 상당 부분 사회복지에 지출했다. 그리고 볼리비아의 좌파 대통령 에보 모랄레스는 당선 직후 볼리비아의 천연가스를 국유화했다.

21세기 사회주의

모든 것이 사유화돼야 하는 신자유주의 시대에 이는 중대한 사건이었다. 국유화는 구시대적 발상이고 사회주의는 죽은 사상이라는 통념을 거슬렀기 때문이다. 이처럼 베네수엘라와 볼리비아는 단순히 신자유주의에 저항하는 것에 그치지 않고 신자유주의의 대안을 모색하는 데까지 나아갔다는 점에서 중요한 사례다.

그럼에도 두 좌파 정부 모두 심각한 문제에 봉착해 있다. 특히 차베스는 지난해 12월의 국민투표에서 자신의 새 헌법이 부결되면서 큰 타격을 입었다.

이러한 문제들을 더 깊이 다루기 전에 지난 수십여 년에 걸친 라틴아메리카 역사를 좀 살펴보도록 하자. 1950년대에서 1970년대 사이에는 라틴아메리카 대륙 전체가 내전에 휩싸였다고 해도 과언이 아니다. 곳곳에서 좌파들이 득세했고 1959년에는 그 유명한 쿠바 혁명이 일어났다. 사실, 쿠바 혁명보다는 아르헨티나와 브라질 같은 곳에서 일어난 노동자 대중 투쟁이 더 중요했다.

라틴아메리카의 역사: 반란과 반혁명 그리고 다시 새로운 저항으로

그러나 좌파들의 이러한 약진은 미국을 등에 업은 라틴아메리카 지배자들에게 처참하게 분쇄당한다. 나라마다 쿠데타가 일어났고 극도로 억압적인 정권들이 좌파를 고문하고 탄압했다. 칠레와 아르헨티나에서 1973년과 1976년에 일어난 쿠데타가 가장 악명 높은 사례들이다. 심지어 과테말라에서는 1980년대 초에 군대가 원주민 농민들의 저항을 진압하는 과정에서 수십만 명을 학살했다.

이와 같은 정치적 반혁명은 당시의 세계경제 위기와 상호작용했다. 1982년에는 소위 '외채 위기'가 멕시코에서 시작됐다. 갑자기 라틴아메리카 각국은 그동안 서구 은행으로부터 빌려왔던 돈을 갚을 수 없는 처지가 됐다. IMF와 세계은행 같은 국제 금융 기관과 미국, 그리고 라틴아메리카 지배자들은 이 외채 위기를 이용해 모종의 경제적 반혁명을 수행했다.

오늘날 우리가 신자유주의라 부르는 것이 그 반혁명의 실체다. 즉, 그들은 라틴아메리카 각국에서 공공부문을 허물고 시장을 외국 상품과 자본에 개방시켰다. 그 결과 전 대륙에 걸쳐 고통과 가난이 급증했다. 일례로 볼리비아의 광업이 붕괴하면서 역사상 가장 투쟁적인 노동자 운동에 속했던 볼리비아 광원 운동이 사실상 파괴됐다.

하지만 1990년대 중반부터는 라틴아메리카에서 새로운 저항의 주기가 시작됐다. 1994년 멕시코의 사파티스타 봉기가 그 발단이었다. 그 봉기는 멕시코와 캐나다와 미국을 하나의 경제권으로 통합하는 북미자유무역협정이 발효하는 날에 일어났다. 고도의 정치적 계산이 깔린 태국밍이었다.

사파티스타 봉기에 뒤이어 라틴아메리카 각지에서 일어난 투쟁들은 규모가 훨씬 컸다. 예컨대 2001년 말 아르헨티나에서는 신자유주의가 초래한 경제 위기의 여파로 어마어마한 대중 반란이 일어났다.

신자유주의에 대한 라틴아메리카의 반감을 보여 주는 가장 두드러진 증상은 중도좌파 정부들의 잇따른 집권이다. 지난 10년 동안 베네수엘라·브라질·우루과이·칠레·볼리비아·에콰도르에서 좌파 대통령이 당선했다. 이들 정부의 대다수는 막상 행동으로는 '사회적 자유주의'를 추구했다. 다시 말해, 신자유주의에 대한 대중적 반감을 업고 집권했는데도 이들은 전임자들의 신자유주의 경제 정책을 답습했다. 룰라 대통령의 사례가 가장 시사적이다.

룰라는 브라질 노동자당 지도자이다. 브라질 노동자당은 1970~1980년대의 거대한 노동운동을 통해 탄생한 대중적 좌파 정당이다. 룰라는 극빈층 출신으로서 세계 역사상 가장 위대한 것으로 손꼽히는 브라질 노동자 운동을 이끈 진정한 노동계급 인사였다. 그러나 2002년 10월에 브라질 대통령이 된 후로 그는 자신의 과거를 배신했다. 그는 전임자들이 추진한 것과 매우 비슷한 정통 신자유주의 경제 정책들을 실행했다. 비록 대외 정책에서는 미국과 더 각을 세웠지만, 아이티에 브라질 군대를 파견한 사례에서 볼 수 있듯이 부시 정부와 협력하기도 했다.

이러한 전반적인 그림에 비춰 봤을 때 차베스와 모랄레스의 경우는 예외적이다. 그들은 다른 좌파 정부들보다 훨씬 급진적인 정책들을 폈고, 그 때문에 룰라 정부와 상당한 마찰을 겪었다. 모랄레스가 볼리비아의 천연가스를 국유화했을 때 피해를 본 외국 기업들 가운데는 브라질 기업도 있었다. 룰라는 볼리비아 민중이 이처럼 자기 나라 자원을 스스로 통제하려 한 것에 맞서 브라질 기업을 편들고 나섰다.

그렇다면 볼리비아와 베네수엘라는 왜 다른가? 어째서 모랄레스와 차베스는 라틴아메리카의 다른 좌파 정부들에 비해 그토록 급진적인가? 근본적으로는, 차베스와 모랄레스가 자기 나라 대중 운동과 맺고 있는 관계 때문이다.

사실, 신자유주의에 맞선 빈민들의 대중 운동은 베네수엘라보다 볼리비아가 앞서 있다. 물 사유화에 반대하는 코차밤바 지역의 강력한 대중 투쟁이 있었고, 코카 재배농(코칼레로스)들의 운동도 있다. 코카 재배농들은 다른 수많은 전쟁과 함께 "마약과의 전쟁"도 치렀던 미국의 관점에서는 또 다른 "악의 축"이다. 하지만 볼리비아 코카 재배 농민의 다수는 실직한 광원들이다. 그들은 일자리를 잃은 뒤 입에 풀칠이라도 할 요량으로 코카 재배를 시작했다. 어떤 점에서 그들은 신자유주의의 시장 논리를 충실히 따른 셈이다. 코카인은 국제 시장에서 고가에 팔리는 상품이다. 따라서 볼리비아나 아프가니스탄에서 가족을 먹여 살리기 위해 코카를 재배하는 극빈자들은 지극히 합리적인 경제 주체로서 행동하는 것이다. 그러나 미국은 라틴아메리카 정부들을 종용해 코카 재배농들을 박멸하려 해왔다. 이에 맞서 볼리비아에서는 엄청난 저항이 일어났고 그 과정에서 에보 모랄레스가 코칼레로스들의 지도자로 떠올랐다.

급진적

엘알토는 볼리비아의 빈민들이 밀집해 있는 거대한 슬럼 도시로서, 수도인 라파스가 내려다보이는 고원 지대에 위치해 있다. 코칼레로스 운동이 한창일 때 바로 엘알토에서 거대한 시위들이 터져나왔다. 특히 2003년과 2005년에는 엘알토의 시위대가 도로를 점거해 라파스로 향하는 교통을 차단했다. 그 때마다 우파 대통령이 한 명씩 사임했다. 2년 사이에 대중 운동이 한 명도 아닌 두 명의 대통령을 물러나게 한 것은 실로 대단한 일이다. 한국에서도 볼리비아처럼 하면 좋을 것이다.

특히 2005년의 제2차 봉기 때는 천연가스 자원을 어떻게 할 것이냐가 핵심 쟁점이었다. 도로 봉쇄 운동을 주도한 단체의 핵심 요구는 천연가스 국유화였다. MAS(사회주의운동당) 지도자인 모랄레스는 사실 대중 운동의 오른쪽에 있었고 국유화를 지지하지 않았다. 하지만 대중 운동의 힘이 그를 왼쪽으로 밀어붙였고, 또 권좌로 밀어올렸다.

이에 비해 차베스는 본인이 훨씬 더 많은 주도력을 발휘했다. 그가

1999년 처음으로 대통령으로 선출된 것은 대중 운동의 직접적 결과가 아니었다. 그럼에도 그는 오로지 베네수엘라 빈민들의 조직적인 지원 덕에 생존할 수 있었다. 가장 중요한 고비는 2002년 4월, 우파들이 부시 정부의 후원을 받으며 차베스 축출을 위한 쿠데타를 감행했을 때였다.

쿠데타 세력은 주요 경제단체 회장을 신임 대통령으로 내정해 두기까지 한 상태였다. 하지만 그들의 쿠데타는 베네수엘라 수도 카라카스의 빈민 대중에게 색다른 환영을 받았다. 판자집으로 뒤덮인 고산 지대에서 빈민들이 쏟아져 내려와 대통령궁을 포위한 채 차베스의 석방을 요구했다. 당시에 현장에 있었던 사람이 찍은 다큐멘터리 한 편이 이 과정을 생생히 보여 준다. 다큐멘터리를 보면, 대통령궁 바깥에서 가해지는 압박이 거세질수록 점점 불안 초조해지는 쿠데타 세력들의 표정을 읽을 수 있다.

차베스는 빈민들의 지지 덕분에 목숨을 건졌다. 그래서인지 그는 빈민들과의 관계를 공고히 다지려 했다. 그는 부시에게도 약간은 감사해야 한다. 부시 그 멍청이가 이라크를 침공함으로써 의도치 않게 유가 폭등을 초래했고, 고유가 덕분에 차베스는 대중의 생활수준을 향상시키는 데 훨씬 더 많은 재원을 활용할 수 있었기 때문이다.

국가 관료와 대중 운동 사이에서

그러나 차베스와 모랄레스는 그들이 대중 운동과 맺고 있는 관계에도 불구하고 모두 자본주의 국가를 관장하고 있다. 달리 말해, 그들은 위계적이고 관료적이며 부패한데다 억압적인 국가의 관리자 위치에 있는 것이다. 예를 들어, 차베스는 군부의 수장으로 자신에게 충성하는 장교를 임명했지만, 그렇다고 군부의 성격이 근본적으로 바뀐 것은 아니다.

또한 차베스와 모랄레스 모두 지배 엘리트들의 악랄한 반격에 직면했다. 가령 베네수엘라의 지배 엘리트들은 2002년과 2003년의 쿠데타 기도가 실패하자 기업주들의 폐업을 조직해 석유 산업을 몇 달간 마비시켰다. 또, 볼리비아의 지배 엘리트들은 모랄레스가 새로운 민주 헌법을 제안한 것에 반발해, 자신들이 기반을 두고 있는 석유·가스 매장 지역을 볼리비아로부터 독립시켜 주지 않을 거면 내전을 각오하라고 협박하고 있다.

이러한 계급 대치에는 인종차별적인 면도 있다. 라틴아메리카의 지배 계급은 스페인이나 포르투갈 식민 세력의 후손으로서 대체로 백인들이다. 반면, 노동자들과 빈민들은 유럽에 정복당한 원주민의 후손이거나 유럽인들이 데려온 흑인 노예들의 후손인 경우가 많다. 그렇기에 볼리비아와 베네수엘라의 대중 운동은 인구의 다수를 이루는 원주민과 흑인의 자기 권리 찾기 운동인 측면도 크다. 이들 나라의 지배 계급은 대통령이 원주민 출신이라는 점을 끔찍이도 혐오한다.

이 자들이 1960년대에서 1980년대까지 중남미 대륙을 피로 물들였던 것과 비슷한 종류의 반혁명을 꿈꾸고 있다는 것은 의심의 여지가 없다. 그러한 위협을 물리치려면 대중 운동을 강화하는 것밖에 없다. 이것이 궁극적으로 뜻하는 바는 기존 국가를 타도하고 대체할 노동자 권력 기관들을 만드는 것이다. 그러나 이런 일이 저절로 일어나지는 않는다. 좌파들이 추구하는 정치 전략이 많은 것을 좌우한다.

차베스의 정치 성향을 보자면, 분명 그는 대통령이 된 뒤로 이데올로기적으로 많이 급진화했다. 그는 좌파 민족주의자로서 집권했지만 그동안 마르크스주의 이론서들을 여러 권 탐독했고 연설 중에 트로츠키를 자주 찬양했다. 또한 자본주의를 넘어서는 대안적인 생산 방식들을 실험하고 장려했다.

차비스타(차베스 지지자) 운동 내에는 이데올로기적으로 매우 이질적인 세력들이 혼재해 있다. 그 중에는 룰라나 기타 중도좌파 대통령들이 추구해온 것과 비슷한 정책들을 쌍수 들고 반길 우파들도 있고, 쿠바의 국가자본주의 체제를 모델로 여기는 자들도 있다.

경종

그런데 지난 몇 달 사이에 차베스 정부가 보인 행보는 국가 권력을 강화하는 방식으로 우익의 준동에 대응하는 것이었다. 그래서 지난해 차베스 지지자들은 PSUV(베네수엘라 통합사회주의당)라는 당을 창립했다. PSUV는 5백만 명의 당원을 보유한 어마어마한 정당으로서, 차베스의 지지 기반이 얼마나 광범한지 잘 보여준다.

그러나 명백히 대다수 차비스타들은 PSUV를 상부의 지시를 대중에게 하달하는 창구 정도로만 여긴다. 정당과 대중 운동의 상호작용에 대한 개념이 없는 것이다. 달리 말해, 정당이 기층 대중의 주도적 행동으로부터 힘을 얻고 교훈을 도출한다는 관점이 그들에게는 없다.

이와 마찬가지로, 차베스가 발의한 새 헌법도 비록 훌륭한 개혁 조치가 일부 포함돼 있었지만 연임 제한을 없애고 포고령으로 통치할 권한을 스스로에게 부여하는 등 권력을 자신에게 집중시키는 내용을 골자로 했다.

12월 2일의 국민투표에서 우파는 이 헌법에 극렬히 반대하는 캠페인을 펼쳤고 결국 승리했다. 하지만 우파는 부전승으로 이긴 것이지, 여론이 그들 편으로 확 기울어서 이긴 것이 아니다. 새 헌법에 대한 반대표 수는 2006년 대선에서 우익이 얻은 표보다 약간 더 많았을 뿐이다.

그에 반해 찬성표는 2006년 대선에서 차베스가 얻은 표보다 3백만 표나 더 적었다. 심지어 차베스의 신당인 PSUV 가입자 가운데 백만 명 이상이 반대표를 던졌다. 달리 말해 차베스가 진 것은 차베스의 지지자 중 다수가 국민투표에 불참했기 때문이다. 한 관찰자는 국민투표 결과를 "차비스타 엘리트에 맞선 차비스타 거리의 반란"으로 묘사했다.

차베스를 지지했던 많은 사람들이 최근에 불거진 인플레, 식료품 부족, 관료들의 부패 등의 문제들에 불만을 품고서 국민투표 불참이라는 방식으로 차베스에게 벌을 준 것이다. 이는 재앙적인 상황은 아닐지라도 차베스와 베네수엘라 좌파들에게는 경종을 울리는 사태 전개다.

차베스와 모랄레스의 선택은?
― 칠레의 교훈과 라틴아메리카 좌파의 선택

불행히도 차베스는 이로부터 잘못된 교훈을 도출해 급격히 우선회하기 시작했다. 그는 크리스마스 이래 몇 차례 연설에서 혁명의 속도를 늦출 필요가 있다고 언급했고, 자신이 출연하는 TV 프로그램에서도 그런 말을 했다.

차베스는 여러 면에서 참 훌륭한 인물이긴 하다. 그는 매주 〈헬로 대통령〉이라는 프로그램에 나와 핵심 현안들에 대한 생각들을 밝히며 대중과 소통하는 뛰어난 능력의 소유자다.

그러나 안타깝게도 그는 잘못된 메시지를 소통하려 하고 있다. 그는 대자본과 타협할 필요가 있다고도 말했다. 또한 대자본과 연줄이 있는 군 장교를 부통령으로 임명했다. 특히 2002년 4월의 쿠데타 주모자들을 사면한 것은 최악의 선택이었다. 이는 일단 우익의 자신감을 높여줄 것이라는 점에서 위험천만한 행보이다. 우익은 '봐라, 우리가 차베스에게 한 방 먹이니까 저렇게 꼬리를 내리지 않느냐, 더 세게 한 방 날려보자'고 할 것이다. 이런 식으로는 차베스의 지지자들만 사기 저하된다.

또한 자본가들에게 잘 보이려 애쓰는 방식으로 인플레나 식료품 부족 문제를 해결하려 해서는 안 된다. 자본가들이야말로 그러한 문제를 초래한 주범들이다.

어떤 점에서 차베스가 하려는 일은 1972~1973년 칠레에서 일어난 일을 떠올리게 한다. 당시 칠레에도 좌파인 민중연합 정부가 있었다.

민중연합 정부를 이끈 살바도르 아옌데 대통령도 차베스와 마찬가지로 실질적인 사회 개혁들을 시도했다. 역시나 미국과 칠레의 지배 계급은 악랄한 반격에 나섰다.

그러자 칠레 노동자들이 아옌데 정부를 방어하기 위해 팔을 걷어 붙였다. 노동자들이 자생적으로 '코르돈'이라는 방어 조직들을 건설한 것이다. 군대 사병들도 그런 조직들을 건설하기 시작했다. 불행히도 아옌데는 자신의 지지 세력들을 뜯어말리고 우익에게 양보했다.

일례로 그는 정부와 우익 사이에서 중재자 노릇을 할 수 있을 듯한 인물을 육군 참모총장으로 임명했다. 그가 바로 1973년 9월 11일 쿠데타를 일으키는 아우구스트 피노체트였다. 사람들이 잘 모르는 이 "9·11 테러"로 아옌데를 비롯한 수천 명의 좌파들이 떼죽음을 당했다.

이와 비슷하게 1980년대 후반 니카라과에서도 좌파인 산디니스타 정부가 점점 거세지는 압박에 직면했다. 레이건 정부의 후원을 받은 우익 게릴라 '콘트라'가 산디니스타 정권을 공격했다. 이에 산디니스타는 정책을 온건하게 바꾸고 더 친시장적인 정책들을 도입하는 식으로 대응했는데, 이는 산디니스타 정부를 구원해주기는커녕 1990년 선거에서 산디니스타가 패배하는 길을 열었다.

나는 차베스가 우익 쿠데타로 제거되기 직전이라고 말하는 것이 아니다. 차베스는 엄청난 지지 기반을 가진 지도자로서, 두 차례의 대선과 우익이 조직한 한 차례의 신임투표를 버텨낸 사람이다. 부시 정부가 차베스를 그토록 증오하는 이유 하나는 그가 선거에서 승리하는 좌파라는 점이다.

부시 정부의 세계관에 따르면 그런 일은 있을 수 없어야 한다. 민주주의는 우익의 전유물이어야 한다. 그래서 일부 네오콘들은 '사실 우리가 지지하는 것은 민주주의가 아니라 사유재산, 시장 그리고 법치'라는 논조의 책을 쓰기도 했다. 그들은 민주주의 확산이 자신들의 진정한 목적이 아니라고 여긴다. 왜냐하면 차베스 같은 '선동꾼'들이 민심을 현혹해서 민주주의를 악용할 수 있기 때문이다.

진정한 혁명의 대륙

차베스가 처한 여건은 아옌데가 1972년에 처했던 여건보다 훨씬 유리하다. 모랄레스와 차베스 모두 고유가 시대에 에너지 생산국을 통치한다는 이점을 누리고 있다. 그러나 에너지 가격이 한없이 오르기만 하지는 않는다. 볼리비아와 베네수엘라가 지금으로서는 경제적 입지가 유리하지만, 이는 일시적인 이점일 뿐이다.

문제는 차베스와 모랄레스가 남아 있는 시간을 어떻게 쓰느냐이다. 두 지도자 모두 옛 자본주의 국가의 관료와 대중 운동 사이에서 줄타기를 하고 있다. 그들의 줄타기가 아무리 신기에 가깝다 해도(차베스의 경우 정말 신기에 가깝다) 영원히 계속될 수는 없다. 어느 순간 그들은 선택해야 할 것이다.

나는 그들이, 그리고 라틴아메리카 좌파들이 옳은 선택을 하길 바란다. 그들이 온 몸을 던져 노동자, 농민, 빈민 들의 자기해방을 위한 싸움에 함께하기를 바란다. 그들이 그 편을 선택했을 때, 라틴아메리카는 단지 위대한 혁명가들의 땅이 아니라 진정한 혁명의 대륙이 될 수 있을 것이다. 그리고 그 혁명은 우리의 노력이 뒷받침되고 운이 따라 준다면 전 세계로 확산될 수 있을 것이다.

청중 질의에 대한 답변과 정리

먼저, 이랜드 노동자 동지의 감동적인 연설에 감사한다. 이랜드 동지들의 투쟁 승리를 기원한다.

둘째로, 시간상의 문제도 있고, 질문에 대한 답을 모두 아는 것이 아니기 때문에 모든 질문에 답하지는 않을 것이다.

나는 노엄 촘스키가 중남미에 대해 쓴 것을 읽어보지 않았기 때문에 그에 대해 언급할 수 없다. 하지만 차베스가 나오미 캠벨과 사귄다는 비난에 맞서 차베스를 방어하고 싶다. 차베스는 단지 나오미 캠벨의 인터뷰에 응했을 뿐이다. 정작 슈퍼모델과 결혼하겠다는 자는 프랑스의 우파 대통령이다.

더 진지한 질문으로 옮겨 가자면, 우선 쿠바에 관한 질문이 있었다. 쿠바에서는 카스트로와 그의 동료 체 게바라가 소규모였지만 영웅적인 게릴라 부대를 결성해, 1958년과 1959년 부패하고 망가질 대로 망가진 정권을 전복하는 데 성공했다. 그 후 쿠바는 제국주의에 대한 저항의 상징이 됐다. 특히 체 게바라는 여러 세대 동안 영웅이 됐다.

그럼에도 사실 쿠바 혁명은 다수의 노동자들과 농민들이 권력을 장악한 아래로부터의 대중 운동이 아니었다. 그러므로 나는 1969년 아르헨티나 노동자들의 투쟁이나 브라질 노동자운동 등의 부상이 중남미 대륙에서 더 중요한 시사점을 지닌다고 주장하는 데서 일말의 거리낌도 느끼지 않는다. 왜냐하면 좌파의 염원은 대중의 자기해방이지, 국가를 통치하는 것이 아니기 때문이다.

누군가가 유가는 항상 오르지 않느냐고 물었다. 나이를 좀 먹은 덕분이겠지만 내 경험에 비춰 절대 그렇지 않다고 잘라 말할 수 있다. 물가상승의 효과를 제거한 실질 유가가 역사상 가장 높았던 때는 이란 혁명이 일어난 직후인 1980년대 초였다. 그러나 그 이후로 1990년대까지 낮은 경제성장률 때문에 유가는 매우 낮은 수준에 머물렀다. 최근 5년 사이에나 전 세계적으로 높은 경제성장률 덕에 유가가 눈에 띄게 올랐던 것이다. 따라서 유가가 늘 오르기만 한다는 가정에 기초한 전략은 매우 잘못된 것이다. 바로 지난주만 봐도 미국의 경제침체 전망으로 인해 유가가 제법 하락했다.

차베스와 모랄레스가 중국, 러시아와 맺은 동맹은 단기적인 전술로서 정당화될 수 있다. 미국 제국주의와 대적하고 있는 좌파 정권으로서는 동맹국을 선택하는 데서 이것저것 가릴 수 있는 처지가 아니기 때문이다. 1918년 독일군이 혁명 직후의 러시아를 침략했을 때, 레닌은 기꺼이 영국과 프랑스 강도들로부터 총과 음식을 빌려 쓰자고 했다. 나는 차베스가 이란 정권과의 연계를 구축하는 것이 원칙적으로 잘못이라고 생각하지는 않는다. 그러나 미국과 어쩌다 적대 관계에 놓인 자본주의 정권과 동맹하는 것만으로 혁명 전략을 대체할 수는 없다고 본다.

부패 문제로 넘어가자. 좌파가 자본주의적 이권에 의해 부패하는 것은 필연이 아니냐는 질문이 있었다. 그렇지 않다. 좌파의 정치에 따라 다르다. 예를 들어, 브라질의 한 사회학자는 브라질 노동자당 지도자들과 노조 관료들이 2002년에 정권을 잡기 전부터 이미 일부 브라질 자본가들과 매우 가까워지고 있었음을 밝혀냈다. 그러나 룰라가 브라질 자본과 화해한 것은 불가피한 일이 아니었다. 그것은 브라질 대자본과의 타협을 수반하는, 국가를 통한 개혁의 길을 추구한 룰라와 그 동료들의 정치적 선택에서 비롯한 일이다.

나는 차베스가 부패했다고 생각하지 않는다. 내가 보기에 그는 부귀영화 같은 것에 전혀 관심이 없는 사람 같다. 그러나 문제는 그가 자본주의 국가의 관리자 위치에 있다는 것이고, 바로 그 국가에 차비스타들의 이해관계가 너무 깊이 얽혀 있다는 것이다. 그 때문에 차비스타 관료들은 온갖 부패 가능성에 노출돼 있다. 라틴아메리카는 한국보다도 빈곤이 훨씬 만연한 곳임을 기억해야 한다. 가난한 노동계급 출신으로 국가 관료가 된 사람들에게는 관료적 특권이나 기업인들의 뇌물이 주체할 수 없는 유혹으로 다가올 수 있다.

베네수엘라에 살면서 그곳에 자녀까지 둔 미국인 동지는 우리 중 누구보다 베네수엘라에 대해 잘 알고 있는 것 같다. 그 동지의 두 가지 반론에 답하자면, 첫째 나는 인플레이션과 식료품 부족의 원인에 대한 많은 논쟁이 있음을 알고 있는데, 식량부족과 인플레이션이 부분적으로는 차베스를 궁지에 빠뜨리려는 자본가들에 의해 의도적으로 조장된 것이라는 분석도 있다고 한다. 어떻든 간에 민간 기업들에게 더 많은 경제 권력을 부여하는 방식으로 식료품 부족과 인플레이선 문제를 해결하려 해서는 안 된다. 그런 문제는 오직 경제에 대한 민중의 사회적 통제를 확대하는 방식으로만 해결의 실마리를 찾을 수 있다.

둘째, 차베스 자신도 1990년대의 쿠데타 실패 이후 풀려났었기 때문에 음모자들을 풀어 줘도 괜찮다는 식의 관점은 매우 위험하다. 이는 마치 베네수엘라에서 일어나고 있는 일을 무슨 스포츠 게임처럼 여기는 태도다. 영국에는 크리켓이라는 괴상망측한 게임이 있는데, '페어플레이'에 대한 집착이 이 게임의 이데올로기적 특성이다. 그런데 지금 베네수엘라에서 일어나는 일들은 크리켓 게임 같은 것이 아니다. 그들이 차베스를 풀어 줬다고 해서 차베스가 그들을 풀어 줘야 하는 것은 아니다.

베네수엘라 지배 엘리트들은 '1992년에 차베스를 풀어 준 멍청이가 대체 누구야? 그 때 그 놈(차베스)의 머리통에 총알을 박았어야 했어!' 라고 통탄하고 있을 것이다. 실제로 2002년의 우익 쿠데타가 성공했다면 그들은 필경 차베스의 머리에 총알을 박았을 것이다. 이것은 권력 투쟁이다. 권력 투쟁에서는 적을 상대로 페어플레이를 해서는 안 된다. 상대방도 페어플레이를 하지 않을 것이기 때문이다.

또 한 질문자는 국가는 변할 수 없다고 주장했는데, 나는 그가 어떻게 그런 생각을 하게 됐는지 의아하다. 라틴아메리카의 급진 좌파 사이에서 매우 영향력 있는 슬로건이 하나 있다. 멕시코 거주 영국인 마르크스주의자[존 홀러웨이를 뜻함]가 쓴 책 이름에서 따 온, "권력을 장악하지 않고도 세상을 바꿀 수 있다"는 구호인데, 달리 말해 국가가 우리의 적이긴 하지만 우리가 그냥 무시할 수도 있다는 것이다.

내가 2005년에 멕시코에 갔을 때 볼리비아의 천연가스 국유화가 잘못된 결정이라고 생각하는 좌파들과 토론한 적이 있다. 국유화는 국가에 의한 행위인데 우리가 왜 국가를 끌어들여야 하느냐는 것이 그들의 주장이었다. 아둔하기 짝이 없는 주장이다. 대중 투쟁이 정부에 개혁을 강요할 수 있다는 사실은 노동운동의 역사 전체에서 거듭 확인할 수 있다.

물론 그렇다고 해서 우리가 기존 국가에 의지할 수 있는 것은 아니다. 기존 국가는 자본가 계급의 지배를 유지하기 위한 강압적인 기관들의 집합체로서 조직돼 있기 때문이다. 그래서 군 최고사령관 자리에 적임자를 임명하는 것으로 차베스에 대한 군부의 반란을 예방할 수 있다고 생각한다면 오산이다. 1973년 쿠데타가 시작했을 때 아옌데는 "피노체트 장군의 신변에 별 탈이 없어야 할 텐데"라고 말했다. 군 최고 사령관이었던 피노체트가 자기 사람이라고 생각했던 것이다. 그러나 바로 그 피노체트가 아옌데를 살해했다. 나는 차베스가 똑같은 일을 당하지 않길 바란다. 그의 장군들이 그를 죽이지 않길 바란다.

그러나 그런 일이 일어나지 않도록 하려면 베네수엘라 대중과 빈민들이 기존 국가를 타도하고 그들 자신의 국가로 대체하는 것밖에 없다. 새로운 국가를 창조해야만 기층의 민주주의가 가능해질 것이다. 그렇게 하려면 베네수엘라 대중이 국가를 자신의 동맹으로 여기지 말고 국가와 정면대결을 불사해야 한다. 다시 말해 나는 국가가 변할 수 없다고 생각하는 것이 아니라 국가가 분쇄돼야 한다고 본다.

우리가 차베스를 비판한다고 해서 그를 지지하지 않는 것은 결단코 아니다. 우파와 지배 엘리트, 쿠데타 세력, 그리고 부시에 대항해 우리는 차베스를 지지한다. 차베스는 영웅이다. 하지만 영웅에 기대서는 사회를 변혁할 수 없다. 차베스가 할 수 있는 최고의 기여는 자신을 대체할 대중운동을 건설하는 것이다. 단지 또 다른 영웅이 아니라 사회를 스스로 운영할 수 있는 대중 민주주의가 그를 대체해야 한다.

마지막으로, "21세기 사회주의"에 대해 언급하겠다. 차베스는 "21세기 사회주의"라는 표어를 자주 사용하는데, 20세기의 실패한 스탈린주의 정권들과 자신을 차별화하려는 올바른 의도인 것 같다. 나는 그에 덧붙여 사회주의가 과거 어느 때보다 21세기에 더 유효하다고 확신한다.

마르크스가 1848년 《공산당 선언》을 썼을 때 산업 자본주의는 서유럽과 미국의 일부 지역에 국한돼 있었다. 그러나 현재 산업 자본주의는 진정 세계적인 체제이며 세계 인구의 다수가 도시에 살고 있다. 오늘날 신자유주의 세계화는 세계 모든 사람들을 시장 논리에 종속시키고 있으며, 이는 마르크스가 예언한 자본주의의 모습이 그가 살던 19세기보다 오늘날의 모습에 훨씬 더 부합함을 의미한다. 마찬가지로, 우리는 마르크스가 꿈꾸었던 가능성, 즉 세계 노동계급이 쟁취할 국제 사회주의의 실현 가능성이 훨씬 더 커진 시대에 살고 있는 것이다.

베네수엘라와 볼리비아 좌파 정부의 중요성은 그들이 우리에게 그 꿈이 어떤 모습으로 구현될지 어렴풋이 보여 주기 때문이다. 카라카스의 빈민들이 차베스를 구했을 때, 엘알토의 빈민들이 볼리비아의 우파 대통령 두 명을 연달아 쫓아냈을 때, 진정한 사회주의가 어떤 것인지 희미하게나마 볼 수 있었다. 우리의 과제는 이러한 꿈을 현실로 만드는 것이다.

제7장 동남아시아와 남아시아

동티모르 학살에 대한 서방의 위선

이 끔찍한 세기의 범죄 역사에서 인도네시아의 동티모르 침공은 중범죄에 해당한다. 그 규모 — 인구에 비례한 사망자 수로 봤을 때 아마도 나치 대학살 이후로 최대였을 것이다 — 때문만이 아니라 그 일을 너무도 쉽게 막을 수 있었고 언제라도 중단시킬 수 있었다는 점에서 그렇다. 자카르타를 폭격하겠다고 위협할 필요도 없었고, 침략자에게 제재를 가할 필요조차 없었다. 열강들이 인도네시아의 범죄에 열심히 가세하기를 삼가는 것만으로도 충분했을 것이다. 다시 말해, 티모르 해협 앞바다의 석유를 약탈하는 데 참여하면서 학살자들과 고문자들의 손에 총을 쥐어 주는 일을 그만두는 것만으로도

노엄 촘스키. 이 글은 1994년 〈가디언〉에 처음 실렸고, Matthew Jardine, East Timor: Genocide in Paradise (Arizona, 1995)에 서문으로 재수록됐던 글이다. N 촘스키·E S 허만, 《미국의 제3세계 침략정책》(일월서각)에도 어떻게 서방이 1975년 인도네시아의 동티모르 침공에 공범으로 가담했는가를 60여 쪽에 걸쳐 서술한 장이 있다.

충분했을 것이다.

2년 전 인도네시아 외무장관 알리 아라타스는 "우리의 신발 속에 있는 뾰족한 돌멩이처럼" 변해 버린 동티모르를 놓고 인도네시아 정부가 중요한 선택에 직면했다고 말했다. 손꼽히는 인도네시아 전문가인 베너딕트 앤더슨은 이 말이 숙고를 통해 이미 결정을 내렸음을 보여 주는 여러 증거들 가운데 하나라고 해석했다. 앤더슨은 논평했다. "아라타스는 그 선택이 무엇인지 자세히 말하지 않지만, 그의 말은 신발을 벗고 돌멩이를 빼내야 한다는 뜻을 함축하고 있다."

서방 열강이 돌멩이를 뾰족하게 만든 것이 아니다. 완전히 정반대다. 서방과 일본은 인도네시아가 옛 포르투갈 식민지를 정복하고 병합하는 데 기꺼이 동업자가 돼 왔다. 1975년 인도네시아가 12월 7일의 직접 침공으로 연결된 파괴와 공포 작전을 시작하기 훨씬 전에 자카르타 주재 영국 대사는 이렇게 보고했다.

"이곳에서 보았을 때 인도네시아가 되도록 빨리, 되도록 눈에 띄지 않게 그 영토를 흡수하는 것, 그리고 결정적인 시기가 와서 유엔에서 소란이 일어날 때 우리가 자중하면서 인도네시아 정부의 반대편에 서지 않는 것이 영국을 위하는 것이다."

호주는 이런 판단을 공유했다. 1975년 8월 자카르타 주재 호주 대사였던 리처드 울콧은 비밀 전보를 통해 호주가 다가올 침공에 대해 "원칙적이 아닌 실용적인 태도"를 취해야 한다고 조언했다. "그게 국익과 대외정책이 지향하는 바"이기 때문이다. 울콧은 "호주의 방위이익"을 의례적으로 언급하면서 동티모르 해협에 관한 유리한 조약은 "포르투갈이나 독립 포르투갈령 티모르가 아닌 … 인도네시아와 훨씬 더 쉽사리 협상할 수 있다."고 말했다. 그는 "윌슨식 이상주의"가 아닌 "키신저식 현실주의" ─ 현실의 실천에서 이것은 아마도 고성능 현미경을 통해 볼 때만 발견할 수 있는 차이일 것이다 ─ 를 선택하라고 권했다.

[서방이] 인도네시아의 범죄를 지지한 이유는 단지 핵잠수함의 심해 통과 통제를 비롯한 "방위 이익"과 석유 때문만이 결코 아니었다. 인도네시아는 1965년에 수하르토가 "뜨거운 피바다"를 만들면서 권력에 이른 이후 줄곧 [서방의] 영예로운 동맹국이었다. 그 학살은 "몇 년 동안 아시아에서 가장 좋은 소식"(〈타임〉)이었고, 주로 소작 농민들인 "공산주의자들과 친공주의자들에 대한 경이적인 대량학살"로서 "아시아에 한 줄기 빛"(〈뉴욕 타임스〉)을 던져 주었다.

승리한 "인도네시아 온건론자들"(〈뉴욕 타임스〉)과 "사실은 인자한" 그들의 지도자[수하르토]에 대한 찬양과 더불어 뜻 모를 도취감이 식을 줄 몰랐다.

환영받은 학살은 인도네시아에서 유일하게 대중 기반을 갖고 있었던 정당[공산당]을 파괴했을 뿐만 아니라 서방이 인도네시아의 풍부한 자원을 이용할 수 있게 해 주었고 심지어 미국의 베트남 전쟁을 정당화해 주었다. 프리덤 하우스가 아주 솔직하고 분명하게 설명했듯이, 학살은 "인도네시아의 공산화를 급반전시키기 위한 방패를 제공했다." 그런 호의는 금방 잊혀지지 않는다.

울콧은 "키신저식 현실주의"에 대해 몇 가지 설명을 제공했다. 그는 외교적 표현을 사용해 "현재 미국은 인도네시아에 일정한 영향력을 갖고 있을 수도 있다"고 특별히 언급하고 나서, 키신저가 [인도네시아 주재) 미국 대사인 데이빗 뉴섬에게 동티모르 문제를 회피하고 대사관의 [성명서] 발표를 줄이면서 "사태를 흘러가는 대로" 놔두라고 지시했다고 보고했다. 뉴섬은 인도네시아가 침공을 하게 된다면 "효과적이고 신속하게, 미국의 장비를 사용하지 않으면서" — 인도네시아 무기의 90퍼센트가 미국의 무기였다 — 그렇게 하기를 미국은 바라고 있다는 정보를 울콧에게 주었다.

국제법과 인권을 용기 있게 수호했다고 널리 알려져 있는 유엔 주재 미국 대사 대니얼 패트릭 모이니언은 또 다른 방식으로 현실주의를 가르쳤다. 그는 회고록에 이렇게 썼다. "미국은 현상유지를 원했고, 그렇게 되도록 하기 위해 움직였다. 미국 국무부는 유엔이 무슨 조치를 취하든 전혀 효과가 없음이 입증되기를 바랐다. 이런 과제가 나에게 주어졌고, 나는 상당한 성공 속에서 이 과제를 진척시켰다." 모이니언은 첫 몇 달 동안 살해된 6만 명이라는 숫자만도 "제2차세계대전 동안 소련의 사상자 비율과 맞먹는다"고 말한다.

서방 정부들은 그렇지 않은 체했지만 일어나고 있는 사태의 전모를 충분히 잘 알고 있었다. 내부 기록이 유출되면서 폭로된 것처럼, 키신저는 자신이 침략에 연루됐다는 사실이 공개돼 현실이나 가상의 정적들이 그 사실을 "나를 공격하는 데 이용"하게 되는 것을 가장 두려워했다. 당시 자카르타 주재 CIA 고위직원이었던 필립 리히티가 보낸 전보에 따르면, "수하르토가 허가를 받은" 뒤에 대사관과 국무부의 주된 관심사는 미국의 역할을 "대중과 의회가 알게 될 때 발생할 문제들에 관한 것"이었다.

미국이 제공한 무기는 자위에만 엄격하게 제한되지 않았다. 그렇다고 해서 키신저식의 현실주의에 문제가 생기는 것은 아니었다. 이 문제가 국내에서 논란을 빚자 키신저는 다음과 같이 비웃으며 물었다. "인도네시아 한복판에 들어서는 공산당 정부를 자위 문제로 볼 수 없다는 것인가?" 독립 동티모르는 통상적인 기준으로 볼 때 "공산주의"가 될 것이었다. 독립 동티모르는 질서를 충분히 흔쾌하게 따르지 않음으로써 "국익"을 방해할 수도 있었다. 미국은 반란 진압 장비들을 비롯한 새로운 무기들을 보냈다. "총을 전혀 갖고 있지 않은 누군가에 대항하는 커다란 전쟁을 벌일 때 필요한 모든 것"이 거기에 포함됐다고 리히티는 설명한다. 그는 첨단 군사 장비가 긴요했음이 입증됐다고 덧붙였다.

그래도 반발이 있었다면 충분한 전례들이 인용됐을 것이다. 2백 년 전에 한 정치인은 "위인은 사소한 도덕에 별로 신경 쓰지 않는다."고 말했다.

1977년에 인도네시아는 무기가 부족했다. 이는 침공의 규모를 말해 준다. 카터 정부는 무기 공급 속도를 늘렸다. 영국은 1978년에 학살이 절정에 달하면서 가담했고, 프랑스는 인도네시아에 무기를 판매할 것이며 그 어떤 대중적 "당혹감"으로부터도 인도네시아를 보호하겠다고 선언했다. 다른 나라들도 티모르인들에 대한 학살과 고문으로부터 얻을 수 있는 모든 이익을 얻으려고 했다.

언론도 기여를 했다. 1974~75년에 미국의 언론은 포르투갈 제국이 해체되는 데 대한 관심 때문에 동티모르 문제를 많이 다뤘다. 또다시 "뜨거운 피바다"가 생겨나는 동안에는 동티모르에 관한 기사들은 줄어들었을 뿐 아니라 주로 국무부와 인도네시아 장성들의 거짓말과 변명에 할애됐다. 학살이 체계적 몰살 수준에 도달한 1978년에는 동티모르에 관한 기사가 전무했다. 인도네시아를 앞장서 지지한 또 다른 나라인 캐나다에서도 사정은 마찬가지였다.

1990년에 이라크가 쿠웨이트를 침공하자 티모르 문제가 약간의 주목을 받았다. 이라크의 쿠웨이트 침공에 대해 서방은 인도네시아가 이웃의 작은 산유국을 훨씬 더 유혈낭자하게 침공하고 병합했을 때와 전혀 다른 반응을 보였다. 그 차이는 권력과 이윤에 있는 것이 아니라 영미적 가치를 갖고 있는 더욱 미묘한 일부 특질에 있다고 설명하는 많은 재주들이 선보였다. 일찍이 10년 전에도, 동시에 일어났던 캄보디아 학살과 동티모르 학살에 대한 매우 다른 [서방의] 반응을 정당화하기 위해 비슷한 재주가 선보였다. 물론 동티모르 학살은 쉽사리 끝낼 수도 있었다는 점에서 그 둘은 달랐다.

일부 논자들은 솔직했다. 1990년에 호주 외무장관 개릿 에번스는 "세계는 강제적인 취득 사례들로 어지럽혀져 있는 매우 불공정한 곳이다."고 설명했다.

"강제적인 영토 취득을 승인하지 못하게 법적으로 강제할 수 없기" 때문에 호주는 정복자와 함께 티모르의 석유를 나눠 가지기 시작할 수도 있다는 것이었다. 이런 허용은 쿠웨이트의 석유에 대한 리비아와 이라크 사이의 조약에까지 연장되지는 않았다. 당시 호주 총리 호크는(이라크와 쿠웨이트를 언급하면서) "큰 나라들이 작은 이웃나라를 침략했는데도 벌을 받지 않는 것은 있을 수 없다."고 선언했다. "국제 관계에서 법의 지배가 힘의 지배보다 우위에 있어야 한다."는 교훈이 확고히 자리잡고 있다면, "침략자가 되려는 나라들은 작은 이웃나라 침공을 재고하게 될 것이다."

티모르 문제는 1991년 11월 인도네시아 군대가 암살당한 한 활동가에 대한 추도식이 열리고 있었던 묘지를 습격해 수백 명을 학살하고 두 명의 미국 기자를 심하게 구타하는 일이 벌어지면서 다시 새롭게 떠올랐다. 그러한 전술적 오류는 언론에서 통상적으로 다뤄지면서 끝났고, 서방 지도자들은 만족스러워했다. 석유 탐사는 계속됐고, 학살 6개월 만에 호주·영국·일본·네덜란드·미국 기업들과의 계약이 보도됐다. 티모르의 한 신부는 썼다. "자본주의 지배자들에게 티모르의 석유는 티모르의 피와 눈물보다 더 좋은 냄새를 풍긴다."

인도네시아가 "신발을 벗는 일"을 고려할 수도 있는 일차적인 이유는 존 필저의 《아득한 목소리》 1994년 판에서 동티모르를 다루고 있는 강렬하고 생생한 장의 마지막 구절을 통해 알 수 있다. 그 이유는 "언덕 위에 십자가가 늘어날 때조차도 침략자에 대한 저항을 계속해 온 동티모르 민중의 끈질긴 용맹"에 있다. 그것은 "야만적인 권력[인도네시아]과 다른 자들[서방]의 냉소가 틀렸을 수도 있음을 끊임없이 떠올리게 한다."

그러나 동티모르 민중이 아무리 용기 있다 해도 바깥의 지원이 없다면 희망이 없다. 아무리 큰 용기와 단결도 열강들의 돈과 지원을 받는 인도네시아의 식민과 잔학행위와 토착 문화 파괴를 막지 못한다.

속도는 더디지만 미국에서 티모르인들의 권리에 대한 지지는 마침내 상당한 수준에 도달해 왔다. 진실은 대중적 영역 속으로 스며들기 시작했고, 이 때문에 언론은 [미국의] "실용적 방침"을 특별히 언급하면서 방해하지 않으면 안 되게 됐다.

1991년 학살 기념일에 〈보스톤 글로브〉의 1면 표제는 "소송에 직면한 인도네시아 장군, 보스톤에서 내빼다"였다. 학살 뒤에 하버드에 유학을 온 그 장군은 묘지에서 벌어진 학살로 아들을 잃은 한 여성을 대리한 소송에 걸려 있었다.

필저와 끔찍한 학살들에 대한 추정을 뒷받침하는, 20년 동안의 연구에 기초한 조사 결과를 공개한 용기 있는 인도네시아 학자 조지 아디트존드로의 폭로로 그 뒤 더 많은 사람들이 그에게 소송을 걸었다. 대중적인 자각과 행동은 1년 전 과테말라의 학살 지도자 가운데 하나인 장군 엑토르 그라마호가 그랬던 것처럼, 대량학살자들이 더 이상 미국에서 안락한 피난처를 찾을 수 없게 할 만큼 강력해져 왔다.

특히 최근 몇 달 동안 의회는 군사 원조와 훈련에 제동을 걸어 왔고, 이 때문에 백악관은 훨씬 더 우회적인 방식으로 빠져 나가지 않으면 안 돼 왔다. 기회를 포착한 영국은 대처의 지도 아래 고도의 이윤이 남는 전쟁 범죄 사업을 제일 먼저 차지하기 위해 효과적으로 움직였다. 국방조달청장 앨런 클라크가 설명했듯이, 무기 판매로 돈을 벌 수 있을 때는 "한 집단의 외국인들이 다른 집단의 외국인들에게 하는 짓에 나는 괘념치 않는다." 우리는 60년 전에 로이드 조지가 인정했듯이 "흑인들에게 폭격을 가할 권리를 유보"하라고 강력히 주장해야 한다.

동티모르 방문을 토대로 쓴 훌륭한 다큐멘터리를 비롯해 존 필저의 최근 저작은 서구의 대중이 그들의 이름으로 영속화되고 있는 것에 대해 크게 자각하게 한다. 이 저작의 크나큰 중요성은 정부 고위 관료들이 보인 분노에 찬 반응으로 증명된다. 진정한 세계를 가리고 있는 기만의 가리개를 벗겨낸 것은 결코 작은 업적이 아니다. 그러나 대중의 반응이 단순한 자각을 넘어 수치스런 범죄 공모를 끝장내기 위한 행동들로 연결되지 않는다면 그러한 노력은 또 다른 실패로 돌아갈 것이다.

태국 — 좌파가 반탁신 운동에
적극 개입해야 하는 이유

태국 총리 탁신 칫나왓의 부패 스캔들에 저항하는 태국 대중 운동이 결정적 국면에 들어섰다. 2월 중순 탁신은 기존 의회를 해산하고 4월 2일 새로운 선거를 하겠다고 선언했고, 3대 야당은 선거 보이콧을 선언한 상태다. 방콕에서는 10만여 명의 시위대가 총리 관저를 둘러싸고 사퇴를 요구하고 있다.

그러나 이 운동에 대해 〈한겨레21〉 정문태 기자는 시큰둥한 평가를 내놨다. "언론과 시민들은 사남루앙 2006을 피플파워라고 부르고 싶어하는 모양이다. 근데 사남루앙에는 피플이 없다. 손디와 참롱만 있을 뿐이다."

애초에 신 코퍼레이션 탈세 혐의로 탁신 공격을 시작한 것은 탁신

김용욱. 격주간 〈다함께〉 76호, 2006년 3월 22일. https://wspaper.org/article/2997.

의 전 동료인 손디와 왕당파 연합이었고, 왕을 상징하는 노란색 띠는 이들의 절대적 헤게모니를 보여 주는 증거로 여겨졌다.

그러나 이들이 왕을 통해서 독재를 부활시킬 만한 '정당성'을 확보한 것은 아니다. 시위대들은 자신이 민주화 운동을 지속하고 있다고 생각한다.

사람들이 왕을 상징하는 노란색 띠를 두른다고 해서 모두 왕에게 독재적 권위를 사용하도록 요청하는 것은 아니다. 손디와 일부 부르주아들이 왕에게 "중재"를 요청하자, 운동 내에서는 띠 색을 노동운동이 선호하는 검은 색으로 바꿔야 한다는 주장도 나오고 있다.

물론 일부 지배자들이 왕을 부추겨 '결단'을 내리게 할지도 모른다. 이미 일부 부르주아 단체들은 그것을 요구하고 나섰다. 분명, 그것은 민주주의의 후퇴일 것이다.

그러나 운동 내 많은 이들은 이러한 사태 전개에 반대할 것이다. 정문태 기자 자신도 인정했듯이 5인 항쟁 지도부의 한 명이자 2004년 전력 사유화 반대 운동을 주도한 노조 지도자인 솜삭 꼼사이숙 등은 "시민에게서 나온 권력을 국왕에게 되돌린다는 것은 시대착오"라고 단호히 반대한다.

이것은 서로 다른 계급을 대변하는 지도자들 사이에 첨예한 긴장이 존재한다는 것을 보여 준다.

그럼에도 많은 언론들은 이 운동을 단순히 '중간계급' 운동이라고 부른다. 또, 일부 자본가들의 반탁신 행동을 집중적으로 조명한다.

그렇기 때문에 태국에서 정치적 분단선은 민주주의를 요구하는 중간계급(과 일부 자본가) 대 여전히 탁신을 지지하는 농촌 빈민 사이에 있다고 말한다.

상당수 자본가들의 이반은 사실이다. 1997~99년 경제 위기 이후 국내 시장에 대한 국가 통제를 강화하고 자신들을 보호해주기를 바란 탁신이 막상 "각료들을 태국에서 가장 큰 기업 가족들로 채"우고, "정부 지출과 수주의 많은 부분을 탁신 정부와 연관된 기업들에게만 집중"하는 것에 불만을 품었기 때문이다. 일부는 미국과 FTA를 체결하면 국내 시장 보호 정책이 전면적으로 철회될까 봐 우려한다.

또, 분명히 반탁신 운동의 출발에는 탁신 지지자였다가 이반한 '중간계급'의 호응이 중요했다. 이들은 탁신이 '공정한 게임의 룰'을 지키지 않고, 탁신 자신이 부추긴 민족적 열망을 배신한 것에 분노했기 때문에 나섰다.

그러나 언론이 "중간계급"이라고 부른 사람들 중 상당수는 사실 화이트칼라 노동자들과 대학생들이다. 1992년 민주화 시위 때도 태국 언론들은 이들을 중간계급이라고 불렀지만 그들은 블루칼라와 마찬가지로 노동자들이다.

다만, 노동자들은 노동자 조직을 통해 참가하지 않은 경우가 대다수였다. 하지만 시간이 지날수록 사유화에 반대하는 전력노조와 국립학교 운영권의 지방 이양을 반대하는 교사노조를 포함해서 중요한 노동조합들이 운동에 결합하기 시작하고 있다.

물론, 태국 사회주의자인 자이 자일스 웅파콘이 지적했듯이 태국에는 "냄새 나는[부패한] 노동조합 지도자들"이 운동의 걸림돌이 된 경우가 빈번했다.

그러나 보수적 노조 지도자조차 투쟁을 호소할 때가 있다. 이것은 노동자들의 추가적 행동을 고무하는 시발점이 될 수 있기 때문에 좌파들은 이를 무시하면 안 된다. 더구나 지금 조직 노동자들의 참가를 고무하는 부문은 "냄새 나는" 무리가 아니라 상대적으로 전투적인 공공부문 노조다.

공공노조 지도자는 〈방콕 포스트〉와의 인터뷰에서 "사유화를 막아내고 일자리를 지키는 것이 목적"이라고 명확히 말하고 있다.

정문태 기자의 말처럼 "탁신 추방을 위한 목적지만 같을 뿐, 서로 딴 길을 가고 있는 셈이다."

하지만 노동계급이 정치적 주도권을 행사하지 못하는 것은 약점이다. 반탁신 운동과 친탁신 농민 간의 갈등도 이러한 맥락에서 봐야 한다.

1960년대 이후 태국이 본격적인 공업화를 시작하면서 태국 농촌은 계속 소외돼 왔다. 그 결과 농촌 부채와 빈곤 문제는 심각하다. 이 문제에 대해 운동이 대안을 제공해야 한다.

탁신이 "농촌"에서 여전한 지지를 받고 있는 것은 탁신 정부의 포퓰리즘 정책의 결과 때문이다. 탁신 정부는 의료보장, 부채탕감과 새로운 대출을 약속했다.

그러나 탁신의 정책은 미래에 새로운 농촌 위기로 연결될 수 있다. 의료보장은 적절한 재정지원이 되지 않고 있고, 더 중요한 것은 민간은행이 보유한 농민부채가 탕감되지 않고 있다는 것이다. 이러한 상황에서 새로운 대출은 갚을 수 없는 부채의 양만 늘렸다.

탁신에 대한 농민의 지지는 절대적이지 않다. 지난 1월 초에는 태국-미국 FTA 추진에 반대하는 시위를 벌였다.

만약 도시 노동자들이 운동을 주도하면서 소농과 농업 노동자들과 다른 빈민들의 생존권 요구를 결합시켰다면 최소한 이들의 탁신 지지를 소극적으로 만들거나 일부 동맹을 얻을 수 있었을 것이다.

태국 농촌 인구의 규모(전체 인구의 60퍼센트)를 생각해 볼 때 이 것은 매우 중요한 문제이지만 손디는 친탁신 농민들을 "무지렁이"라고 부르면서 도발을 일삼고 있다.

지금 태국 지배자들 중 점점 더 많은 이들은 정치적 위기를 더 끌면 안 된다고 생각하고 있다. 국왕과 그 측근 세력을 포함해서 다수의 자본가들이 그렇게 생각하고 있다. 아래로부터 운동, 노동자 운동이 계속 고무 받는 것에 대한 경각심일 것이다.

이 때문에 자본가뿐 아니라, 언론인·변호사 등 일부 중간계급 단체들은 탁신과 손디 양쪽 모두에게 빨리 타협해야 한다는 압력을 넣고 있다. 이 타협의 내용은 대중의 열망을 무시한 어정쩡한 타협이될 가능성도 있다.

태국 좌파는 이 운동에 적극적으로 참가해야 한다. 노동자들에게도 '탁신은 물러나라'는 정당한 요구다. 여기에 '사유화 반대', '미국-태국 FTA 반대' 등 노동자들의 생존권 문제와 "총리는 왕이 아니라 우리 손으로 뽑아야 한다" 등의 민주주의적 요구를 결합시키고, 결국 손디나 참롱과는 "딴 길"을 걸을 수밖에 없는 운동 안에 있는 노동자와 학생 들을 왼쪽으로 이끌기 위해 노력해야 한다.

〈한겨레21〉 정문태 기자처럼 냉소적이고 관조적인 자세를 취하는 것은 결국 대중을 부르주아의 지지자로 남겨 놓고, 운동을 '말아먹는' 가장 좋은 방법일 뿐이다.

태국 사회주의자 자일스 자이 웅파콘 인터뷰

Q. 많은 언론들은 9월 19일 쿠데타가 다른 보통의 쿠데타와 다른 태국만의 독특한 것이었다고 말하고 있습니다. 태국 군부나 쿠데타 지지자들은 그런 주장을 통해 쿠데타를 정당화하고 있는데요.

A. 민주주의를 위해 싸우고 있는 저와 다른 사람들은 민주주의, 사회정의, 평등과 독재 등이 모두 보편적이고 국제적인 기준이라고 믿습니다. 우리는 '계급'도 보편적이라고 생각합니다. 우리는 국제주의자이기도 합니다. 그러나 독재자들은 '민족적 특수성'을 가지고 자신을 정당화합니다. 1960년대 태국의 사리트 장군부터 인도네시아의 수하르토나 버마의 산우와 싱가포르의 리콴유 등 군부 독재자들은 권위주의 정부를 가지는 것이 아시아 지역의 특성이라고 말해 왔

자일스 자이 웅파콘(태국 출라롱콘대학교 교수이자 좌파 단체인 '노동자민주주의'의 리더이며, 이번 쿠데타 반대 시위 발의자로 국내 신문들에 소개된 바 있다). 〈맞불〉 15호, 2006년 10월 9일. https://wspaper.org/article/3476.

습니다. 그러나 이 나라들의 민중운동은 피억압 계급이 자유를 원하고 그것을 위해 싸우려고 함을 보여 줬습니다. 이번 태국 쿠데타도 과거의 다른 쿠데타와 다르지 않습니다. 군부는 똑같은 논리로 쿠데타를 정당화하고 있습니다. 그러나 사람들은 속지 않습니다. 민주주의는 쿠데타로 건설될 수 없습니다. 탁신의 빈민 지원 정책 때문에 탁신에 표를 던졌던 사람들은 쿠데타에 불만을 품었습니다. 여기에는 가난한 농촌에서 온 사병들도 포함됩니다.

Q. 군부가 신임 총리를 임명한 뒤에 태국 정치가 빠른 속도로 안정될 것이란 전망이 있습니다. 새 정부가 과연 그럴 만한 정당성을 확보할 수 있을까요? 1992년 반군부 대중 항쟁 같은 투쟁이 다시 발생할 가능성은 없습니까?

태국의 현재 상황은 군부가 민주주의를 지지한다고 거짓말을 했던 1991~1992년의 상황과 비슷합니다. 최근 군부가 내놓은 '임시 헌법'이라는 것은 모든 권력을 군부에게 주는 몇 쪽 짜리 문서에 불과합니다. 또한 그들은 새로운 '영구 헌법'을 만들 '헌법 작성 위원회'를 임명하려 합니다.

그러나 사람들은 1997년 헌법이 많은 결함이 있지만, 대중적 참여를 통해 작성됐고, 기본권과 많은 새로운 권리들을 보장했다는 것을 기억할 것입니다.

Q. 민주당 같은 야당이나 일부 시민사회단체들은 쿠데타를 지지하고 있습니다. 그들은 왜 쿠데타를 지지합니까?

쿠데타를 지지하는 사람들은 '탱크 자유주의자들'입니다. 그들은 자신을 자유민주주의자라고 말하지만 빈민을 경멸합니다. '탱크 자유주의자들'은 (자신의 이해관계를 거슬러서) 빈민들에게 더 나은 정책을 제공해서 빈민의 지지를 획득하기보다는 군대에 환호를 보냈습니다. 사회운동 중 '탱크 자유주의자들' 대열에 합류한 사람들은 민중운동의 힘에 대한 믿음을 잃었고, 빈민들이 왜 탁신에게 표를 던졌는지를 이해하지 못한 이들입니다. 그들은 가장 반동적인 자들과 연합해서 탁신을 제거하려 했습니다. 그래서 그들은 올해 초 반탁신 운동에서 왕정주의자들과 연합해서 "국왕이 임명하는 정부"를 요구했던 것입니다. 그러나 지금 사회운동 일부에서 분위기가 빠르게 변하고 있습니다. 민중운동 진영의 주요 경향들이 참가할 태국사회포럼은 강한 반쿠데타 정서가 유력할 것입니다.

Q. 언론들은 이번 쿠데타를 둘러싼 갈등이 도시 중간계급 대 농촌 빈민이라고 말하고 있습니다. 이런 그림에서는 도시 노동계급이 빠져 있는데요, 그들은 쿠데타를 어떻게 보고 있습니까?

도시 노동계급은 분열했습니다. 공장 노동자들은 탁신의 국민의료보장제도가 농촌의 친척들을 돕기 때문에 탁신을 지지했습니다. 반면, 화이트칼라 노동자들은 혼란에 빠져서 중간계급을 따라 쿠데타를 지지하고 있습니다. 그러나 군부 독재는 사유화와 자유무역협정을 추진하고 있고 이것은 국영기업 노동자들의 분노를 살 것입니다.

Q. 태국 쿠데타 이후 필리핀, 대만 등 정치적 위기를 겪고 있는 다른 동

남아시아 국가들에서도 쿠데타 발생 가능성이 점쳐졌습니다. 이들은 모두 민중주의(포퓰리즘) 정부의 위기와 연관된 것이었는데요. 불행히도 좌파들이 그런 위기를 이용하고 있지 못한 듯합니다. 이런 상황을 어떻게 평가해야 할까요?

탁신의 '타이 락 타이' 정부는 대기업 정당이었지만, 민중주의(포퓰리즘)적 빈민 지원 정책들을 실제로 진행했습니다. 그러나 동시에 탁신 정부에는 인권 유린, 신자유주의 추진이나 부패 같은 부정적인 측면이 많이 있었습니다. 문제는 사회운동이 궁극으로 타이 락 타이의 빈민 지지 기반에 도전하기 위해서 필요한 정치적 대안을 건설하지 않은 것이었습니다. 우리는 그 과정을 시작하려 했지만, 우리 당[민중연합당]은 매우 작고 등록조차 하지 못했습니다. 이런 상황에서 민중운동의 일부가 반동적 왕당주의자들과 연합했을 때, 군대는 움직일 수 있는 자신감을 얻었습니다. 다른 아시아 국가의 운동들은 빈민과 피억압자들을 위한 정치적 표현을 건설하기 시작해야 합니다. 우리는 아시아 지역 전체에서 좌파 정당이 필요합니다. 사실 '제3의 길' 사회민주주의자들과 반전·반자본주의 운동 사이의 간극에서 볼 수 있듯이 유럽에서도 비슷한 문제가 존재합니다. 그래서 우리는 태국사회포럼 직후 열릴 2006 국제사회주의자 국제회의에서 아시아의 다른 좌파 정당 동지들과 유용한 토론을 벌일 수 있기를 희망합니다.

새로운 태국 민주화 운동

불과 5년 전, 태국은 표현의 자유와 언론자유가 그럭저럭 보장되고 사회운동 단체가 빈민의 이익을 옹호하는 활동을 벌일 수 있는, 시민사회가 발달한 민주주의 국가였다. 그러나 이 민주주의에는 약점이 있었다. 당시 탁신 정부는 ('마약과의 전쟁'과 남부에서) 엄청난 인권 유린을 저질렀다. 오늘날 태국은 전체주의가 되고 있다.

이름과 달리 매우 비민주적인 '민주당' 정부는 2006년 쿠데타를 일으켰던 군부의 힘을 빌어 정권을 유지하고 있다. 이 정부는 야비하고 편집광 같다.

민주당 정부의 우선순위는 '국왕모독죄'를 이용해 저항세력을 억누르는 것이다. 이 정부는 방송과 지역 라디오방송들을 검열하고 시민들이 서로 고발하도록 부추기고 있다. 그리고 인터넷에 정부를 비판

자일스 자이 웅파콘(태국 출라롱콘대 교수, '노동자민주주의' 활동가). 〈레프트21〉 2호, 2009년 3월 26일. https://wspaper.org/article/6300.

하는 논평을 게재했다는 이유로 사람들을 감옥에 집어 넣으려 한다. TV와 신문들은 이미 군부와 손발을 맞추고 있다.

사법부는 독재의 시녀가 돼 유권자들의 가장 많은 지지를 얻은 정당을 계속 해산시키고 있다. 판사들은 자신을 비판한 사람들을 '법정모독죄'로 감옥에 넣겠다고 위협한다.

언론들은 국왕모독죄 재판 소식을 보도하지 않는다. 투명성·공정함·표현과 학문의 자유는 허용되지 않는다.

왕정이 자유와 인간 존엄성 실현 가로막아

나는 2007년초 《부자들을 위한 쿠데타》를 출판했다. 당시 나는 태국에서 민주적 공간이 줄어드는 데 항의해 이 소책자를 썼다. 나는 이 책에서 (2006년 군부 쿠데타로 쫓겨난) 탁신 정부를 비판적으로 언급했다. 탁신 정부는 민주적으로 선출됐지만 이른바 '마약과의 전쟁'을 벌이면서, 남부 세 주에서 무슬림들을 초법적으로 살해했다.

그러나 동시에 나는 군부 쿠데타가 탁신 정부의 대안이 아니라고 지적했다. 또, 나는 태국 국왕이 쿠데타를 지지한 것을 비판했다. 그러자 나는 국왕모독죄로 기소됐다. 내가 몸담고 있는 출라롱콘대학교가 내 책을 경찰에 고발한 마당에 태국에서 무슨 학문의 자유를 바랄 수 있겠는가?

대다수의 태국 학계 인사들, NGO 활동가 중 절반, '민주민중동맹'(P.A.D.)이라는 잘못된 이름을 가진 조직으로 결집한 사람들은 2006년 쿠데타를 지지했다. P.A.D.는 이윽고 일종의 파시스트 조직으로 변모했다. 그들은 정치적으로 왕정과 민족주의를 맹렬히 지지한다.

P.A.D.의 지지자들은 노란색 왕당파 셔츠를 입었고, 이들의 민족주의 압력 때문에 태국 정부는 캄보디아와 거의 전쟁을 치를 뻔했다. 그들은 무장한 채 거리를 활보했다. 그들은 정부 청사를 점령했고, 국회의사당을 폐쇄했고, 이윽고 국제 공항 두 곳을 점거했다. 그들은 태국 군부와 왕실의 지지를 받았다. 현 태국 외무장관은 P.A.D. 지지자다. P.A.D.를 옹호하는 대중 매체들은 민주주의의 후퇴를 비판하는 학자와 사회 활동가 들을 마녀사냥했다.

지금 태국에서는 부자와 빈자 사이에 계급 투쟁이 진행중이다. 그러나 이 투쟁은 크게 왜곡돼 있다. 2006년 쿠데타를 지지한 '노란 셔츠'는 탁신의 '타이 락 타이' 정부가 전국민 의료보험을 실시하고 빈민을 위한 공공사업을 벌인 것을 매우 싫어했다. 그들은 멍청한 태국 유권자들에게 투표권을 줄 수 없다고 말했다. 그들은 스스로 '신질서'라고 부르는 있으나마나한 의회를 원한다.

탁신이 쿠데타로 축출된 후, 태국 정치 위기가 장기화하면서 기층에서 민주화 운동 — 붉은 색 셔츠를 입는다 — 이 나타났다. 그들은 탁신의 한계를 뛰어넘었다. 놀라운 것은, 이 운동이 공화주의 운동으로 발전하고 있다는 것이다. 이것은 군부와 P.A.D.가 왕정을 정치에 끌어들인 결과다.

국왕은 단 한 번도 태국 민주주의 파괴에 반대한 적이 없다. 그는 아직도 사람들이 자기앞에 엎드리기를 원한다. 세계에서 손꼽히는 부자이면서도 사람들에게는 감히 가난에 '만족'하라고 말할 만큼 오만하기도 하다. 태국 엘리트들은 국왕이 연로한 상황에서 왕정의 정당성이 급격하게 약화되는 것을 보면서 당황하고 있다. 엎친 데 덮친 격으로 태국 대중은 국왕의 아들을 혐오한다.

태국인들은 태국 사회에서 군부 영향력을 약화시키고, 사법과 경찰 제도를 개혁하고, '붉은 색 셔츠' 운동의 힘으로 자유와 민주주의를 확대해야 한다. 그리고 당연히 왕정도 폐지해야 한다. 태국에서 왕정은 자유와 인간 존엄성의 실현을 가로막는 존재가 됐기 때문이다.

태국 민주화 운동의 결정적 국면

태국 총리 아피씻은 태국의 정치 위기를 해결하기 위해 중요한 타협안을 내놓았다고 자화자찬한다.

그는 9월에 의회를 해산하고 11월 14일 총선을 하겠다고 약속했다. 바로 얼마 전까지 그는 12월 전에 의회를 해산할 생각이 없다고 우겨 왔다.

그러나 이조차도 "사회 평화가 유지되면"이라는 조건을 달았다. 다시 말해, 그와 군부는 이런 제안을 내놓고 '아직 조건이 안 돼' 선거를 할 수 없다고 변명할 가능성이 높은 것이다.

그래서 아피씻이 이런 제안을 내놓은 동안에도 태국군의 치안사령

자일스 자이 웅파콘. 〈레프트21〉 31호, 2010년 5월 6일. https://wspaper.org/article/8088. 자일스 자이 웅파콘은 붉은 셔츠가 단호하게 민주화 운동을 벌이고 있지만, 향후 전투의 승리를 위해서는 노동계급이 핵심이라고 지적한다. 웅파콘은 2006년 쿠데타를 옹호한 국왕을 비판했다는 이유로 국왕모독죄로 기소된 뒤 영국으로 망명했다.

부와 부총리는 방콕 시내를 점거중인 붉은 셔츠를 해산시키려 탱크와 무장 병력을 보낼 수 있다고 협박하고 있다.

또, 아피싯의 연설은 온갖 거짓말과 변명으로 가득하다.

아피싯은 붉은 셔츠가 왕정을 공격했다고 주장했다. 군부, 왕당파 운동인 노란 셔츠와 정부는 언제나 왕실의 이름으로 반민주적 행동을 정당화했다. 사람들이 왕실에 반대하기 시작했다면 바로 그 때문이다.

아피싯은 또한 현 정부가 언론자유를 보장한다고 거짓말을 했다. 현 정부는 최근 몇십 년간 가장 잔혹한 검열 정책을 펴고 있다.

그는 2006년 군부 쿠데타 문제와 그 뒤부터 그와 동맹들이 도입한 온갖 반민주적 악행들을 전혀 언급하지 않은 채 문제가 오직 경제적 불평등에 있다고만 말했다.

불평등이 중요한 문제인 것은 사실이다. 그러나 그것은 민주적 권리를 공격하는 문제와 분리될 수 없다. 저들이 자유를 공격하는 이유는 엘리트들을 위해 태국 사회의 경제적 불평등을 유지하려 하기 때문이다.

아피싯은 4월 10일 유혈 사태를 조사할 '독립' 위원회를 구성할 것을 제안했다. 그날 정부는 무장하지 않은 민주화 시위대를 진압하려 탱크와 무장 병력을 보냈다.

과거의 경험을 볼 때 아피싯의 말을 믿을 수는 없다. 2006년부터 시작된 정치 위기로 태국에서 중립적이거나 독립적인 인사를 찾기는 거의 불가능하다. 국립인권위원회조차 왕당파 노란 셔츠 인사들로 구성돼 있다.

타협안

붉은 셔츠는 민주주의를 요구하며 단호하게 싸우고 있다. 그들은 3월 중순부터 투쟁을 벌여 왔다.

그들은 군부의 무력과 주류 언론의 온갖 거짓말에 맞서 싸우고 있다. 그들은 협상할 준비가 돼 있다. 그러나 붉은 셔츠는 모호한 타협을 받아들여서는 안 된다. 붉은 셔츠를 상대로 한 모든 고소고발이 중단돼야 하며 시위 과정에서 체포된 사람들은 즉각 석방돼야 한다. 언론 검열도 중단돼야 한다.

아피싯은 붉은 셔츠에 관해 온갖 거짓말을 한 것을 사과하고 당장 사퇴해야 한다.

비상사태가 철회되고 군대는 병영으로 복귀해야 하며 군사령관과 주요 정치인들은 민중의 민주적 소망을 존중하겠다고 약속해야 한다.

새로운 선거는 뿌리 깊은 문제 해결의 첫 단계일 뿐이다. 태국은 정치·사회·경제적으로 급진적 변화가 필요하다.

국왕모독죄가 폐지되고 정치범들도 석방돼야 한다. 불평등 문제는 부자들에게 세금을 물리고 복지국가를 도입해 해결해야 한다. 군부가 도입한 헌법을 폐기하고 군대는 최소한의 규모로 축소돼야 한다.

이런 변화를 성취하려면 붉은 셔츠는 자신의 조직을 노동조합과 사병으로까지 확대해야 한다.

버마 민중 투쟁의 역사

[편집자] 이 글은 〈소셜리스트 워커〉의 기자 샘 애슈먼이 《살아 있는 침묵: 군사독재 하의 버마(Living Silence: Burma Under Military Rule)》라는 책을 쓴 크리스티나 핑크를 2001년에 인터뷰 한 것이다. 크리스티나 핑크는 인류학 전공자 시절에 태국-버마 국경 지역 조사를 위해 [버마에] 체류한 바 있다. 그 곳에서 그녀는 버마의 군사독재에 맞선 평범한 사람들의 투쟁에 참가하게 됐다. 지금은 버마의 이웃 나라 태국으로 피신한 버마 난민들과 함께 활동하고 있다. 2001년에 한 인터뷰이지만, 최근 버마 민중 항쟁을 이해하는 데도 도움이 될 것 같아 번역해 싣는다. (원문은 Living Silence: the struggle against military repression in Burma, Socialist Worker 1763, 25 August 2001).

크리스티나 핑크. 〈맞불〉 59호, 2007년 10월 6일. https://wspaper.org/article/4592.

버마 군사 정부의 기원은 무엇입니까?

버마는 1948년까지 영국의 식민지였습니다. 사실 인도 제국의 부속물 같은 존재였죠.

제2차 세계대전 동안 일본이 버마를 침략했고 영국은 인도로 쫓겨났습니다.

많은 버마인들이 영국과 일본에 맞선 저항에 가담했습니다. 종전 뒤 독립을 성취하길 바라면서 말이죠.

버마의 독립운동을 이끈 것은 아웅산 장군이었습니다. 아웅산 장군은 현재 민주주의 운동의 지도자인 아웅산 수치의 아버지이기도 합니다. 아웅산 장군은 1947년에 라이벌 정치인에 의해 (그가 임명한 대다수 장관과 함께) 암살됐습니다.

영국이 이 암살에 관여했다는 강한 의혹이 있지만 입증된 바는 없습니다.

암살 사건에도 불구하고 1950년대 동안 버마에는 의회민주주의가 존재했습니다.

두 종류의 저항이 있었습니다. [한편으로는] 공산당이 있었고, [다른 한편으로는] 동등한 권리를 원하던 소수 민족들이 있었던 것이죠. 둘 모두 무장 투쟁을 벌였습니다.

[그리고] 연방정부 체제를 바라는 소수 민족들의 요구는 오늘날에도 계속되고 있습니다.

1962년에 군부의 우두머리인 네 윈(Ne Win) 장군은 민족적 갈등을 빌미 삼아 민간 정부한테서 권력을 탈취했고 [이 때부터] 군사독재가 시작됐습니다. 네 윈은 기업들을 국유화하고 정당들을 해산하고 모든 민간 언론을 장악했습니다.

1962년 7월 학생들 1백여 명이 군대의 총격으로 살해됐습니다. 식민지 시절부터 학생 운동의 중심지였던 랑군 대학의 학생회 건물은 폭파됐습니다. 네 윈의 독재정부가 1988년까지 계속됐습니다.

민주주의 운동은 어떻게 시작됐습니까?

소수 민족이 거주하는 주(州)들에서 투쟁이 계속됐고, 학생과 지식인들은 지하 네트워크를 발전시켰습니다.

1987년에 환율 조절 제도의 변화 때문에 사람들이 저축한 예금의 가치가 폭락했습니다. 사람들은 투쟁을 기대했지만 아무 일도 일어나지 않았습니다. 그런던 중에 1988년 5월에 한 찻집에서 대학생 한 명과 그 지역 청년 사이에 주먹다짐이 벌어졌습니다. 시비를 건 사람은 관리의 자제였고 덕분에 즉시 석방됐습니다.

학생들은 격분했고 경찰서 밖에서 시위를 벌였습니다. 군대의 발포로 시위대 한 명이 사망하자 학생들의 분노는 극에 달했습니다.

다른 대학들로 시위가 확산됐고 수도에서 대규모 행진이 벌어졌습니다. 군대는 학생들을 포위하고는 호수 쪽으로 몰았습니다. 일부 학생들이 익사했고 여학생들은 강간당했습니다.

네 윈은 자신의 퇴진과 선거 실시를 약속했습니다. [물론] 그는 약속을 지킬 생각이 없었습니다. 그러나 8월 초에 <BBC>가 강간당한 학생과의 인터뷰를 방송했습니다. 인터뷰에는 8월 8일에 시위를 벌이자는 호소가 담겨 있었습니다. 8월 8일이 되자 전국 각지에서 사람들이 쏟아져 나왔습니다.

군부는 후퇴했고 6주 동안 거리에는 민주주의가 만개했습니다. 음악가와 코미디언들이 도처에서 공연을 벌였습니다. 잡지들이 쏟아졌습니다. 9월이 되자 정부는 반격에 나섰습니다. 거리에서 물러나길 거부한 사람들은 살해됐습니다. 다시금 다당제 선거를 하겠다는 약속이 이뤄졌습니다.

아웅산 수치가 이끄는 당은 선거에 참가하려고 등록했습니다.

처음에 그녀는 시위에 참가하지 않았습니다. 그러나 사람들은 그녀에게 그러길 요구했습니다.

1988년 8월 그녀의 연설을 듣기 위해 50만 명이 모였습니다. 그녀는 순식간에 [운동의] 핵심 지도자로 떠올랐습니다. 그녀의 당은 좌파 지식인과 옛 군 장교들의 연합이었습니다. 총 2백30여 개의 상이한 정당들이 선거 참여를 위해 등록했습니다. 정부는 반대파 진영의 극심한 분열을 틈타 계속 살아남을 수 있기를 바랐습니다. 그러나 사람들은 속지 않았습니다.

아웅산 수치의 당은 3백92석을 획득했습니다. 정부는 10석을 얻었습니다. 정부는 마비됐습니다. 그런데 대략 11년이 지나도록 권력 이양이 이뤄지지 않고 있습니다.

아웅산 수치는 선거 전에 가택연금에 처해졌습니다. 일부 다른 당원들도 체포·투옥됐습니다. 당은 사기가 저하된 채 와해되고 말았습니다.

정부의 대응은 어땠습니까?

이즈음 정부는 시장 경제를 원했고 버마가 해외 투자에 개방되길

원했습니다.

1962년 이래 처음으로 경제가 성장했고 대기업들이 동남아시아 전역과 미국·영국에서 버마로 들어왔습니다. 버마는 천연자원, 예컨대 싼 노동력은 물론 고무·주석·가스·석유·비취·루비·티크재(材) 등이 풍부합니다.

토탈(Total)·유니칼(Unical)·프리미어(Premier) 같은 석유 기업들이 들어와 버마와 태국 사이에 파이프라인을 건설했습니다.

사람들은 토지를 잃었고 아무런 보상도 받지 못했습니다. 파이프라인과 관련된 사업에는 강제 노역이 이용됐고 오늘날까지도 그러합니다.

의류 산업도 성장했습니다. 의류 산업은 랑군[현재의 양곤] 인근에 집중돼 있는데, 리바이스나 리즈 클레이본 같은 기업들이 있습니다.

정부가 해외 자본을 유치해 왔지만 여전히 군부나 엘리트 계층을 부양하기에는 충분치 않습니다.

그 결과 정부는 점점 더 마약 자금에 의존하고 있습니다. 아편, 헤로인, 암페타민이 태국·라오스·인도·중국으로 판매되고 있습니다.

마약업자들은 국경을 넘기 위해 군대와 협정을 맺고 돈세탁을 위해 랑군의 국영은행들을 이용합니다.

오늘날 마약 경제는 공식 경제보다 더 규모가 큽니다. 덕분에 에이즈 환자 수가 폭증하고 있습니다.

많은 사람들이 루비나 비취 광산에서 마약 복용을 시작합니다. 그들은 현금 대신 헤로인을 급료로 받습니다. 그들의 처지가 너무나 끔찍하기 때문입니다. 그들은 고통을 달래려고 마약을 복용합니다.

또한 마약은 대학가에서도 얼마든지 구할 수 있습니다. 대규모 군대가 대학가에 상주하지만 마약 상인들은 결코 체포되지 않습니다. 학생들이 활동가가 아닌 마약 중독자가 되는 게 정부의 이익에 부합하기 때문입니다.

1995년 즈음 정부는 아웅산 수치를 가택연금에서 해제할 정도로 자신감을 얻었습니다.

정부는 이렇게 생각했습니다. "그녀가 뭘 할 수 있겠는가?" [그러나] 정부의 예상과 달리, 당 조직들과 청년 단체들이 다시 활력을 얻으며 재형성됐습니다.

아웅산 수치는 매주 토요일과 일요일 그녀의 집 앞에서 대중 포럼을 열기 시작했고 5천 명에서 1만 명의 사람들이 참석하곤 했습니다. 이런 일은 엄청난 위협 속에서 벌어진 것이었습니다.

1988년 운동 세대의 학생들과 활동가들이 이러한 모임들에서 다시 만났고 새로운 학생들이 운동에 가세했습니다.

이러한 모임들을 녹음한 테이프가 전국에 반포됐습니다. 운동에 가담한 사람들은 역사와 다른 투쟁들에서 배우기 위해 그들 자신의 사설 도서관들을 개설했습니다.

버마 사람들은 전 세계적으로 벌어지는 반자본주의 시위들에 대해 알고 있습니까?

대부분의 버마 사람들은 그런 시위들에 대해 알지 못 할 것입니다. 인구의 80퍼센트 가량이 농민인데다 이들은 대체로 문맹입니다. 그리고 언론은 국가의 통제를 받습니다.

지식인들과 활동가들은 그러한 시위에 대해 알고 있습니다. 그러나 아웅산 수치는 WTO나 반자본주의 운동에 대해 아무 말도 하지 않습니다.

　　제 생각에 아웅산 수치는 기업주들과 우호적 관계를 유지하려 하는 듯 합니다. 그러나 그녀는 기업주들이 독재 정부 아래에서 버마를 수탈하는 것은 옳지 않다고 생각합니다.

　　버마에는 세계화가 사람들에게 어떻게 영향을 줄 수 있는지, 또 어떤 폐해를 끼칠 수 있는지에 대한 자각이 없습니다.

　　제 생각에 많은 사람들은 어떻게 기업들이 이득을 챙길 수 있는지에 대해 다소 순진한 생각을 갖고 있습니다. 다국적 기업들은 이런 상황을 매우 쉽게 이용할 수 있을 것입니다. 그러나 운동 내의 활동가들은 다른 나라들의 투쟁에서 영감을 얻고 있습니다.

　　그들은 본받을 만한 모델들을 찾고 있습니다. 예컨대, 남아프리카 공화국, 인도네시아, 동티모르, 세르비아, 필리핀 등이 그렇습니다.

　　현재 정부는 아웅산 수치와 대화하라는 커다란 국제적 압력을 받고 있습니다.

　　아웅산 수치와의 협상은 지난해 10월에 시작됐습니다. 그러나 논의 내용을 아는 사람은 아무도 없습니다. 아웅산 수치가 완전한 민주주의에 미치지 못 하는 [타협], 아마도 권력 분점이나 5년 동안의 권력 이양 기간 같은 것을 수용할 태세가 돼 있다는 소문이 돌고 있습니다.

　　그러나 저는 결국 운동이 승리를 거둘 것이라고 생각합니다.

　　일단 기회가 생긴 이상 사람들은 행동에 나설 것입니다. 제가 이

책을 쓴 것은 [버마에서] 대체 무슨 일이 벌어지고 있는지에 대해 더 많은 사람들이 알기를 원했기 때문입니다. 저는 평범한 사람들이 군사독재 아래 겪는 경험에 대해 더 많은 사람들이 이해하길 원했습니다.

저는 어떻게 군부가 사람들의 행동을 제약하는지, 그러나 어떻게 매번 저항이 벌어지는지를 설명하고 싶었습니다. 여러분이 그것을 직접 볼 수는 없더라도 말입니다.

버마 민중항쟁, 어디로 가야 하나?

주류 언론은 각국 정부의 선언과 유엔의 구실이 버마 군사정권의 학살을 저지할 수 있다고 집중적으로 보도한다.

그러나 실제 투쟁은 버마의 여러 도시와 거리에서 벌어지고 있다. 톈안먼 광장 학살을 자행한 중국 정부가 어떻게든 버마 군부를 제어할 것이라는 생각은 웃기는 발상이다.

서방으로 말하자면, 동남아시아 각국의 군사정권을 지지한 오랜 전력이 있고 인도네시아나 필리핀에서 학살 사건이 일어났을 때 이를 저지하기 위해 손끝 하나 움직이지 않았다.

사실, 버마의 최근 시위들은 버마의 민주주의 활동가들이 서방 열강에 의존해서는 변화를 이룰 수 없고 자신들이 직접 행동해야 한다는 자각을 한 데서 비롯했다.

자일스 자이 웅파콘(태국 좌파단체 '노동자민주주의' 활동가, 출라롱콘대학 교수). 〈맞불〉 59호, 2007년 10월 3일. https://wspaper.org/article/4564.

과거 버마에서 일어난 위대한 민중항쟁을 8888운동이라고 부른다. 1988년 8월 8일 시작됐기 때문이다. 그 운동은 경제 문제를 둘러싼 학생들의 항의 시위로 시작됐지만 금세 민주주의를 요구하는 운동으로 발전했다.

그 항쟁이 패배한 뒤 여러 해 동안 활동가들은 사기가 떨어졌고 미국이 버마 군사정권에 압력을 가해 야당 지도자인 아웅산 수치를 석방하고 민주주의 이정표를 제시하도록 해주기를 바랐다.

그러나 그들은 교훈을 배웠다. 올해 초에 활동가들의 느슨한 네트워크는 사원에서 '기도 행진'의 형태로 공개적인 항의 행동들을 시작하기로 결정했다. 그 뒤 연료 가격이 5백 퍼센트 인상되자 승려들의 대규모 시위들이 벌어졌다.

지난번 투쟁의 교훈

수천 명의 평범한 사람들도 자신감을 얻어 승려들의 시위에 가담하기 시작했다. 지난 몇 년 동안 정치적으로 급진화한 청년들 수백 명이 승려가 됐다. 그 이유 중 하나는 군사정권이 대학들을 폐쇄하거나 대학 진학을 억제했기 때문이다.

사원은 사람들이 모여서 이야기하기에 더 안전한 장소였다. 마치 1979년 이란 혁명 때의 모스크나 옛 공산정권 치하 폴란드의 가톨릭 교회처럼 말이다.

오늘날 버마의 민주주의 운동은 1988년보다 경험이 많다. 20년 전에는 수치와 그녀의 정당인 버마 민주민족동맹(이하 NLD)이 운동을 지도하도록 허용할 태세가 돼 있었다.

지금은 운동의 진로를 둘러싸고 많은 논쟁이 있다. 수치와 모든 정치수들이 당장 석방돼야 한다는 데는 누구나 동의하지만, 급진파들은 운동의 지도력을 NLD의 손에 내맡기기를 꺼린다.

많은 활동가들의 뿌리는 8888운동으로 거슬러 올라가지만, 거리에 나오는 수천 명의 청년들은 그 때 너무 어려서 운동에 참가할 수 없었던 세대다. 이것이 뜻하는 바는 새로운 세대가 정치적으로 급진화했다는 것이다. 그들이 엄청난 용기와 희생 정신으로 군부에 저항할 태세가 돼 있음을 보여 주는 조짐들이 있다.

민주주의를 이룰 수 있는 길은 오직 군사정권을 타도하는 것뿐이다. 이를 위해서는 [탄압에 맞선] 반격이 필요할 것이다. 그리고 평범한 병사들이 민중 편으로 넘어오게 만들어야 할 것이다.

운동의 과제들

운동은 또, 버마의 오랜 민족 갈등 문제도 다뤄야 한다. 버마족이 아닌 사람들이 인구의 절반 이상을 차지한다. 그들은 결코 버마 국가를 반기지 않았다. 많은 소수민족 집단들은 1948년 버마 독립 이후 중앙 정부에 맞서 줄기차게 무장 투쟁을 벌이고 있다.

주요 소수민족 단체인 카렌민족연합(Karen National Union)이 버마 군인들에게 총구를 자신의 장교에게 돌리라고 촉구하면서 민주주의 운동을 매우 분명하게 지지하고 나선 것은 고무적이다.

민주주의 운동은 이런 연대 행동에 보답해서 소수민족들의 자결권을 지지해야 한다. 과거에 버마 독립 운동의 지도자들은 다른 소수민족들에게 자치권을 허용하는 것을 그다지 내켜하지 않았다. 수치 자신도 이 문제에 대해서는 분명한 태도를 취하지 않았고, 그래서 소수민족들의 전폭적 신뢰를 받지 못했다.

버마의 노동계급이 결정적 구실을 할 것이다. 우리는 버마의 노동자들이 얼마나 잘 조직돼 있는지 잘 모른다. 공개적인 노동조합이 존재하지 않는다는 것은 분명하다. 그러나 1988년에 버마 노동자들은 총파업을 훌륭하게 성공시켰다.

버마의 노동자들은 섬유와 석유 산업에 집중돼 있다. 또, 국경 바로 너머 태국의 매솟(Mae Sot) 같은 도시들에도 버마 노동자들의 대규모 수용소들이 있다. 이런 난민 노동자들은 조직돼 있고 버마 국내의 노동자들과 연계가 있다.

대중 운동이 억압적인 군사독재 정권에 맞서 싸워 승리하는 것은 가능하다. 1986년 필리핀의 페르디난드 마르코스에 맞서, 1992년 5월 태국의 수친다 크라프라윤 장군에 맞서, 1998년 인도네시아의 대통령 수하르토에 맞서 그런 일이 일어났다.

운동은 파업이나 게릴라식 시위 같은 전술을 사용할 수 있고, 하급 병사들과 우애를 나누며 그들이 상관의 명령을 따르지 않게 만들 수도 있다. 물론 이런 일은 모두 위험하다. 그러나 궁극적으로 오직 버마 민중만이 군사정권을 끌어내릴 힘을 갖고 있다.

카슈미르 ―
미국의 전쟁이 부른 또 하나의 야만

각각 60여 기와 48기의 핵탄두를 보유하고 있는 것으로 알려진 인도와 파키스탄 두 나라가 점점 전쟁 일보직전으로 치닫고 있다. 아프가니스탄을 상대로 한 미국의 보복 전쟁은 서남아시아의 불안정을 증폭시켜 그 지역에서 전쟁 위협을 고조시켰다. 지난해 12월 13일 인도에서 국회 의사당 폭탄 테러 사건이 발생하자 인도 정부는 그 배후 세력으로 파키스탄의 지원을 받는 이슬람 무장조직들을 지목하고 실제로는 파키스탄을 겨냥한 '테러와의 전쟁'을 선포했다. 올해 1월 11일에 카슈미르 곳곳에서 인도군과 친파키스탄계 이슬람 무장조직 사이에 교전이 벌어져 17명이 사망했다. 인도령 잠무 카슈미르와 파키스탄령 아자드 카슈미르를 나누는 이른바 '통제선'을 따라 포격

이수현. 월간 《다함께》 9호, 2002년 2월 1일. https://wspaper.org/article/318.

전이 계속되면서 이미 5만여 명이 피난을 떠났다.

1947년 인도의 독립과 파키스탄 국가의 창설 이래로 양국은 50년 넘게 카슈미르를 둘러싸고 충돌을 거듭해 왔다.

구실

냉전 시기에 인도는 겉으로는 비동맹·중립 노선을 표방했지만, 실제로는 옛 소련 진영과 군사적·경제적 연계를 맺고 있었다. 이에 맞서 파키스탄은 그 지역에서 유일하게 인도의 군사력에 필적할 만한 강대국인 중국과 제휴했다. 1970년대 초에 중국이 미국과 가까워지면서 미국·중국·파키스탄의 동맹은 더욱 강화됐다.

옛 소련이 아프가니스탄을 침공한 1979년에 미국이 파키스탄 군부 독재 정권을 이용해 아프가니스탄의 무자헤딘 게릴라들을 지원하면서 두 나라의 유착은 절정에 이르렀다. 그러나 1989년에 아프가니스탄 전쟁이 끝나고 1991년에 소련이 해체되자, 파키스탄은 미국에 더 이상 중요하지 않게 됐다. 미국은 파키스탄의 군부 정보기관인 ISI를 통해 탈레반의 성장을 지원하긴 했지만, 군부 독재의 뒤를 이어 집권한 파키스탄의 민간인 지배자들은 더 이상 미국의 주목을 끌지 못했다. 1990년대 들어 미국의 빌 클린턴 행정부는 주요 "신흥 시장"으로 부상한 인도 쪽으로 점점 더 기울었다. 1998년 5월 인도와 파키스탄의 경쟁적 핵무기 실험 뒤에 미국은 양국에 경제적·군사적 제재를 가했다. 그러나 미국의 제재는 파키스탄에 더 큰 타격을 주었다. 그러다가 지난해 9·11 테러 사건이 터졌다. 그러자 파키스탄의 군사 독재자 페르베즈 무샤라프는 미국의 대 아프가니스탄 전쟁을 지원하는 것말고는 달리 선택의 여지가 없다고 생각했다. 무샤라프는 IMF 차관을 비롯한 미국의 아낌없는 원조로 보상받았다. 하지만, 전쟁 결과는 파키스탄에 유리하지 않았다. 파키스탄과 경쟁 관계에 있는 인도·이란·러시아의 지원을 받고 있는 북부동맹이 아프가니스탄을 지배하게 된 것이다.

한편, 카슈미르 문제에서 미국이 인도의 손을 들어주기는 했지만 인도 지배자들은 내심 불안해 했다. 아프가니스탄 전쟁을 계기로 미국과 파키스탄의 관계가 급속히 호전된 것이다. 인도는 카슈미르에서 파키스탄을 압박하기 시작했다. 탈레반이 훈련시키고 파키스탄 군대가 지원하는 급진 이슬람 게릴라들의 공격은 인도 총리 아탈 비하리 바지파이에게 그럴 듯한 구실을 제공했다. 미국의 부시 행정부가 "테러와의 전쟁"을 밀어붙이면서 그랬던 것처럼, 바지파이는 인도를 테러의 피해자로 보이게 하려 애썼다. 이런 상황에서 12월 13일의 인도 의사당 테러 공격은 바지파이에게는 선물이나 다름없었다. 인도와 파키스탄의 갈등이 전면전으로 치달을지는 두고 봐야겠지만, 그 지역에서 위험하고 낭비적인 무기 경쟁이 격화될 것임은 분명하다. 결국 미국의 "테러와의 전쟁"은, 그렇지 않아도 두 핵무기 보유 국가의 충돌 위협에 시달리던 그 지역을 더욱 불안정하게 만들었다.

카슈미르

인도와 파키스탄의 분쟁으로 인해 수많은 사람이 희생된 카슈미르 지역의 인구는 약 1천2백만 명이다. 그 중 9백만 명은 남부의 잠무 카슈미르에서, 3백만 명은 북부의 아자드 카슈미르에서 산다. 잠무 카슈미르를 점령하고 있는 인도군의 탄압이 너무나 가혹해서, 인도에 편입되기를 바라는 카슈미르인조차도 등을 돌릴 정도였다. 이런 탄압에 맞서 급진 이슬람 게릴라들이 살인·납치·폭파를 자행하기 시작한 것은 옛 소련의 아프가니스탄 개입이 끝난 1989년부터였다. 아프가니스탄 전쟁에서 승리한 뒤에 파키스탄 군부는 지금까지 세 차례에 걸친 인도·파키스탄 전쟁에서 모두 패배했던 치욕을 되갚고 싶었다. 그래서 그들은 카슈미르의 이슬람 게릴라들을 적극 지원했다.

인도 지배자들은 무자비한 탄압으로 대응했다. 1990년 초에 잠무 카슈미르 주지사로 부임한 자그모한은 도시 '환경 미화'라는 명목으로 무슬림이 거주하는 빈민가를 불도저로 밀어 버렸다. 자그모한은 팔레스타인인들을 억압하는 이스라엘 경찰을 칭찬하면서, 카슈미르를 힌두교도가 완전히 지배하는 곳으로 만들려 했다. 수많은 청년들이 게릴라 혐의로 연행되고 고문당하고 때로는 살해당했다. 경찰의 발포로 수백 명의 시위대가 희생됐다. 시민적 자유는 일절 말살됐고, 사람들은 아무 데서나 잡혀가 신문를 받거나 살해당했다. 국제사면위원회(앰네스티 인터내셔널)에 따르면, "잠무 카슈미르의 야만적인 고문은 상상을 초월한다. 고문당한 사람들은 평생 불구의 몸으로 살아야 한다." 하지만 이런 탄압은 힌두교도들에게도 고통을 안겨 주었다. 10만 명 이상의 힌두교도들이 폭탄 공격을 받게 될까 봐 두려워 카슈미르를 떠나야 했다.

게릴라 투쟁이 시작되고 나서 6년이 지난 1995년에 정신 이상자는 1989년보다 20배나 많아졌다. 인도가 영국의 식민 지배 방식과 똑같은 방식으로 카슈미르를 통치하는 한 그 지역에는 평화가 찾아오지 않을 것이다. 카슈미르인들이 인도의 점령에 맞서 싸우는 것은 완전히 정당하다.

하지만 파키스탄의 지배자들이라고 해서 더 나은 것도 아니다. 그들은 카슈미르 민중의 권리를 위한 것이 아니라 카슈미르의 파키스탄 편입을 위해 무장조직들을 만들고 지원해 왔다. 파키스탄 정부는 또 발루치스탄이나 북서 변경주, 아자드 카슈미르 같은 자국 내 소수 집단들을 탄압해 왔다. 이슬람교의 일파인 시아파도 탄압 대상이다.

이데올로기 효과

인도와 파키스탄의 지배자들은 모두 카슈미르의 독립은 아예 고려조차 하지 않는다. 둘 다 카슈미르의 영유권을 주장하면서 한치도 양보하지 않는다.

인도가 카슈미르를 포기할 수 없는 이유는 그 지역이 인도의 북부 방어선에서 전략적 요충지이기 때문이다. 히말라야의 북서쪽 끝에 위치한 카슈미르 계곡은 인도를 침공하는 북쪽 침입로가 될 수 있다. 스리나가르가 무너지면 다음 차례는 델리다.

그러나 인도가 진정으로 두려워하는 것은 중국이나 러시아이지, 파키스탄이 아니다. 1962년에 인도는 중국과의 국경 분쟁에서 패배해 카슈미르의 북동쪽 끝 지역(라다크)을 중국에 빼앗겼다. 오히려 파키스탄은 인도에 큰 위협이 되지 못한다. 인도의 인구는 파키스탄의 7배, 생산력은 8배, 화력은 5배 이상이다. 핵무기를 고려하더라도 사정은 크게 다르지 않다. 카슈미르 지역이 파키스탄에 중요한 것은 전략적 위치 때문이 아니다. 인도가 침공할 때든 러시아나 중국이 파키스탄을 침공할 때든 카슈미르는 특별히 중요한 통로가 아니다. 인도가 파키스탄을 침공하려 한다면 약 2천9백 킬로미터에 달하는 국경선 어디서든 쉽게 공격할 수 있다. 카슈미르가 파키스탄에 중요한 것은 주로 이데올로기 때문이다. 파키스탄의 지배자들은 "힌두교도의 지배"에서 "무슬림"을 구출하기 위해 파키스탄 국가가 존재한다고 공언하면서, 인도가 카슈미르를 계속 지배하는 것은 참을 수 없는 모욕이라고 주장한다. 그런 모욕을 국내의 권력을 유지하고 정당화하는 데 이용한다. 그들은 카슈미르를 점령하고 있는 인도군과 힌두교도의 위협이 계속되고 있으므로 파키스탄의 종교적·사회적 통일을 유지해야 한다고 주장하면서 대중의 지지를 얻으려 한다. 인도의 힌두 민족주의자들에게도 카슈미르 분쟁은 동일한 효과를 낸다. 즉, 무슬림을 적대시하면서 무슬림과 힌두교도 노동자들을 분열시키는 것이다. 지금 인도에 거주하는 무슬림의 수는 파키스탄의 무슬림보다 더 많다. 1947년 독립 전에 인도의 무슬림은 모든 사회 계급에 걸쳐 존재했지만 지금은 억압당하는 소수로 전락해, 힌두 민족주의자들에 의해 주기적으로 희생양이 되고 있다. 1998년에 극단적인 힌두 민족주의 정부가 들어선 이래로 인도에서도 카슈미르 분쟁의 이데올로기적 측면이 점차 중요해졌다. 인도의 집권당인 바라티야 자나타당(인도인민당)은 오는 2월에 우타르프라데시 주의 선거를 앞두고 있다. 1억 6천만 명이 거주하는 우타르프라데시 주는 인도 최대의 주일 뿐 아니라 인도인민당의 핵심 근거지이기도 하다. 인도인민당은 인종 차별을 이용해 국내의 저항을 비켜가고 무슬림에 대한 폭력 사태를 조장하고 있다. 의사당 테러 사건 전에 인도인민당의 지지율은 바닥을 헤매고 있었다. 그들이 카슈미르를 포기하거나 카슈미르에서 퇴각한다면 선거에서 참패하기 십상이다. 그것은 아샘이나 펀잡 같은 다른 지역의 분리주의 운동들을 더한층 가속시키는 결과도 낳을 것이다.

파키스탄의 무샤라프는 1999년 10월에 집권하면서 2002년 10월 민정 이양을 약속했었다. 그러나 미국의 아프가니스탄 전쟁은 파키스탄 군부가 만들고 키워 온 탈레반 정권을 붕괴시키는 결과를 낳음으로써 군부 내에 불만 세력을 만들어 냈다. 이제 탈레반 정권은 사라졌고 무샤라프는 미국과 인도의 압력 외에 정권 유지를 위해서라도 전투적인 이슬람 조직들을 단속하지 않으면 안 된다. 그래서 강경 이슬람 무장조직 활동가들을 대거 체포하고 있다. 다른 한편, 그는 카슈미르 분쟁에서 더욱 강경한 입장을 취해야 한다는 압력에도 시달리고 있다. 그러지 않으면 군부 내에서 그의 입지는 더욱 좁아질 것이고, 2년 3개월 전에 나와즈 샤리프 총리를 쫓아냈던 군사 쿠데타가 재발해 자신을 권좌에서 몰아낼 수도 있다. 오늘날 카슈미르의 민중에게 자유와 평화를 보장할 수 있는 유일하게 진보적인 대안은 힌두교도와 무슬림, 인도와 파키스탄 민중 간의 우애와 단결이다. 지금 카슈미르 통제선 양쪽에서는 평범한 사람들이 그 지배자들 대신 대가를 치르고 있다. 인도와 파키스탄 사이에 전면전이 벌어진다면 그들의 고통은 더욱 커질 것이다. 카슈미르를 차지하기 위해 서로 싸우는 인도나 파키스탄 가운데 어느 한 편을 드는 것이 아니라 자국 지배자들에 대항해 싸우는 것이야말로 카슈미르 민중의 진정한 대안이다.

인도-파키스탄 충돌과 핵 악몽

6월 13일 미국 국방장관 도널드 럼즈펠드는 인도와 파키스탄을 잇따라 방문한 뒤 "양국 지도자들이 핵 보유국 책임에 걸맞게 문제를 다루고 있다. 핵 대결 위기는 넘긴 것으로 본다"고 말했다. 그러나, 럼즈펠드가 그 말을 한 다음 날인 14일 밤부터 15일 새벽까지 다시 포격전이 벌어졌다. 적어도 3명이 사망하고 24명이 다쳤다. 카슈미르에서는 여전히 팽팽한 긴장이 흐르고 있다. 카슈미르를 인도령과 파키스탄령으로 나누는 '통제선'에 1백만 명이 넘는 양국 군대가 대치하고 있다. 이런 상황에서는 재래식 제한전조차 순식간에 무시무시한 핵전쟁으로 치달을 수 있다. 미국 국방정보국(DIA)은 인도와 파키스탄 사이에 핵전쟁이 벌어지면 9백만~1천2백만 명이 즉사할 것으로 추산했다.

인도 국방장관은 "파키스탄이 핵전쟁을 시작할지 어떨지는 모르지

이수현. 월간 《다함께》 14호, 2002년 7월 1일. https://wspaper.org/article/426.

만, 우리는 보복할 것이고 두 나라 모두 멸망할 준비를 해야 한다"고 말했다. 파키스탄 군 장성들도 대통령 무샤라프에게 한치도 물러서지 말라고 요구했다.

인도 정부는 미국이 주도하는 "테러와의 전쟁"을 충실히 따르는 것일 뿐이라고 주장한다. 작년 12월 인도 국회 의사당 테러 사건이 발생하자 인도 총리 아탈 비하리 바지파이는 부시의 "테러와의 전쟁"을 흉내냈다. 그는 파키스탄을 테러 국가로 지목하고 파키스탄과 벌일 전쟁을 정당화했다. 인도 정부는 지난 5월 14일 이슬람주의 게릴라들이 인도 군 기지를 공격해 30여 명을 살해한 사건이 파키스탄 정부 책임이라고 주장했다.

바지파이는 이참에 전쟁을 해서 카슈미르를 완전히 장악하려는 속셈을 갖고 있다. 바지파이는 이스라엘 총리 아리엘 샤론을 본떠 파키스탄의 모든 양보 조치를 "불충분하다"는 이유로 계속 거부했다. 금년 말에 치를 선거 전에 카슈미르에 있는 이슬람 분리주의 세력을 완전히 뿌리뽑으려는 것이다. 그리고 작년 9·11 사태 뒤 한층 가까워진 파키스탄과 미국의 관계를 다시 멀어지게 만들고 싶어한다.

한편, 3년 전에 쿠데타로 집권한 파키스탄 대통령 무샤라프는 인도에 양보하다가는 군부의 반발을 사 자리에서 쫓겨날까 봐 두려워한다. 무샤라프는 9·11 뒤 미국편에 붙어 아프가니스탄 공습을 거들었다. 작년 12월 탈레반 정권이 무너지자 파키스탄 군부는 아프가니스탄에 대한 영향력을 상실했다. 파키스탄 군부는 이슬람주의 전사들을 카슈미르로 보냈다. 그 전에도 파키스탄 군부는 카슈미르에 있는 이슬람주의 조직들과 다양한 연계를 맺고 있었다. 카슈미르는 더욱 불안정해졌다.

인도 국방장관이 "공멸"을 언급한 바로 그 날, 조지 W 부시는 "테러와의 전쟁"에서 "선제 공격"이 필요하다고 강조했다. 9·11 뒤에 미국은 인도와 파키스탄에 대한 무기 수출 금지 조치를 해제했다. 지난 1월 영국 관리들은 인도·파키스탄과 무기 수출 협상을 벌였다. 지금도 인도에 호크 전투기 66대를 공급하는 10억 파운드(약 1조 8천억 원) 상당의 거래를 성사하려고 애쓴다. 그리고 아시아 정상회의에서 인도와 파키스탄을 '중재'한 러시아의 푸틴은 인도의 "차세대 무기 개발 계획"에 참여할 것이라고 발표했다.

미국과 그 동맹국들이 주도하는 전쟁몰이는 과거에 세 번이나 전쟁을 벌인 인도와 파키스탄을 더욱 위험한 지경으로 몰아가고 있다. 인도·파키스탄 분쟁 한복판에는 카슈미르 문제가 있다.

1947년 영국 지배에서 독립한 인도는 배신과 협박을 일삼으며 무슬림이 대다수인 잠무 카슈미르 지역을 차지했다. 인도는 카슈미르의 자치를 보장하겠다고 약속했다. 하지만 철권 통치를 유지했다. 중국과의 국경 분쟁에서 패배한 인도는 중국이 인도를 침공하는 길목이 될 카슈미르를 결코 포기하지 않으려 한다. 인도의 강권 통치 때문에 카슈미르에서 지난 10년 동안에만 약 8만 명이 죽었다. 죽은 사람들은 대다수가 무슬림이었다.

한편, 국가의 존립 근거를 무슬림 보호에서 찾는 파키스탄도 잠무 카슈미르를 결코 포기하지 않으려 한다. 파키스탄은 인도의 잔혹한 탄압 통치에 시달리는 무슬림들의 해방을 카슈미르 병합 구실로 이용한다.

그러나 지금 파키스탄이 통치하는 아자드 카슈미르는 완전히 비민주적인 사회다. 아자드 카슈미르는 카슈미르 사람들이 아니라 파키스탄 중앙 정부가 임명한 자들이 통치한다. 그래서 1989년 카슈미르에서 인도 지배에 저항하는 봉기가 일어났을 때 일부 카슈미르 사람들은 인도와 파키스탄 양국으로부터 독립해야 한다고 주장했다. 카슈미르에 있는 친파키스탄 이슬람주의 게릴라들은 1993년 8월 버스 승객 16명을 총살해 고립을 자초했다. 1989년 이래로 평범한 카슈미르 사람들은 친파키스탄 게릴라 전사들의 총이든 인도 보안군의 총이든, 총의 공포 속에서 살아 왔다.

카슈미르 민중에게 유일한 진보적인 대안은 힌두교도와 무슬림, 인도 국민과 파키스탄 국민 사이의 우애와 단결이다. 인도와 파키스탄 지배 계급 중 한편을 지지하는 것은 대안이 될 수 없다.

연표

1846년 영국의 동인도회사, 카슈미르 지배권을 인도의 토후에게 판매. 1947년 8월 영국의 인도 지배 종식. 인도와 파키스탄의 분리 독립. 힌두·무슬림 유혈 분쟁으로 약 1백만 명 사망.

1947년 10월 제1차 인·파 전쟁 발발. 카슈미르 분할, 인도가 3분의 2 차지.

1962년 10월 중국과 인도의 국경 분쟁에서 인도 패배. 중국, 카슈미르 일부 지역 점령 지배.

1965년	9월 파키스탄의 카슈미르 침공. 제2차 인·파 전쟁.
1971년	12월 제3차 인·파 전쟁. 동파키스탄, 방글라데시로 분리 독립.
1974년	5월 인도의 첫번째 핵실험.
1979년	12월 소련, 아프가니스탄 침공. 미국과 파키스탄, 아프가니스탄의 무자헤딘 훈련·양성. 1989년 7월 소련군, 아프가니스탄에서 철수. 카슈미르에서 인도 지배에 반대하는 봉기 발생. 1998년 5월 인도, 다섯 차례 핵실험. 파키스탄 여섯 차례 핵실험.
1999년	6월 인·파 긴장 재발로 전면전 위기.
1999년	10월 무샤라프, 군사 쿠데타로 집권.
2001년	9월 9·11 테러 사태 발생.
2001년	10월 미국, 아프가니스탄 공습.
2001년	12월 탈레반 항복. 인도 의사당 테러 사태 발생.

파키스탄은 미국 제국주의의 취약한 고리

　이프티카르 초드리가 대법원장으로 복귀한다는 발표가 난 후에 파키스탄의 분위기는 말로 표현하지 못할 만큼 좋았다. 변호사들이 이끈 운동은 파키스탄 대통령 아시프 자르다리를 공포에 질리게 했고 통쾌한 승리를 거뒀다. 사람들은 흥에 겨워했다.

　자르다리는 2008년 무샤라프 군부독재의 종식 후 열린 선거에서 대통령으로 당선했다. 파키스탄인민당(PPP)의 지도자이자 자르다리의 부인인 베나지르 부토는 선거 운동중에 초드리의 복직을 약속했다.

　무샤라프는 2007년 3월에 대법원장에서 해임됐다가 변호사들의 거센 운동 덕분에 2007년 7월에 복직한 초드리를 2007년 11월에 다시 해임했다. 무샤라프가 '테러와의 전쟁'과 민영화 정책을 추진하는

제프 브라운(영국 사회주의노동자당 활동가. 〈레프트21〉 4호, 2009년 4월 23일. https://wspaper.org/article/6427.

데 거치적거린다며 공격하는 데도 초드리는 전임자들과는 달리 자진 사퇴하지 않았다.

초드리가 해임된 후 변호사들은 경찰들의 곤봉 세례를 받으면서도 파키스탄 전역의 고등법원 건물 밖에서 매주 규탄 집회를 조직했다. 변호사들은 파키스탄의 수도 이슬라마바드로 향하며 PPP가 자르다리의 대선 공약[초드리의 복직]을 지키라고 요구하는 '대장정'을 벌이자고 호소했다. 자르다리는 수많은 변호사와 활동가를 체포했고

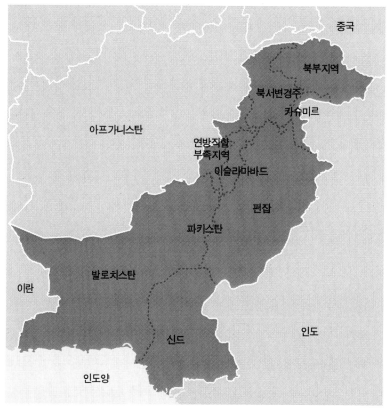

파키스탄과 그 인접국들

자신의 정적이자 파키스탄무슬림연맹(PML-N)의 지도자 나와즈 샤리프를 가택연금하고 탄압했다.

자르다리는 파키스탄 최대 주(州)인 펀자브의 주요 도로를 대형 운송용 컨테이너로 봉쇄했다. 3월 12일 새벽에 경찰은 카라치와 남부 도시 여러 곳에서 대장정을 시작하려던 변호사와 활동가 들을 공격했다.

모진 탄압을 뚫고 4천 명 이상이 재집결지인 라호르 시(市)의 고등법원 앞으로 모여들었다. 그들은 난무하는 최루탄, 경찰들의 곤봉 세례, 연행에 맞서 돌을 던지며 싸웠다. 이 장면이 케이블 뉴스 방송에서 고스란히 보도됐다.

자르다리의 대책이 효과가 없자, 라호르 시의 고위 경찰관들이 사임하기 시작했고, 대장정이 연좌농성으로 바뀐 3월 16일 오전 5시, 총리 유수프 길라니는 초드리의 복직을 발표했다.

이 승리는 아래로부터의 운동과 지배계급 내 분열을 모두 반영하는 것이었다. 지배계급 내 반목과 분열이 얼마나 컸던지 대법원이 파키스탄에서 가장 인구가 많고 중요한 주인 펀자브의 주총리 샤바즈 샤리프와 그의 형 나와즈의 공직 선거 출마를 가로막는 판결을 내릴 정도였다.

나와즈는 대법원장의 복직을 요구하는 운동에 힘을 보태며 이에 응수했다. 자르다리는 무샤라프가 헌법을 개정해 대통령에게 부여한 특별 권한을 초드리가 대법원장의 권한으로 폐지할까 봐 노심초사했다. 그러나 자신에게 가해지는 압력, 특히 민간원조로 매년 제공되는 15억 달러(약 2조 원)를 회수하겠다고 으르는 미 국무장관

힐러리 클린턴의 압박 때문에 울며 겨자 먹기로 초드리의 복직을 승인했다.

자르다리는 인기를 급속하게 잃었다. 자신의 처 베나지르 부토의 암살 때문에 동정표를 사 권좌에 앉긴 했지만, 부토가 총리를 두 번 역임하던 1990년대에 자르다리는 모든 국가계약에 마수를 뻗쳐 "미스터 10퍼센트"[국가계약에 개입해서 '수수료' 명목으로 10퍼센트 씩 가로채 이런 별명이 붙었다]라는 별명이 붙을 만큼 탐욕스럽기로 유명했다.

초드리는 독특하고 모순적인 인물이다. 파키스탄에는 사법부 독립의 전통이 없다. 그는 대법원장의 권한으로 '실종 사건'을 조사하며 막강한 권력을 가진 정보기관 요원들을 법정에 세워 많은 이들을 놀라게 했다. 초드리는 무샤라프의 죽마고우에게 터무니없이 낮은 가격으로 팔린 파키스탄 철강회사의 민영화 결정을 뒤집기도 했다.

초드리는 '테러와의 전쟁'과 신자유주의를 전폭 지지하기를 바라는 미국에서 일정 정도 독립해야 한다는 PML-N 지도부를 포함한 파키스탄 지배계급 내 일부의 의견을 대변한다. 이들은 자신들의 지위를 강화하기 위해서 대중 행동을 고무하는 모험도 감수할 준비가 돼 있다.

세계 최악의 빈곤과 불평등

파키스탄의 정치·경제 상황은 어느 때보다도 심각하다. 파키스탄은 최근 몇 년간 연평균 7~8퍼센트 성장했다. 그러나 대부분 해외에서 들어온 핫머니, 은행의 고위험 대출 등 투기로 인한 성장이었다.

세계의 다른 나라들도 그렇듯이, 파키스탄 섬유 산업의 수출은 급감했고 주가는 폭락했다. 국제통화기금(IMF)이 70억 달러(약 9조 3천억 원)를 긴급 수혈해 줬지만 충분치 않은 듯하다. 믿기 힘들겠지만 투기꾼들이 지원금을 요청했고, IMF 수혈 자금 중 10억 달러가 주식 시장으로 흘러갔다.

이 얼토당토않은 상황은 탐욕의 끝을 모르는 뻔뻔하고 부패한 파키스탄 지배계급의 실체를 잘 보여 준다. 국제투명성기구가 매년 발표하는 국제 부패 실태 조사 결과를 보면, 파키스탄보다 부패한 나라는 나이지리아밖에 없다. 노동자들에게는 노동권이 없고 경찰과 판사에게는 뇌물을 먹여야 하고 물과 같은 자원을 누군가 몰래 빼돌리고 환경을 파괴한다는 점에서, 파키스탄은 산업혁명 초기의 영국과 비교해 더하면 더했지 덜하지는 않은 상황이다.

파키스탄의 빈곤과 불평등은 세계 최악이다. 1억 6천만 인구 가운데 3분의 1이 빈곤층이고 4분의 1은 5년 전보다 못 산다. 파키스탄의 의료·교육·주택·복지는 정체 상태다. 마드라사[이슬람 종교 학교]에서 교육받는 아이들이 많아졌지만, 이는 이슬람 정당들의 영향력이 강해져서가 아니라 마드라사말고는 빈민의 자녀가 교육받을 곳이 없기 때문이다.

부자들이 체계적으로 탈세하기 때문에 출산 도중 산모 사망률이 매우 높고, 그나마 있는 자원도 권력기관, 특히 군대에 먼저 투입된다. 젊은이들은 파키스탄에서 절망만을 보고, 다른 나라로 갈 수만 있으면 그렇게 한다.

파키스탄은 영국 제국의 '분리 지배' 정책의 산물

정치도 마찬가지다. 파키스탄은 제국주의의 산물이다. 힌두교도와 무슬림 사이를 이간질한 영국 제국의 '분리 지배' 정책 때문에 1947년에 파키스탄이 탄생했다. 파키스탄의 건국은 자신만의 국가를 갖고 싶어하던 인도 북부에 기반한 극소수 지주와 지식인 무슬림 중간계급의 이해관계와 부합했다. 통일된 상태였다면 중국보다 인구가 더 많았을 인도아대륙의 분할은 강대국들, 특히 1950년대 초부터 파키스탄에서 패권적 영향력을 행사한 미국에게 커다란 이익이었다.

미국과 파키스탄의 관계는 원조, 그 중에서도 특히 군사원조를 통한 동맹 관계다. 그 결과 파키스탄에서 군대가 유력한 집단이 됐다. 지금까지 군부독재 정권이 네 번 집권했고, 파키스탄 역사의 절반을 차지하는 기간이다. 군대는 힘으로 특권을 지켰고 역사의 분수령마다 결정적 구실을 했다. 이번 위기 때도 마찬가지였다. 미 국무부의 조언을 들었기 때문이었겠지만, 군부는 이번 위기에 공개적으로 개입하지 않겠다고 선언했다.

물론 파키스탄은 미국의 꼭두각시가 아니다. 1970년대 민족주의자인 총리 줄피카르 부토 — 베나지르 부토의 아버지이자 부토 가문의 수장 — 는 핵무기 독자 보유의 첫 발을 내딛었다. 이 계획은 당시 미국 대통령 보좌관 헨리 키신저의 반대를 무릅쓰고 추진됐다. 오늘날 파키스탄은 핵무기를 보유한 아홉 나라 중 하나다.

파키스탄 국가의 핵심을 이루는 군사 기구의 힘이 막강하지만 "과연 파키스탄이란 나라가 유지될 수 있을까?"하는 의문이 반복적으로 제기돼 왔다. 건국 25년 만에 파키스탄은 방글라데시[당시 이름은 동파키스탄]와 피비린내나는 내전을 치렀고, 1971년에 방글라데시가 독립했다. 파키스탄에는 네 개 주(州)가 남았는데, 그 가운데 북서변경주(NWFP), 발루치스탄 주, 신디 주에는 분리 독립 운동이 존재한다.

최근 몇 년 사이에 북서변경주와 국경지대의 연방직할부족지역(FATA)에서 이슬람주의 무장세력의 영향력이 빠르게 성장했다. 2002년부터 미군은 이 지역에서 알카에다와 아프가니스탄에서 피난 온 탈레반을 제거하고, 오사마 빈 라덴을 색출·사살한다는 명목으로 무인폭격기를 동원해 이 지역을 폭격했다.

이 때문에 많은 민간인이 죽었고 사람들은 무장 저항세력에 호감을 느끼게 됐다. 그러나 단지 미군의 군사 공격 때문에 저항세력에 대한 지지가 는 것은 아니었다. 파키스탄 군대도 민간인을 학살했고, 무능한 파키스탄 정부는 이 지역 사람들에게 적절한 경제·복지 혜택을 제공하지 못했다. 지진이라도 일어나면 사람들은 카라치 같은 대도시로 이주하는 것 말고는 별다른 대안이 없었다.

동맹인 미국을 도와야 한다는 압력에 대응해, 또 미국의 군사 지원이 인도를 상대하는 데 사용되고 있지 않다는 것을 보여 주려고 파키스탄 군대는 최근 북서변경주과 연방직할부족지역에서 대테러 군사 작전을 강화했다. 그 결과 이 지역 주민과 심하게 충돌했고 파키스탄 군대 일부가 투항하는 수모를 겪기도 했다. 사실, 상당수의 파키스탄 군인은 이 군사 작전을 탐탁치 않게 생각한다.

이런 군사 작전은 2008년 8월에 수도 이슬라마바드에서 차로 몇 시간밖에 안 걸리는, 아름다운 관광 도시 스와트 공격에서 절정에 달했다. 파키스탄인민당(PPP)과 파키스탄무슬림연맹(PML-N)의 지지를 받은 이 공격으로 몇 주 만에 난민 40만 명이 생겨났다. 난민들은 살 곳을 찾아 파키스탄의 최대 도시 카라치로 피난했지만 카라치 시장은 난민들이 탈레반을 유입한다며 그들을 공격했다. 최근 카라치에서 종족 간 분쟁이 많이 벌어졌다는 점을 볼 때, 이 공격으로 난민 대학살이 초래된 것은 당연하다. 수십 명이 살해됐고, 1천5백만 인구의 도시가 이틀 동안 폐쇄됐다.

군사 전략이 완전히 실패하면서 자르다리는 반란세력과 휴전을 합의하고 스와트 지역의 1백6십만 주민들에 대한 통치권을 탈레반이 주도하는 물라[이슬람의 학자·교사·율법학자]들에게 넘겨 줘야 했다. 지금 스와트 지역에서 샤리아 율법이 적용되면서 물라들이 사법부를 운영한다. 소녀들에게는 교육받을 권리가 제한되고, 여성들은 장보러 가지도 못하고 심지어 교외지역에서는 우물에서 물을 긷지도 못한다. 빈민들은 이런 푸대접을 받으려고 미국과 파키스탄 군대에 맞선 투쟁에서 탈레반의 주도권을 받아들인 것이 아니었다. 빈민들은 이제 탈레반에 분노한다.

"아프팍" 전쟁

미국과 파키스탄 합동 군사작전의 결과 오바마 정부 관리들이 편의상 "아프팍(AfPak)" 전쟁으로 부르는 전쟁이 발생했다. 아프가니스탄과 파키스탄의 분쟁은 서로 떼어내 생각할 수 없다. 데이비드 밀리밴드(영국 외교부장관)가 워싱턴 방문 후에 말했듯이, 파키스탄이 안정되지 않으면 아프가니스탄이 안정될 리가 없다. 양국 국경은 19세기 영국의 식민지 총독이 제멋대로 그은 것이다. 아프가니스탄-파키스탄 국경을 따라 독립된 파슈툰 국가를 세우고 싶어하는 파슈툰 족들이나, 강제로 국경조약에 서명한 아프가니스탄 정부는 예나 지금이나 이 국경선에 반대한다.

오바마는 이미 병력 수천 명을 아프가니스탄에 추가 배치했고, 이 수를 1만 7천 명으로 늘리려 하고, 프랑스 스트라스부르 나토 정상회담에서는 동맹들에게 추가 파병을 강력히 요구했다. 오바마 정부의 말하는 방식이 조지 부시 때와 상당히 다르기는 하지만 미국의 외교정책은 바뀐 것보다 유지되는 것이 더 많다. 미국이 실제로 비군사적 원조를 세 곱절로 늘리더라도 대중의 불만은 더 커질 것이다. 백악관이 파슈툰 독립국가 건설을 지지하는 안을 검토할 정도로 미국의 지위는 취약하다.

파키스탄에서 가장 크지만 가장 가난하고 인구도 1천만 명으로 가장 적은 발루치스탄 주는 영국령 인도에 공식적으로는 속한 적이 없었다. 독립을 낙관하던 1947년에 파키스탄 군대가 이 지역을 침략해서 파키스탄 영토로 편입시켰다. 그때부터 항쟁이 계속 일어났고 잔혹하게 진압됐다. 1970년대에는 시위대 수만 명을 진압하려고 파키스탄 군대 8만 명이 투입됐다. 그래도 저항은 계속됐다. 2005년에는 수이 가스전에서 나오는 가스 공급망을 공격해 카라치 주민들이 숯으로 요리해야 했다. 이 사건은 가스전 개발로 발루치스탄 주민들에게 돌아간 혜택이 전혀 없음을 보여 주는 계기가 됐다. 이 와중에 발루치스탄 주민 수백 명이 정보기관과 접촉한 후 '실종'됐다.

파키스탄은 1947년부터 다섯 번째 주(州)인 카슈미르에 대한 영유권을 주장하며 인도와 두 번 전쟁을 치렀고 모두 패배했다. 카슈미르는 여전히 인도-파키스탄 분쟁에서 주요 쟁점으로 남아 있다. 파키스탄 정보기관은 카슈미르의 인도 점령 지역에서 싸우고 있는 이슬람주의 조직을 훈련시키고 무기를 댔다. 카슈미르 전쟁은 인도-파키스탄 간 대리전이었다.

1988년에 오늘날 통제선으로 불리는 인도 관리 지역 휴전선에서 반란이 있어났고, 이를 계기로 카슈미르 지역에서 폭력이 증가했다. 분쟁 때문에 수만 명이 목숨을 잃었고, 힌두교도와 무슬림을 막론하고 많은 사람이 난민이 됐다. 파키스탄 국가는 카슈미르의 자결권을 부정한다. 한편 카슈미르에서는 이슬람주의자들이 지배적 세력이 됐고 많은 이슬람주의 단체들이 아프가니스탄에서 무자헤딘[전사들]을 영입하고 있다.

파키스탄의 원조를 받는 무슬림 단체 가운데 라슈카르-에-태국바 (Lashkar-e-Taiba)가 가장 유명한데, 아마 이들이 2008년 11월 뭄바이 테러를 저질렀을 것이고, 3월 스리랑카 크리켓 팀에 대한 테러도 십중팔구 이들의 책임일 것이다.

이슬람주의 단체들에 대한 지원은 카슈미르 개입에서 시작된 것이 아니다. 파키스탄 정보기관이 1980년대 아프가니스탄을 점령한 러시아 군대에 맞서 싸울 무자헤딘을 훈련하며 시작됐다. 이 계획은 미국과 사우디아라비아의 도움을 받았는데, 당시 청년 실업가이던 오사마 빈 라덴이 양쪽에 다리를 놓아 주었다. 이 전쟁으로 난민 1백만 명이 파키스탄의 도시로 들어와 대규모 빈민촌을 형성하게 됐고, 칼라슈니코프[러시아의 자동 소총 AK-47의 통칭]와 헤로인이 대거 유입됐다.

초드리를 복직케 한 운동은 파키스탄이 나아갈 길을 보여 줬다. 경찰 폭력이나 체포에도 굴하지 않고 싸우는 변호사와 활동가 들뿐 아니라, 2007년에 초드리가 복직을 요구하며 싸울 때 이를 지지하며 자발적으로 나선 수많은 사람들이 있다. 2007년 7월 초드리가 대장정을 시작했을 때 1백만 명 이상의 환영 인파가 라호르에서 이슬라마바드에 이르는 거리를 가득 메웠다.

2006년 3월에 카라치에서 열린 세계사회포럼에도 3만 명이 참가해서 정의와 민주주의를 위해 투쟁의 잠재력이 크다는 것을 보여 줬고 반자본주의자와 사회주의자들의 주장에 귀 기울이는 청중이 있음을 보여 줬다.

다른 곳과 마찬가지로 최근 역사에서 파키스탄 좌파가 약해졌지만, 1968년에 파키스탄의 첫 군부 독재자 아이웁 칸을 몰아낸 노동자와 학생 투쟁의 기억은 잊혀지지 않았다. 파키스탄 지배자들의 사분오열을 본다면, 그런 운동이 다시 일어나지 말라는 법은 없다.

제8장 한반도 주변 정세

한반도 주변 정세와 국제주의

들어가며

냉전이 끝나자 많은 사람들이 동아시아에 평화가 올 것이라고 내다봤다. 적어도 북한 핵 문제가 전면에 떠오르기 전까지는 그랬다. 전쟁을 불사하겠다는 발언이 클린턴의 입에서 심심치 않게 오르내리고 한반도에 전쟁 분위기가 고조되자 누구도 동아시아가 평화와 화해로 가고 있다고 이야기하지 않았다.

그러나 북미협상이 시작되자 또 다시 많은 사람들이 동아시아가 평화로 갈 수 있다는 기대를 걸고 있다.

북한 핵 문제는 동아시아 정세를 판가름하는 온도계로 여겨지고 있다. 따라서, 한반도 주변 정세가 냉전 해제 이후 어떻게 변해 왔는지를 알기 위해 먼저 북한 핵 문제를 살펴 보지 않을 수 없다.

———

김하영. 이 글은 《사회주의 평론》 1호(1995년 1-2월)에 실린 것이다.

이 글에서는 북한 핵에 국한된 문제만을 다루지는 않을 것이다. 이 글의 목적은 '냉전 해체 후 더 불안정해진 세계체제가 동아시아에서 어떻게 나타나고 있으며 그 원인은 무엇인가, 그리고 동아시아에 진정한 평화구축은 어떻게 가능할까'를 다루는 데 있다.

오늘날 점점 불안정 속에 놓여 가는 한반도 주변 정세에 대한 대안이 민족주의에 있다고 생각하는 사람들이 늘고 있다. 그러나, 우리는 그것이 잘못된 실천적 결론이며, 오직 노동자 계급의 혁명적 국제주의만이 끝도 모르는 무기경쟁 체제에 대한 대안이라고 생각한다.

1. 북한 핵 문제의 본질

북한 핵 문제가 시작된 것은 1991년부터였다. 미국이 "북한이 국제원자력기구(IAEA)에 가입했으면 핵안전협정(NPT)에도 서명해야 한다."는 압력과 "핵안전협정을 체결하지 않으면 주한미군을 증강하겠다."는 협박을 시작한 것이 옛 소련 붕괴 직후였다는 사실은 의미심장하다. 91년 4월 미국 합참의장 콜린 파월은 〈타임즈〉와의 인터뷰에서 이렇게 말했다. "후세인 이후 때려 잡아야 할 악마가 이제 몇 남지 않았다. 다음은 카스트로 하고 김일성의 차례다.*"

냉전 이후 미국 지배자들이 특히 동아시아에서 패권적 지위를 계

---

* 이영희, '한반도 핵 위험의 구조', 《새는 좌우의 날개로 난다》, 두레, 1994, p.21.

속 유지하기 위해서는 이전에 동방 제국주의의 울타리 안에 있었던 북한을 새로운 세계질서에 고분고분 순응하게 만드는 것이 필요했다.

미국 정부가 91년 3월초 의회에 제출한 "91년 종합 합동 군사정세 평가" 보고서에 실린 이른바 미국의 "대북한 120일 전쟁 시나리오"는 북한이 이라크, 리비아, 쿠바와 함께 미국 군부가 앞으로 처리해야 할 4개 정권 중 하나가 되었다는 것을 핵심 내용으로 하고 있다.[*]

따라서 미국이, 북한이 핵안전협정을 체결하지 않았다는 점을 문제 삼았던 것은 핵안전협정 체결 그 자체를 목적으로 한 게 아니었다. 북한이 핵안전협정을 체결하고 난 뒤에도 북한을 고분고분하게 만들기 위한 또 다른 압력이 꼬리를 물었다는 점이 그 증거이다.

핵확산금지조약에는 가입했지만 핵안전협정에는 서명하지 않은 국가는 50여 개국에 이른다. 이스라엘·리비아·브라질·아르헨티나·남아공·파키스탄·이라크·이란·북한·대만·인도가 그런 나라들이다. 또, 영국과 프랑스는 작년에야 NPT에 가입했으며 95년에 끝나는 NPT 시효 연장에 반대하고 있다. 그러나 미국은 그 중에서 유독 리비아와 이라크와 북한만을 문제 삼았다. 왜냐하면 그 세 나라만이 미국의 패권에 항의하거나 도전했기 때문이다.

따라서, 북한이 핵을 가지고 있느냐 그렇지 않느냐는 문제의 핵심이 아니었다.[**] 설사 북한이 핵을 가지고 있다 하더라도 핵 그 자체를

---

[*] 같은 책, p.20.

[**] 그 동안 북한 핵은 북한이 미국과 협상 과정에 있을 때는 '없어졌다가' 갈등 과정

문제 삼는 것이라면 더 큰 문제는 이스라엘일 것이다. 이스라엘은 90년말 현재 100~200개의 핵탄두를 제조·보유하고 있다. 이스라엘은 미·소·영·불·중 5개국 바로 다음 가는 핵무기 보유 인정국이다. 그런데도 미국은 이스라엘 핵에 대해서는 묵인을 넘어서 직접 지원까지 했다.* 94년에도 미국은 이스라엘에 가장 많은 군비지원을 했다.**

미국의 이해에 얼마나 충실히 따르는가에 따라 '핵무기 존재'에 대해서 다르게 취급한다는 것은 파키스탄의 경우에서도 드러난다. 파키스탄이 친미 노선을 걸을 때 미국은 핵시설과 핵개발계획에 대해 묵인하는 입장으로 일관했다.

물론, 클린턴이 자주 문제 삼은 북한의 인권문제가 지난 2년 동안 미국이 북한에 가한 압력의 이유인 것도 더더욱 아니다. 미국은 93년에 68개국에 이러저러한 형식으로 군사적 원조를 제공했다. 그 중 49개국은 '심각한 인권 유린 국가'로 판정되었다.*** 미국의 군사적 원조나 무기 판매는 미국에 고분고분 복종하고 이익이 되느냐에 따른 것일 뿐 인권과 민주주의는 고려의 대상도 되지 않는다.

에 있을 때는 다시 '나타나곤' 했다. 클린턴은 이렇게 말했다. "아직 북한이 핵을 가졌다는 확실한 증거는 어디에도 없다."(〈한겨레21〉 94년 10월 27일자.) 김영삼도 지난 10월 11일 CNN과 회견한 자리에서 "북한이 이미 핵을 보유하고 있다는 연구기관도 일부 있지만 내가 갖고 있는 정보로는 아직까지는 갖고 있지 않다고 생각한다."고 말했다. 이 같은 발언들은 북한의 핵 보유 여부 그 자체가 문제의 본질은 아님을 입증한다.

* 〈조선일보〉, 94년, 10월 27일자.

** 이영희, 앞의 책, p.28.

***같은 책, p.150.

제3세계 일부 나라들이 미국 주도의 제국주의 세계질서에 충실하지 않은 것에 대한 '죄목'은 "미국이 갖다 붙이기 나름"이다. 북한에 대한 미국의 핵사찰 압력은 전래동화 "해와 달이 된 오누이"를 연상시킨다. "떡 하나 주면 안 잡아 먹지" 하다가 오누이 엄마를 결국 잡아먹은 호랑이처럼, 미국도 핵안전협정 서명에서 핵사찰로, 핵사찰에서 다시 특별사찰로, 특별사찰에서 2개 시설 완전사찰로 계속 압력의 수준을 높여 나갔고, 북한은 제국주의에 양보하는 타협안을 하나씩 제시했다.

따라서, 북한이 '핵 카드'로 미국을 쥐고 흔들었다는 주장은 오누이 엄마가 호랑이를 쥐고 흔들었다는 것과 똑같은 주장이다. 언론은 '핵 카드'를 부각시켰지만 이는 사실이 아닐 뿐만 아니라, 제국주의 그 자체가 한반도 긴장고조의 원인이라는 진실을 감추고 있는 것이다.

실제 사태의 진행 과정은 북한이 핵카드로 미국을 자유자재로 움직였다는 주장과는 전혀 딴판이다. 북한은 92년 1월 31일 핵안전협정에 서명했다. 그러나 미국의 압력은 여기서 그치지 않았다. 그 다음 미국이 찾아낸 다음 핑계거리는 북한에 있는 '의심스런' 핵시설에 대한 사찰이었다. 북한은 잠시 버티다가 국제원자력기구가 원하는 대로 6차례의 임시사찰을 받았다. 92년 5월에 실시된 임시사찰이 끝난 후 북한의 핵 개발 수준이 미미한 것이라는 국제원자력기구의 1차 보고서에 대해 미국도 긍정적으로 평가했다.

이 대목에서 미국의 핵사찰 압력이 끝났어야 한다고 보는 주장은, 제국주의에 대해 참으로 순진한 생각을 갖고 있는 경우이다.

이번에도 역시 임시사찰만으로 부족하다는 미국의 압력이 기다리고 있었고, 92년 가을부터 미국과 북한은 핵 사찰의 범위와 수준을 놓고 다시 첨예한 갈등을 벌이기 시작했다.

이번에 핑계거리는 영변에 있는 2개의 미신고 시설물이었다. 미국은 두 곳에 대한 특별사찰을 북한에 요구했다. 북한은 이 시설들이 군사시설이라고 주장하면서 이 요구를 수용하지 않았다. 미국은 이를 두고 핵무기 개발을 위한 군사적 용도의 시설일 것이라고 주장했다.

특별사찰을 두고 미국과 북한 사이의 갈등이 깊어지자 미국은 곧바로 93년 3월 팀스피리트 훈련을 강행했으며, 주한미군의 2단계 철수 계획을 동결시켰다.

북한은 이에 반발하면서 스스로 '경고'해온 대로 93년 3월 11일 NPT를 탈퇴했다. 국제원자력기구는 미국을 대신해서 '북한 핵 특별사찰 결의안'을 채택하여 "북한이 '국제사회'의 응징을 감수해야 한다"고 강조했다.

북한은 국제원자력기구의 핵사찰이 불평등하다고 반발했지만, 얼마 가지 못해서 미국에 또 다른 협상안을 제시했다. 국제원자력기구가 지정한 7개 시설 중에서 5개 시설은 완전 사찰을 받지만 나머지 2개 시설(5메가와트급 원자로와 방사화학실험실)에 대해서는 감시장비를 바꾸는 정도의 사찰만을 받겠다는 것이었다. 2개 시설에 대한 완전 사찰은 북미협상이 이루어지면 완전히 허용하겠다는 조건을 달았다.

미국은 북한의 양보 내용이 담긴 타협안을 받아들였지만, 북한의 협상안 제시 뒤에 이루어진 94년 3월 3일부터 18일까지의 핵사찰은 김일성이 제시한 타협선을 넘어서는 것이었다. 북한은 격렬하게 항의하면서 남한의 패트리어트 미사일 배치에 반대한다는 입장을 발표했다. 클린턴은 "전쟁불사론"으로 맞섰다. 한반도의 전쟁 분위기는 고조될 대로 고조되었다.

한 달이 채 못 되어 북한은 또 다시 양보안을 내놓았다. 문제가 되는 2개 시설 가운데 하나(방사능화학실험실)는 완전사찰을 받고 다른 하나(원자로 핵연료봉 교체 실험실)에 대해서는 부분 사찰을 받는다는 내용이었다.

그러나, 미국은 그것조차 자신들이 지정한 대로 해야 한다고 주장했고, 지난 5월의 방사능화학실험실 사찰 이후에도 계속 완전사찰 압력을 넣었다. 결국 미국은 대북제재를 위한 안보리 결의안을 계획하기에 이르렀다.

이것은 북한을 응징하려 하는 강대국들 상호간의 관계가 냉전 이후 어떻게 변화했는지를 극명하게 보여주는 하나의 계기가 되었다.

힘이 약해진 제국주의가
자신의 패권적 지위를 입증해 보이려고 하다

북한 핵 문제는 단지 꾸중하는 형과 꾸중 듣는 동생의 관계만을 보여 주지 않는다. 꾸중하는 처지에 있는 큰 형과 다른 형제들 사이의 관계도 보여준다. 왜냐하면 제국주의는 하나의 강대국과 강대국보다 힘이 모자라는 나머지 다른 국가들로 구성되어 있는 체제가 아니라, 서로 경쟁하는 강대국들 서로간의 협력·동맹·도전·전쟁도 함께 존재하는 체제이기 때문이다.

다시 말해 미국은 단지 북한에게 큰 형의 힘을 입증해 보이려는 데에만 목적을 두고 있지 않았다. 부시와 클린턴에게는 **강대국들이 가장 많이 있는 지역에서 북한이 NPT체제에 도전했다는 사실도 중요**했다. 북한 핵사찰 압력은 미국이 세계 강대국들에게 자신의 패권을 인정받고 입증하려는 시도의 결과다.

미국 지배계급은 이런 입장을 다음과 같이 분명하게 정리하고 있다.

첫째, 한반도와의 군사·경제 관계 유지는 미국의 국익이다. 둘째, 일본에 대한 미국의 이해관계를 안정되게 유지하는 데에 한국에 대한 영향력 유지가 긴요하다. 셋째, 4강이 교차하는 이 지역에서 한국에 대한 영향력을 유지하면 러시아, 중국 일본과의 관계를 관리하는 미국의 능력이 높아진다.[*]

걸프전도 마찬가지로 다른 강대국들에게 미국이 여전히 가장 강력한 패권국가임을 입증하려는 시도의 결과였다. 걸프전은 서방 강대국들이 "석유"라는 공동의 이해에 애가 달아 있었던 반면 북한 핵 문제는 다른 서방 강대국들의 이해가 직접 연결된 것은 아니라는 점에서 다소 다른 경우이기는 하지만, 둘 다 제국주의 패권질서에 도전

---

* 이삼성, 《한반도 핵문제와 미국외교》, 한길사, p.337에서 재인용.

하고 항의하는 것을 응징한다는 점에서는 똑같다.

또한, 동아시아의 강대국들인 일본이나 중국뿐만이 아니라 영국·프랑스 같은 서방 제국주의 국가들을 염두에 둔 것이라는 점에서 공통점이 있다. 그래서 미국은, 소말리아 2차 개입처럼 미국이 단독으로 하지 않고 안보리 제재 결의라는 외피를 쓰러 했던 것이다. 다른 경쟁자들의 동의를 얻어 내 한반도의 패권국임을 입증한다면 초강대국의 '공신력'을 더욱 높일 수 있기 때문이다.

그러나 여기에 동전의 뒷면이 존재한다. 다른 경쟁자들에게 자신의 힘을 입증하고 과시하려 애쓰는 것은 거꾸로 냉전 시대 서방 제국주의의 수장(首長)으로 공히 인정받던 시절보다 세력이 약해진 미국의 현실을 반영하고 있다.

미국의 북한 핵 사찰 압력은 제국주의의 약화와 분열 때문에 아무리 미국이 초강대국이라 할지라도 마음대로 군사적 개입을 하기가 힘들게 되었다는 사실을 드러냈다.

또한, 안보리 제재 결의가 무산되는 과정은 미국의 그늘 아래 숨죽이고 있던 강대국들이 냉전 체제의 세력 균형을 파괴하기 시작했다는 점을 보여준다.

이것은 남한 지배자들이 노동자 투쟁을 어떻게 탄압할 것인가를 두고 분열할 때 노동자 투쟁에 대해서 쉽게 제압하지 못했던 사례에 견주어 생각할 수 있다. 우리는 93년 한총련 탄압 때 남한 지배자들이 공권력을 언제 어떻게 투입할 것인가를 두고 분열한 것이 결국 우리 편에게 득이 되었던 것을 기억한다.

이와 마찬가지로 안보리 제재 결의가 제국주의 강대국 사이의 분열 때문에 좌초되었던 것은 정말이지 통쾌한 일이다.

여기서 분명히 해야 할 점은 강대국 사이의 분열이 제재 하느냐 마나가 아니라 어떻게 제재할 것인가를 두고 일어난 점이라는 사실이다.

사실상 서방권 하에 있는 중국이 안보리 제재 결의에서 미국의 입장에 반대하여 기권표를 던졌던 것은, 북한이 핵을 가져서는 안 된다라는 것에 반대했던 것이 아니라 "왜 하필이면 미국 주도의 군사적 제재냐" 하는 차원의 이견이었을 뿐이다.

일본도 마찬가지였다. 일본은 적절한 한반도 긴장은 일본의 군비 증강에도 유리하다는 입장을 견지해왔다. 그래서 일본은 자위대 증강을 "한반도 긴장 때문"이라고 주장해 왔다.[*]

그러나 한반도에서 전쟁이 벌어질 가능성이 현실로 바뀌는 것은 또 다른 문제이다. 따라서 미국이 "전쟁불사" 입장을 내세우는 것에 대해서는 불만을 표했다.

물론 일본은 안보리 제재 결의에 대해 중국처럼 기권하지는 않았지만, 결정적인 시기에 북한 제재에 대해서 소극적인 모습을 보였다.

일본은 중요한 대북제재조치로 조총련의 대북한 송금을 차단하는 방안을 검토했지만, 서방의 언론은 일본 정부가 이 조치를 즉각 받아들이려 하지 않고 있다고 보도했다. 〈뉴욕 타임즈〉는 미국 부르주아 언론은 "북한에 엄격한 경제제재를 가하려던 미국의 계획이

---

[*] 이삼성, 같은 책, p.346

일본에 의해서 위협받고 있다"고 말했다. 클린턴은 북한이 핵사찰을 거부하면 조총련 송금을 금지할 것을 일본 정부에 요청했다. 그러나 일본 정부는 미국의 요청을 말로는 수용하는 듯했지만, 실제로는 적극적으로 행동에 옮기려 들지 않았다. 심지어는 거부하는 모습까지 보였다.**

뿐만 아니라 러시아도 북한에 대한 제재에서 미국을 견제하는 입장을 보였다. 러시아는 비록 예전의 패권적 지위를 가지고 있지는 못하지만 여전히 세계체제의 강대국으로 남아 있다. 특히 동아시아에 대한 패권국가 지위를 되찾으려 하는 노력을 버리지 않고 있다.

러시아는 안보리 제재 결의에 참여하지 못하자 러시아까지 포함되는 8자 회담을 제안했다. 뿐만 아니라 최근에는 미국이 주도하는 북미협상에 대해서 강한 불만을 제기하고 있다.

러시아의 입장은 아이티 문제에 대해서 취하는 입장과 비슷하다. 옐친은 9월 24일에 미국이 아이티 개입 문제를 러시아에 상의하지 않았다고 비판했다. 그는 "이제 러시아를 배제하고는 여러 국제문제들을 해결할 수 없다"***고 선언했다. 러시아가 제외되는 것을 계속 앉아서 보고만 있을 수는 없노라는 선언인 셈이다.

이렇듯 북한 핵사찰 압력은 냉전 이후 제국주의 질서가 어떻게 변화했는지를 보여준다. 지금까지 북한 핵 문제를 통해 핵 사찰의 원인

---

* 〈뉴욕타임즈〉, 94년 6월 9일자.

** 〈한겨레신문〉, 94년 6월 10일자.

*** 〈동아일보〉, 94년 9월 25일자.

은 북한의 핵카드에 있지 않고 제국주의에 있다는 사실, 그리고 그 제국주의가 냉전 이후 어떻게 변했는가를 살펴보았다.

그런데 더 중요한 것은 이러한 분석의 실천적 결론이 무엇이 되어야 하는가이다.

안보리 제재 결의가 진행되고 있고 한반도 전쟁위기가 실제로 등장하고 있었을 때 남한 사회주의자들은 제국주의에 반대하는 것이 무엇인가에 대한 시험을 치러야만 했다.

사회주의자들의 주장은 다음과 같은 것들에 대한 비판과 설명을 포함하는 것이어야 했다. 반전 투쟁이 반제 투쟁으로 나아가야 한다는 것, 문제는 '북한 핵 카드'가 아니라 제국주의 그 자체에 있었다는 점, 지배자들은 비둘기파·매파로 구분하는 것이 왜 잘못되었고 평화주의가 왜 진정한 대안이 될 수 없는지, 제국주의에 반대하면서도 북한 지배계급의 편을 들지 말아야 하는 이유는 무엇인지 등등.

물론 아무리 전쟁위기가 실제적 위협이 된다고 하여도 사람들 생각이 반제국주의에 대한 선명한 주장을 "비현실적이잖아!", "너무 허황된 것 아니야?" 하고 생각할 때 사회주의자들이 자신들의 주장을 굽힘 없이 — 그러나 그 방식은 부드럽게 — 주장하기는 쉬운 일이 아니다.

더욱이 올해 초처럼 한창 전쟁 분위기가 고조되어 좌파와 노동자 운동에 대한 탄압이 드세어지면 질수록 선명한 주장 자체가 탄압을 '초래'한다는 것은 분명한 일이다.

그러나 만약 이런 것들이 두려워서 위의 문제들에 대한 대답을 회피한다면 실제 노동자들이 반전 투쟁을 전개하고 있을 때는 더 주장하기 힘들어진다. 왜냐하면 당연하게도 그런 때일수록 지배계급의 사상적·물리적 공격은 더 드세어질 것이기 때문이다.

따라서 사회주의자들은 이런 것들을 헤치고 나갈 수 있는 결단도 필요하지만 그 결단으로 이르는 이론적·정치적·실천적 결론에 대해서 단단히 준비할 필요가 있다. 우리는 한반도에서 제국주의에 반대한다는 것이 무엇인가에 대해서 더욱 명확해질 필요가 있는 것이다.

우리는 다음 문제들에 대해서 더 튼튼한 면역성을 가질 필요가 있다.

지금까지 서술한 한반도 주변 강대국 사이의 세력관계가 냉전 이후 어떻게 바뀌었고 미국이 어떤 처지에 있는지, 그리고 미국 공화당이나 민주당이나, 부시나 클린턴이나 하나도 다를 바 없다는 점, 중국도 미국과 마찬가지로 제국주의 국가라는 사실, 따라서 그들에게 '외교적' 압력을 넣어 제국주의 체제의 갈등과 충돌을 완화시키고 평화로 향한다는 식의 해결책이 환상에 지나지 않는다는 것.

2. 냉전 이후 제국주의는
한반도에서 어떻게 나타나고 있는가?

냉전 시대 세계질서는 정치적 양극화와 경제적 다극화를 그 특징으로 하였다. 먼저 거의 모든 국가들이 미국과 소련 두 초강대국을 중심으로 하는 질서에서 어느 한 편에 서야만 했다.

그에 따라 "국가간의 군사적·영토적 경쟁은 양극적 주형(鑄型) 속으로 우겨 넣어졌다. … 유럽 국가들은 양대 초강대국 블록 속으로 꽉 갇혀 버렸는데, 이러한 상태는 동맹 지배계급들 간의 이해관계의 수렴과 그들에게 어떤 다른 선택도 부재한 조건을 다양한 정도로 반영하는 것이었다."*

양대 초강대국 블록으로 전세계가 분할됨으로써 아무리 강대국이라 할지라도 '자율적인' 행동의 여지는 적었다. 그래서 "1945년 이후에 제국주의 사이의 경쟁은 강대국들 사이의 어떤 전면전도 가져오지 않았다."**

냉전 질서의 중요한 특징 가운데 하나는 모든 국제적 분쟁이 미국과 소련의 균형관계가 유지되는 방향으로 해결되었다는 점이다. 미국과 소련은 서로의 영향력을 현실로 인정하였다. 미국과 소련은 이런 균형관계가 깨어질 위험이 있거나 자국의 이익이 손상되는 경우가 발생하면 직접 개입하거나 상황에 따라 모든 동맹국을 동원하여 이에 개입했다.

그러나 각자의 세력권 밖에서 벌어지는 문제에 대해서는 서로가 '방조'해 주었다. 실제로 1956년 헝가리 혁명이나 1968년 체코슬로바키아 '프라하의 봄' 때, 미국을 비롯한 서방 제국주의 진영이 개입하지 않았던 것은 소련의 패권 영역을 암묵적으로 인정했기 때문이다.

반대로 한국전쟁이 국제전으로 확장된 것은 남한이 미국의 패권영

---

* 알렉스 캘리니코스, '마르크스주의와 오늘날의 제국주의', 《역사의 복수》, 백의, p.239[지금은 《마르크스주의와 오늘날의 제국주의》, 노동자연대, 2017로 출간돼 있다].

** 같은 책, p.240.

역에서 떨어져 나가는 것을 미국과 서방 국가들이 인정하지 않았기 때문이다.

냉전 체제에서는 서방제국주의와 동방제국주의가 서로 전면전이라는 형태로 충돌하지는 않았지만, 그래서 체제의 '중심부'(강대국)는 '평화'로웠지만 체제의 '주변부'는 불안정을 거듭했다.

그러나 '중심부'가 '평화'로웠다는 것도 반만 맞는 얘기다. 강대국 사이의 경쟁은 수면 위로 폭발하지는 않았지만 수면 밑에서 꿈틀거렸다. 독일·일본·프랑스·영국·중국이 모두 서방 제국주의의 날개 밑에서 동방 제국주의를 마주 보고 있었고 그 날개 밑에서 특히 독일과 일본은 세계 경제의 40%를 차지하는 미국 경제의 경쟁력을 약하게 만들고 있었다.

"전시의 황폐화로부터 장기 호황을 통한 유럽 및 일본 경제의 회복(국내 혁명과 소련의 압력에 맞서 방파제를 공급하기 위해 미국이 촉진한 과정)은 미국의 세계 시장 지배를 점점 더 침식해 들어갈 수 있는 자본들의 출현을 가져왔다."[*]

세계 제국주의 질서의 '헌병' 미국은 높은 수준의 군비 부담으로 자본이 생산적 영역으로 투자되지 못했던 반면 서독과 일본은 비교적 낮은 군비 지출로 지속적인 자본축적이 가능했다. 이것은 이들 국가들이 미국의 경제적 경쟁력을 잠식해 들어가는 결과를 가져왔다.

'중심부'의 '평화'도 탈 냉전 이후에는 계속될 수 없었다. 제국주의

---

[*] 같은 책, p.241.

양대 진영 안에서 억눌러져 있던 내부의 갈등이 냉전 해체로 분출되기 시작했다. 양대 초강대국 블록에서 억눌려 있던 강대국들의 정치·군사적 패권에 대한 '욕망'들이 적나라하게 분출되기 시작했다. 세계 지배질서는 경제적으로뿐만 아니라 정치적으로도 다극화된, 마치 '만인에 대한 만인의 투쟁'만큼이나 초강대국의 지위를 노리는 경쟁자들로 가득 차게 되었다.

이제 탈냉전 이후 세계 질서는 경제적으로뿐만 아니라 정치적으로도 다극화 현상이 지배적인 특징으로 되었다.[*] 그것은 동아시아에서도 드러나기 시작하고 있다.

한마디로, 냉전 시대 동아시아 정세는 동방과 서방 제국주의 간의 팽팽한 세력관계를 특징으로 하였지만 탈냉전은 이런 세력균형을 깨뜨렸다. 그렇다고 서방 제국주의의 일방적 승리는 아니었다. 판정승을 거둔 승리자는 링의 구석에서 피범벅이 돼서 링 밖에서 줄을 잇고 있는 경쟁자들을 맞이해야 하는 그림이 바로 냉전 이후 강대국들이 처한 모습이다.

그렇다면 이 그림이 한반도라는 지역을 통과하여 어떻게 나타나는가를 살펴보아야 할 것이다. 그것을 정리하면 다음과 같다.

첫째, 소련 붕괴 후 미국은 동아시아에서 새로운 패권적 지위를 누리려 하고 있다. 둘째, 그러나 그 과정에서 미국의 지위가 하락했다는 사실이 드러났다. 셋째, 반면에 일본은 군사대국으로 부상하고

---

[*]   알렉스 캘리니코스, '마르크스주의와 오늘날의 제국주의', 《역사의 복수》, 백의를 참조하시오.

있다. 넷째, 서방 제국주의 진영에 속해 있던 중국이 서방에서 벗어나기 시작했다. 다섯째, 러시아는 결코 사라지지 않았음이 미국과 러시아 사이의 갈등으로 표출되고 있다.

북미회담에서도
미국이 여전히 제1의 제국주의 강대국임이 드러나다

북미 협상은 패권적 질서에 '반항'하는 국가를 굴복하게 만들 수 있는 강대국이 여전히 일본이나 중국이나 러시아가 아닌 바로 미국이라는 사실을 보여 주었다.

클린턴의 백악관 안보전략 보고서에는 "동아시아에서 미국의 역할"에 대해 이렇게 적혀 있다.

우리는 동아시아에서 도발을 억제하고 미 국익을 지키기 위해서 강력한 군사력을 유지시킬 것이다. 현재 10만 미군이 아시아 태평양 지역에 주둔하고 있다. 이 병력은 특히 북한의 도발과 모험주의를 억지하는 데 기여하고 있다. 이 주둔 세력들을 하나로 묶어 안보상 도전들에 대한 해결책을 모색하는 것이 우리의 목표다.[*]

탈 냉전 이후 이런 현상은 더욱 두드러지고 있다. 얼마 전 클린턴이 북한과 이라크 양쪽의 군사적 긴장상태를 겨냥해 태국만(灣)에

---

[*] 〈조선일보〉, 94년 10월 28일자.

미군 해상후방지원기지 확보계획을 마련하고 있다는 사실이 폭로되었다.[*] 이곳의 물자는 미 7함대를 포함한 육군 각 부대가 북한 일대와 페르시아만에 긴급 배치될 경우 후방지원지기로 이용되며, 태국 해상으로부터 한반도 해역까지는 대략 1주일, 페르시아만까지는 약 2주일만에 공급이 가능하다고 한다. 또한 미국이 가장 많은 무기수출을 하고 있는 지역은 동아시아 지역이다.[**]

이것은 동아시아에서도 군사적 패권을 누리려고 하는 미국의 제국주의적 본질이 드러난 몇 가지 예들에 불과하다.

91년 소련연방 해체 후 미국이 아시아에서 패권적인 지위를 차지하게 된 것은 사실이다. 그 누구도 미국의 이런 지위에 대해서 이견을 제시하지 않는다. 미국이 냉전 시기에 동방제국주의 진영에 맞선 서방 제국주의의 우두머리였다면, 지금도 가장 강력한 정치적·군사적·경제적인 힘을 누리고 있다.

이것은 북미회담을 통해 다시 확인되었다. 그러나 북미회담을 전후로 하여 좌익 내부에서는 회담에 커다란 기대를 거는 목소리들이 있었다.

대표적인 주장으로는 첫째, "동아시아가 평화와 화해의 국면으로 가고 있다"는 전망이다. 이 주장은 무엇보다도 그동안 냉랭한 바람이 불었던 북미관계가 일시적 유화국면으로 바뀌었다는 점을 과장하고 있다는 잘못을 저지르고 있다.

---

[*] 〈조선일보〉, 94년 10월 27일자.

[**] 〈조선일보〉, 94년, 11월 17일자.

그 주장은 둘째, 때때로 "미국이 세력균형자[패권적 지위를 누리려 하기보다는]의 역할을 하고 있다."는 것으로 이어졌다.

《말》지는 이런 주장을 대표한다. 말지 주장을 잠시 인용해보자.

미국은 패권을 추구하되 과거처럼 세계경찰로 혼자 지구 곳곳을 누비며 항복을 강요하는 것이 아니라 다른 패권국의 출현을 저지하는 선으로 적절히 타협하고 힘의 균형을 유지하는 세력 균형자 역할을 하겠다는 것이다.[*]

일시적 긴장완화를 과장한다는 점에서 《노동운동》도 크게 벗어나지는 않는다.

북미회담 타결을 고비로 남북관계를 비롯한 한반도 정세는 적대적 대결이 완화됨으로써 평화협력이 구조화되어 나갈 수 있는 가능성이 열리고 있다. 그러나 다른 한편으로 대결적 요소도 남북 북미 간에 여전히 잔존하고 있다. 따라서 향후 상당 기간 남북관계는 대결적 요소를 내포한 불안정한 평화구조가 지속될 것으로 보인다.[**]

이러한 주장들은 평화와 화해 국면에 대한 바램과 객관적 사실에 대한 분석을 혼동하고 있는 것도 잘못이지만, 더욱 중대한 잘못은

---

[*] '미국의 동아시아 패권전략, 무엇이 변했나', 《말》, 11월호, p.128.

[**] 《노동운동》 11·12월호, '북미회담 타결과 남북관계의 전망', p.29.

그 결론이 미국이 주장하고 있는 소위 '다자간 안보'에 더욱 적극 참여하는 것으로 이끌린다는 점이다.[*](이것은 뒤에 다시 언급하겠다.)

셋째는 북미협상을 미국의 동아시아에 대한 패권적 질서 추구의 일환으로 보기 보다는 북한이 미국을 끌고 당기는 힘을 잘 구사했다거나 혹은 북미협상을 '자주외교의 승리' 라고 보는 견해이다. 예를 들어 《대학생》은 이렇게 말하고 있다.

> 결국 경수로 지원 문제와 관련하여 북한의 선택이 자유로운 상황이며 미국은 북한의 요구를 어느 정도 조정하여 수용하느냐 아니면 협상에 실패하느냐의 갈림길에 서있는 것이다. … 북한은 미국과의 수교를 통하여 평화보장에 대한 확고한 담보를 보장받게 되었으며 서방 선진국과의 경제 관계를 전면적으로 맺을 수 있는 환경이 조성되어 자신의 경제 발전 계획을 힘있게 진행시킬 수 있게 되었다. … 이런 점들을 감안할 때 북한은 적어도 수치상으로 향후 4~5년간 15%의 경제성장을 확보해 놓은 셈이라고 할 수 있다.[**]

이런 분석은 지배계급 여론에 완전히 무장해제 되어있다. 이 주장대로라면 북미협상 이후 "한국도 외교 협상력을 키워 북한의 외교력을 앞질러야 한다."는 남한 지배계급 언론의 주장이나 "북미협상에서

---

[*]   《노동운동》은 이런 결론을 명시하지는 않고 있다는 점에서 조금은 다행스러운 일이다.

[**] 한총련 편집국, '동북아 정세와 95년 통일', 《대학생》, 1994 가을호, p.78~80.

클린턴은 굴욕외교를 하여 북한에 시간만 제공하고 핵 비밀 개발 위협만 당하게 되었다.”*는 미국 지배계급 언론의 주장에 어떤 반박도 할 수 없다.

물론 북미회담은 미국과 북한 간 협상의 결과다. 그러나 무엇보다도 미국이 북한으로부터 조금씩 양보를 받아낸 결과물이다. 안보리 제재로까지 확대되자 북한은 결국 나머지 하나의 시설에 대해서도 완전사찰을 받겠다고 항복했고, 미국은 경수로 지원이라는 대가를 지불한 것일 뿐이다. 북한과 미국과의 수교는 북한의 ‘핵포기’에 대한 반대급부일 뿐이며 “미국만이 북한을 ‘국제사회에 참여시킬 수 있다”는 ‘공신력’을 입증받으려는 클린턴의 시도였다.

북미협상은 제국주의 세력 관계 변화의 일시적 산물일 뿐이다. 그동안 강경과 ‘온건’을 수십 번도 더 왔다갔다했던 북한 핵 사찰 과정이나 미국 헬기 조종사 사건을 통해서 드러나는 것처럼, 더욱 불안정해진 제국주의 체제 하에서는 작은 사건 하나로도 분위기가 금방 험악해 질 수 있다.

따라서 북미협상을 커다란 전환점으로 바라보는 시각은 정치적 다극화가 그 특징으로 되어 버린 제국주의 체제가 어떤 결과를 낳는지에 대해서 잘못된 실천적 분석과 결론으로 나아가는 것이다.

무엇보다도 북미협상 당시에 미국은 아이티에 개입했다. 따라서 북미협상은 클린턴이 주장했던 군사개입정책 ― “한꺼번에 두 곳에 개입하기 힘들다” ― 을 통해 미국의 처지를 반영하는 것일 뿐이라

---

* 〈조선일보〉, 94년 10월 26일자.

는 점이다.

제국주의 시대에 조약이나 정상회담은 실제 세력관계의 반영일 뿐 세력관계를 바꿀 어떤 힘도 없다.

예를 들어 전술핵 폐기선언과 핵무기 감축 선언은 미·소 간의 정상회담을 통해서 여러 번 이루어졌다. 많은 사람들이 이런 종류의 정상회담에 많은 것을 기대했다. 작년에 미국이 주도하여 성사시킨 중동 평화회담이나 앙골라 평화회담 그리고 프랑스가 주선했던 아프리카 평화회담도 마찬가지 기대를 받았다.

물론 위와 같은 정상회담이나 평화회담은 제국주의가 처한 현실을 반영했다. 전술핵 폐기와 핵무기 감축 회담은 더 이상 냉전 때처럼 무기경쟁이 장기호황을 보장해 주지 않는 현실을 반영한다. 평화회담은, 동·서방 제국주의의 힘이 약화되자 그 공백을 "강대국이 주선하는 돈 안 드는 개입"으로 메우려 하는 미국의 처지를 보여주는 것이다.

그러나 이러한 회담들은 팔레스타인 난민들이 진정한 자치권을 얻고 진짜로 핵무기가 철폐될 수 있는 1%의 가능성도 제공하지 않는다.

5세기부터 1천 4백 년 이상 팔레스타인에 살아온 사람들이 자신들의 고향에서 쫓겨났던 것은 제국주의 수비대 역할을 자처했던 이스라엘과 제국주의 때문이었다. 또한 핵무기는 자본이 경쟁에서 승리하기 위해서 군사력으로 견고하게 무장하지 않으면 안 되는 제국주의 세계체제의 논리 때문에 만들어졌기 때문이다. 원인이 바로 제국주의 그 자체인데 제국주의가 주체가 되어 이루어지는 협상과 무기경쟁의 '구조조정'이 어떻게 문제를 해결할 수 있단 말인가.

중동평화회담이 성사된 지 얼마 안 돼 이스라엘은 팔레스타인인들을 가자지구에서 쫓아냈고 유혈사태는 계속 진행되고 있다. 앙골라에서도 평화회담이 이루어진 지 한 달이 채 지나기도 전에 또 다시 내전이 번지고 있다.* 이것이 지배자들의 평화회담이 줄 수 있는 전부이다.

주한미군 방위조약도 마찬가지다. 남한 지배계급은 평시작전권 환수를 마치 남한이 한반도의 정치 군사적 운명을 좌지우지할 수 있는 수단을 거머쥔 것으로 착각한다.

물론 평시작전권 환수는 미제국주의의 현실에서 비롯된다. 전시피주둔국 협정과 마찬가지로 평시작전권 운영에 드는 돈이 부담이 될 만큼 미국의 경제력이 쇠퇴한 것이다. 그러나 남한 지배계급이 착각** 하는 것처럼 남한이 제국주의와 동등해진 것은 아니다. 따라서 사회주의자들은 평시작전권 인수를 자신의 일처럼 좋아해야 할 하등의 이유가 없다. 남북정상회담에 대해서도 사회주의자들은 이런 시각을 견지해야 한다.***

결론적으로 북미회담으로 드러난 것은 미국은 결코 자신의 패권적 지위를 조금씩 낮추어 대등한 관계를 추구하려 하지 않으며 오히려 한반도에서 북한을 굴복시킨 것을 토대로 자신의 패권적 지위를 견고하게 다지려 한다는 점이다.

---

* 《중앙일보》, 94년, 12월 15일자.

** 이것을 두고 남한 지배계급은 "자주 국방의 결실"이라고 평가했다.

*** 남북정상회담에 대해서는 3절을 참조하시오.

무엇보다도 북미회담은 자주외교의 승리가 아니라 미국의 세력 약화에 따른 일시적 산물이다. 북미회담을 통해서 냉전 이후 깊어진 미국의 딜레마가 동아시아에서도 어김없이 드러나고 있다.

미국의 지위하락

탈냉전 이후 미국의 개입은 미국의 지위가 하락했음을 입증하는 과정이었다. 미국은 중국과 일본을 위계적 군사 동맹체제로 끌어들이고 양국의 군사적 역할과 군비경쟁을 일정 수준으로 견제하는 방법을 추구하고 있다. 좀 더 적은 비용으로 세계 지배자로서 자신의 지위를 유지하려는 것이다.

예를 들어 미국은 92년에 일본에게 물품 노무 제공협정(ASCA)안을 요구했다. 이를 통해 일본에 주둔하고 있는 주일 미군 함정이 자위대로부터 해상급유 등의 지원을 제공받도록 했다.

미국은 91년 12월 전시피주둔국 지원협정을 통해 남한 지배계급에게도 군비의 일부를 부담시켰다.

북미회담 이후 클린턴은 일본에 대북 경수로 지원 비용 중의 20%가 넘는 10억 불을 내라고 요구했고, 남한 지배계급에게도 4억 달러의 비용을 부담시키려 한다.

이러한 일들은 모두 미국의 경제력 쇠퇴를 그 배경으로 하고 있다.[*] 2차 걸프전 당시 미국이 5백억 불의 전쟁 비용 가운데 3백6십억

---

[*] 알렉스 캘리니코스, 앞의 책, p.254. 언론은 최근에 미국 경제가 '활기'를 띄고 있다

불을 사우디 아라비아와 쿠웨이트 그리고 다른 동맹국들의 기부에 의존해야 했음은 이미 잘 알려진 사실이다. 부시는 심지어 노태우에 게도 전쟁비용의 일부를 요구했다.

미국은 더 이상 과거의 정치·군사적 힘에 걸맞는 경제력을 보유하고 있지 못하다. 경제력이 군사력을 뒷받침하지 못하기 때문에 미국 지배자들은 자신의 패권적 지위를 유지하기 위한 개입을 축소해야 하느냐 마느냐를 결정해야 하는 처지에 놓여 있다.

한마디로 경제적 쇠퇴를 군사적인 힘으로 만회하려는 것이 미국 대외정책의 본질이다. 그 목적은 미국의 적대국가에 대한 응징 차원 도 있지만 무엇보다 냉전 시대에 미국의 그늘 아래서 경제적으로 부상한 독일과 일본을 주로 겨냥한 것이다. 그리고 동아시아에서는 일본 외에도 중국과 러시아를 겨냥하고 있다.

이러한 조건들은 탈냉전 이후 갑자기 생겨난 특징들이 아니라 냉전 시대에 이미 마련되었다는 점이다. 미국의 경제력 쇠퇴는 이미 70년대 중반 '석유파동'이라는 이름의 위기로부터 시작되었다. 그리고 일본과 독일의 부상은 서방 제국주의 진영 아래에서 군비부담이 미국보다 적은 이점을 이용하여 경제력을 증대시킨 결과였다. 탈냉전은 '무장한 평화' 시기였던 냉전의 논리적 귀결일 따름이다.

자본가들의 축적 위기는 어제의[축적의] 성공이 오늘의 위기를 의미한다는 말이다. 레닌이 자본주의의 최고단계라고 말한 제국주의 체

고 말하고 있다. 물론 최근 5년 동안 미국의 생산가동률이 최고수준이라는 것은 사실이다. 그러나 동시에 최근 7년 동안 무역적자가 최대치를 기록했다는 것도 사실이다.

제에서도 어제[냉전]의 '평화'[강대국의 무장한 '평화']가 내일[냉전 이후]의 불안정을 낳았다.

자본 축적과 경쟁 그 자체가 축적의 위기를 낳듯이 자본의 방패막이를 위한 무장한 자본인 군사적 힘을 축적하는 것도 마찬가지 결과를 낳는다. 그리고 자본가들이 자본의 경쟁과 축적 때문에 경제 위기가 온다고 해서 축적하는 것 자체를 그만두지 않듯이 군사적 힘도 마찬가지다.

경제력이 쇠퇴했음에도 불구하고 여전히 군사력에 의존하지 않을 수 없다는 것, 이것이 바로 미국의 딜레마다. 왜냐하면 정치·군사적으로 힘이 더 있어야만 자본의 힘이 확장될 수 있다는 것이 제국주의의 논리이기 때문이다.*

만약 이 점을 보지 못한다면 경제력 쇠퇴 때문에 제국주의의 군사적·정치적 패권주의가 완화될 것이라고 보는 오류에 빠질 수 있다. 이런 주장은 제국주의를 경제적인 동력 그 자체로만 보는 잘못과 얼마든지 결합될 수 있다.** 《말》 11월호의 '동아시아 패권전략 무엇이 변

---

* 이 점에 대해서는 국가와 자본의 관계로 설명한 크리스 하먼의 《오늘날의 세계경제》, 1부, '국가와 오늘날의 자본주의'를 보시오. 크리스 하먼 '국가와 오늘날의 자본주의', 《오늘날의 세계경제》, 갈무리, pp.92~100[지금은 "오늘날 국가와 자본주의", 《자본주의 국가》, 책갈피, 2015로 출간돼 있다].

** 강대국의 경제력이 예전보다 약화되었다고 해서 군사력도 똑같이 쇠퇴할 것이라는 주장에 대해서는 폴 케네디의 《강대국의 흥망》(한국경제신문사)을 보시오. 이 책에서 폴 케네디는 제국주의 강대국의 역사를 통해 강대국의 경제력과 군사력의 관계를 잘 설명하고 있다. 그는 대규모 군사력을 지탱하는 데는 경제자원이 꼭 필요하지만 한 나라의 상대적인 경제력과 군사력이 한꺼번에 흥성하고 쇠퇴하지는 않는다는 것을 산업화 시대 이전과 산업화 이후부터 그리고 냉전 시대의 제국주의까

했나'는 이런 잘못을 범하고 있다. 《말》지는 미국의 약화에 대해서는 잘 지적했지만 그것이 낳을 결과에 대해서는 다음과 같이 말하고 있기 때문이다.

물론 불가피한 경우에는 출혈을 감수하면서도 전쟁에 임하겠으나 가능하면 비군사적 방법으로 패권을 추구하고자 하는 것이 미국의 바램이다. … 동아시아의 안정과 번영을 위한 현실적 방안은 미국이 일본과 무역분쟁을 극단화하지 않고 중국과 미사일 수출, 인권문제 대만 문제로 과도하게 충돌하지 않으며 북한과도 핵문제 무기수출 인권문제 등으로 지나치게 부딪히지 않는 것이다. … 미국은 전쟁을 해서 얻는 것도 있지만 잃는 것도 많다 특히 승산이 확실치 않은 전쟁이나 소모전은 경제적인 이유만이 아니라 정치적인 이유로도 감당하기 힘들다. 90년대 미국 정책에는 타협과 양보의 여지가 많다. 북한으로서도 전부냐 전무냐의 비합리적 대결전략을 택하기보다는 중국을 활용한 세력균형 전략으로 중용을 취할 가능성이 높다.[*]

첫째, 이런 주장들 — 미국이 비군사적 개입에 의존했다는 것 — 은 실제 사실로도 틀렸다. 아이티·쿠바·보스니아·소말리아에 개입했던 것도 미국이고 강대국 간의 분열 때문에 발을 빼려고 하는 보스니아에서 평화유지군 철수를 위해 또 다시 군대를 투입하려 하는 곳

지 수많은 사례를 통해 잘 증명해 주고 있다.

[*] '동아시아 패권전략 무엇이 변했나', 《말》, pp.128~129.

도 미국이다.

만약 경제력 쇠퇴가 바로 군사적 개입 축소를 의미한다면 최근 벌어지는 일들을 이해하기 힘들 것이다. 계속 늘어나는 실업률과 낮아지는 경제성장률에도 불구하고 독일은 보스니아 내의 크로아티아계를 군사적으로 지원하려고 하며, 계속 마이너스 성장률을 보였던 러시아는 체첸 공화국에 군대를 투입하고 있다.

둘째, 백 번 양보해서 미국의 군사적 개입이 축소되었다고 하더라도 다음과 같은 실천적 결론은 변할 수 없다. 미국의 군사적 개입 축소의 원인은 제국주의 체제의 불안정과 미국 경제력의 약화이며 그 결론은 오직 제국주의 체제를 끝장내는 노동자 계급의 역할과 그 가능성이 어느 때보다도 더 높아졌다고 보는 것이지 그 반대가 아니다.

이와 반대로 '동아시아 패권전략 무엇이 변했나'의 분석은 "평화로운 제국주의"를 지향하고 있다.

제국주의는 무엇보다도 강대국이 약소국을 정치·군사·경제적으로 억압하는 체제이다. 더 분명하게는 살아남기 위해서는 정치·군사적인 '보호장치'가 있어야 하는 체제이다.* 따라서 자본가들은 군사적 경쟁에서 살아남기 위해 군비에 엄청난 돈을 투자한다. 제1차 세계대전 당시 카우츠키가 가졌던 견해처럼 전쟁은 미친 자본가들이나 하

---

* 이 점에 대해서 부하린의 제국주의론은 훌륭한 분석의 토대를 제공해 주고 있다. 부하린, 《제국주의론》, 지양사(원제는 《제국주의와 세계경제》인데 출판사에서 자의적으로 제목을 붙임), pp.103~126를 참조하시오[지금은 《세계경제와 제국주의》, 책갈피, 2018로 출간돼 있다].

는 비합리적인 행위가 아니다. 카우츠키의 다음과 같은 주장은 이미 레닌이 대중적 개설서로 쓴 《제국주의론》을 통해서 비판한 바 있다.

제국주의는 고도로 발전된 산업자본주의의 산물이다. 제국주의는 어느 민족이 살고 있는가에 관계없이 모든 거대한 **농업**[카우츠키의 강조]지역을 지배하거나 병합하려는 산업자본주의 민족의 노력 속에 있다. … 순수히 경제적인 관점에서 보면, 자본주의가 새로운 국면, 즉 카르텔 정책이 대외 정책에까지 보장되는 초제국주의(ultra-imperialism)의 국면을 거치는 것이 불가능한 일은 아니다. … 이 초제국주의, 곧 초월 제국주의(super imperialism) 국면이란 전세계 제국주의들 간의 투쟁이 아닌 연합의 국면이고 자본주의 하에서 전쟁이 종식되는 국면이며 ….[*]

레닌은 《제국주의론》에서 이런 주장에 대해서 카우츠키가 제국주의를 하나의 특수한 **정책** — 농업 지배정책, 금융자본이 즐겨 쓰는 정책 — 이라고 강조하여 그것이 자본주의의 한 종류라는 점, 따라서 체제라는 점을 망각하도록 만든다고 비판한 바 있다.[**]

따라서 카우츠키나 《말》의 주장에 동의한다면 그 정치적 결론은 다음과 같은 것이 될 것이다. "'미치지 않은 자본가'들에게 압력을 넣으면 평화가 올 것이다."

안타깝게도 《말》의 그 결론도 예상대로 끝나고 있다.

---

[*] 레닌, 《제국주의론》, 백산서당, pp.124~127.

[**] 같은 책, p.123

… 우리로서 더욱 바람직한 것은 냉전시대 쌍무적 안보관계의 낡은 틀을 부분적으로 개선할 방법을 찾아 매달리기 보다는 동아시아의 지역 공동 안보체제를 만들어 내기 위해 적극 노력하는 쪽일 것이다. 이 과정에서 한반도는 물론 커다란 변화를 겪을 것이다. 남북한은 어떤 형식으로 결합된 체제를 이룬채 북한은 더 국제화되고 남한은 더 진보화될 것이다.*

이런 주장은 전혀 새롭지 않다. 지배자들에 대한 환상과 기대는 종종 잘못된 결론과 대안으로 이끌려진다. 굳이 제1차 세계대전을 지지하였던 카우츠키의 예까지 거슬러 올라가지 않아도 우리 주변에 이러한 사례들이 많이 있다. 〈한겨레신문〉의 주된 논조도 여기에 포함된다.

예를 들어 북한 핵 사찰 압력이 한창이었을 때 〈한겨레신문〉의 주된 주장은 "미국의 군수산업 자본가들이 무기판매를 위해 전쟁 도발이라는 압력을 클린턴에게 넣고 있다."는 것이었다. 이런 주장이 갖고 있는 결정적인 약점은, 북한 핵 사찰 압력을 제국주의 지배계급 전체의 이해에서 비롯되었다고 보기보다는 지배계급의 일부에 지나지 않은 군수 자본가들의 이해에만 국한된 것처럼 주장한다.**

---

* '미국의 동아시아 패권전략 무엇이 변했나', 《말》, 11월호, pp.128~129.

** 이 점에서 《진보저널》은 그와 같은 결론을 명시적으로 주장하고 있지는 않다. 그러나 미국 지배계급의 이해를 제국주의 체제에서 끌어내기보다는 군수자본가들의 이해를 대변하는 공화당과 공화당으로부터 민주당의 클린턴이 압력을 받고 있다는 식으로 분석하고 있다는 점에서 다르지 않다. 그리고 또한 진보저널은 다음과 같은 우려스런 주장을 하고 있다. 진보저널은 공화당과 민주당의 '갈등'이 군수자본가 대(對) 컴퓨터첨단 자본 간의 대립이라고만 보고 있다. 그럼으로써 진보저널

따라서 그 결론은 군수자본가들 같은 '매파'로부터 '비둘기파'가 밀리지 않도록 지배계급 일 분파에게 지지를 보내는 것이다.

레닌이 《제국주의론》에서 말했듯이, 제국주의 시대의 전쟁은 궁정 주변의 정상배들이나 무기 상인들의 책동에 의한 것이 아니라 자본

─────

의 입장은 결론적으로 클린턴이 군수산업이나 군비에 대해서 공화당과는 본질적으로 다른 입장을 갖고 있다고 주장하고 있는 것이다. 뿐만 아니라 생산의 국제화 때문에 미국이 군비경쟁에 투자하는 것을 주저할 것이라는 분석을 하고 있다.

이런 주장들은 페로가 컴퓨터첨단산업의 대재벌이라는 점, 그리고 클린턴이 군비에 대한 투자를 게을리하고 있는 것이 아니라 도리어 최근 들어 강화하고 있다는 현실적 사례만 든다고 해도 쉽게 반박될 수 있다.(여기에 대해서는 '한반도 주변 강대국들의 군비증강'을 참조하시오)

생산의 국제화가 군비증강을 완화할 것이라는 주장도 사실은 새로운 것이 아니다. 그 주장은 이미 카우츠키에 의해서 여러 번 주장된 바 있다. 카우츠키는 "생산의 국제화가 민족간의 갈등을 완화시켜 줄 것이다"라는 주장을 통해서 제국주의 체제에서 군사적 경쟁이 완화될 것이라는 결론을 내린 바 있다. 진보저널의 주장을 좀 길지만 인용해 보자면 다음과 같다. "미국의 군산복합자본이 이번 중간선거를 통해 현재적 영향력을 과시했다 하더라도 그 영향력은 일시적 자구책에 한정될 수밖에 없다. 생산의 국제화와 초국가독점자본주의로 표현되는 현재의 세계질서에서 군산복합자본은 더 이상 주도를 할 수 없기 때문이다. 국경을 넘은 독점자본의 시장확대는 나프타와 아태경제공동체 등의 지역주의화를 대동하면서 세계경제는 이미 국경을 넘어 현지에 조립공장을 세워 그 완전품을 파는 형태로 전환되기 시작하고 있다. 이에 적합한 것은 컴퓨터 등이 첨단소재산업자본일 수밖에 없다. 따라서 현재의 군산복합자본의 입지가 그동안 만들어낸 무기들의 재고 처리 정도로 제한하지 않고 예전의 영화와 새로운 주도권을 행사하려 한다면 이들 자본간의 본격적 전쟁을 수반할 수 밖에 없을 것이다. 이들의 일차적 대결은 우선 '신방위전략'의 수정을 둘러싸고 일어날 전망이다. 클린턴 정권은 방위비 삭감을 통한 예산을 정보고속도로 등에 투자할 야심 찬 계획을 가지고 있기 때문에 군산복합자본의 영향으로 이 계획이 수정되도록 방관하지는 않을 것이기 때문이다. 차기 대통령 선거는 또 한 차례 이들 자본가 그룹들의 격돌이 예상되며 컴퓨터첨단자본의 대반격의 예상된다고 볼 수 있다."('군산복합자본 대반격과 클린턴의 선택', 《진보저널》, pp.12~15)

주의가 도달한 국가독점적 단계가 필연적으로 필요로 하는 것임*을 이들은 이해할 수 없다. 그러므로 이러한 입장은 현대의 전쟁이 자본주의 체제의 논리 자체에서 비롯한다는 점을 부인하게 된다.

사실 대부분의 좌익들도 이런 주장을 받아들이고 있다. 이들은 미국의 민주당과 공화당이 마치 커다란 차이가 있는 것처럼 주장하여 사람들이 민주당에 대한 환상을 갖도록 만든다. 마찬가지로 남한에서도 민자당을 폭로하면서 민자당과 민주당 사이에 커다란 차이점이 있는 것인 양 주장하여 민주당에 지지를 보내도록 하는 것이 바로 이러한 논리의 필연적 귀결이다.

적어도 동아시아 관계에 대해서 좌익 내부에서 꽤 정통하다는 인정을 받고 있는** 이삼성 교수의 분석은 이러한 입장을 공고화하는 듯하다. 그는 미 공화당과 민주당의 차이가 한반도 주변 정세 불안정을 낳았다고 주장한다. 또 북한 핵사찰 과정을 미국 지배계급 내부의 강온(비둘기파와 매파) 대립의 과정이었다고 설명하고 다음과 같은 결론을 내린다.

우리 외교는 일관되게 미국 내 강경파들의 논리와 입지를 견제하고 온건파들의 입지를 지원하는 것이어야 했다. 그래서 북미 사이에 일괄타결에 기초한 완전한 평화적 해결의 공간을 열어주고 끝까지 이를 유지해야 했

---

* 레닌, 앞의 책, p.121~132
** 《진보저널》, 《경제와 사회》, 《정세연구》 등에서 동북아 정세에 관해 다룬 글의 필자가 모두 이삼성이라는 사실은 그것을 알려준다.

다. … 그리고 이 길이 북한 체제의 폭력적 해체로 인한 돌발사태, 그리고 그에 이르기까지 북한 일반 동포들이 감내해야 할 인권 등 정치적 문제와 심각한 경제적 고통을 평화적이고 적극적으로 덜어주고 개선시킬 수 있는 유일한 길이다.[*]

이런 주장이 남한 좌익 내부에서 꽤 인기 있는 것은 분명하다. 그러나 우리는 제국주의 체제를 가로로 나누지 않고 세로로 — 지배계급 내부의 부문의 차이 — 로 나누는 것이 개량주의로 가는 첫 걸음이라는 사실을 항상 견지해야 한다.

그렇다면, 미국 지배계급의 이해를 공화당과 민주당의 이해 대립으로 설명하는 것이 왜 잘못되었는가에 대해서 좀 더 살펴보자.

첫째, '미국의 외교정책 변화'[**]는 세계체제의 세력관계를 반영하고 있다. 클린턴이 취하는 정책은 그가 평화주의자임을 보여주는 것이 아니라 미국의 힘의 약화를 보여줄 뿐이다. 공화당이 레이건·부시 시대를 그리워하는 것은 그들의 바람일 뿐이다. 실제로 소위 '매파'가 권력을 잡는다 해도 이들은 어쩔 수 없이 클린턴과 비슷한 길을 걸어야 할 처지에 있다. 마치 지금 5·6공 지배자들이 자신들의 바람대로 정권을 잡는다고 해도 김영삼이 겪어야 했던 정치적 위기들을 피해 갈 수 없는 것과 마찬가지다.

---

[*] 이삼성, 앞의 책, p.69.

[**] 클린턴의 윈 앤드 윈(WIN & WIN) 전략, 즉 한 번에 두 곳에 개입하지 못한다는 내용이다. 그러나 곧 클린턴은 이것마저도 공식적으로 포기했다.

둘째, 그렇다고 해서 클린턴이 개입 횟수를 줄인 것은 결코 아니다. 오히려 그는 최다 파병 기록 대통령으로 뽑힌 부시에 버금가는 제국주의 군대 개입을 했다. 그는 아이티, 쿠바 그리고 소말리아에 대한 군사적 개입과 아라크에 대한 공습을 주저하지 않았다.

"북한이 북미회담에서 핵투명성을 확실하게 보장하지 않으면 미국은 제재를 다시 시작해야 한다.''고 말한 사람은 소위 '비둘기파의 대부'라고 알려진 크리스토퍼 국무장관이었다.

셋째, 공화당과 민주당 사이의 분열은 전략상의 차이가 아니라 서로 흠집내는 차원의 것일 뿐이다. 부시와 공화당의 밥 돌 상원의원은 클린턴이 아이티에 개입하는 것을 반대했다. 심지어 미군의 아이티 철수를 주장했다.''' 그러나 이것은 마치 민주당이 UR에 대해서 어떤 근본적인 이해 대립을 갖고 있지 않으면서 민자당을 흠집내기 위해 WTO(세계무역기구) 가입 통과에 시비를 걸었던 것과 똑같다. 부시의 아이티 개입 반대는 클린턴(민주당) 흠집내기의 일환일 뿐이다. 부시가 평화주의자가 아니라는 것은 만천하가 다 아는 얘기다.

북한 핵에 대해서 공화당이 '굴욕외교'라고 클린턴을 비판하는 것은 탈냉전 이후 미국의 세력 약화를 '걱정'하기 때문일 뿐이다. 미국이 자신의 마당만큼은 확실하게 관리했던 냉전 체제 하에서처럼 북한에게 양보를 받아내는 **방식도 그래야** 한다고 주장한 것일 뿐이다. 공화당이 비판한 것은 방식의 문제였다.

---

* 《동아일보》, 94년 7월 2일자.
** 《중앙일보》, 94년 11월 15일자.

넷째, 그들 사이에 차이가 있다면 한쪽은 "현실을 인정해야 한다."는 점을 강조하는 것이고 다른 한쪽은 "미국을 괴롭히는 현실을 극복해야 한다."는 원칙적인 측면을 더 강조하는 쪽의 차이일 뿐이다.

이것은 남한 지배계급 내부에서 대북정책을 두고 청와대와 외무부가 부딪혔던 입장 차이의 성격과 다르지 않다. 그 둘은 북미협상 과정에서 미국이 북한에게 굴복의 대가를 주는 것에 어떤 입장을 취할 것인가를 둔 이견 대립이었을 뿐이다. 한승주가 외교적·현실적 필요를 더 강조하는 입장이었다면 청와대는 "북한의 핵 투명성이 보장되지 않는다면 동참할 수 없다"는 원칙적 입장을 강조했을 뿐이다.

그 두 입장이 서로 대립하게 되었던 것은 한승주가 더 '개혁적'이었기 때문이 아니다. 근본적으로 전혀 대립되지 않는 두 입장이 지배계급의 불안정한 조건 때문에 다 충족되지 못하는 현실 때문일 뿐이다.

이 맥락에서 로자 룩셈부르크의 언급은 꼭 새겨볼 만하다.

자본주의가 팽창하지 않고서도 존속할 수 있다는 이론은 어떤 특정한 전술적 의도를 위한 이론적 정식화에 불과하다. 이 이론은 제국주의 국면을 역사적인 필연으로 여기는 것도 아니며 자본주의와 사회주의 사이의 결정적인 투쟁으로 여기는 것도 아닌, 오히려 소수 이해집단의 악의에 찬 발명품이라고 여기는 것이다. 이 이론은 제국주의와 군국주의가 심지어 부르주아적 이해관계라는 측면에서도 손해를 끼친다는 사실을 부르주아지에게 인식시키려 한다. 이렇게 되기만 한다면 소위 한줌도 안 되는 이해집단을 고립시키고, 그리하여 프롤레타리아와 다수파 부르주아지 사이에 동맹을 형성시켜서 제국주의에 "고삐를 매고", "부분적인 군비축소"를 통해 제국주의를 쇠진시키며 "그것의 독소를 제거할 수" 있다는 희망에 그 이론은 근거하고 있다. 부르주아 자유주의가 자신의 쇠퇴기에 "무식한" 군주에게부터 "계몽된" 군주에게 호소했던 것처럼, "마르크스주의 중도파"는 이제 "비합리적인 부르주아지에게로부터 "합리적인" 부르주아지에게 제국주의라는 파멸적 정책을 버리고 군비 축소를 위한 국제조약이라는 정책을 취하라고, 무역에 의한 세계 지배를 위한 쟁탈전을 버리고 민주주의적인 국민국가들의 평화로운 연방 체제로 나아가라고 호소하고 있다. 프롤레타리아와 자본주의 사이의 총결산, 즉 양자간의 커다란 모순의 해결이 "자본주의 국가들간의 제국주의적 모순의 완화"를 위한 목가적인 타협으로 해소된다.[*]

결국 미국의 경제력 쇠퇴를 제국주의 체제의 문제와 연결시키지 못하고 미국 지배계급 일 분파에게 의존하는 주장들은 동아시아 불안정 원인인 제국주의에게 면죄부를 주는 것으로 귀결된다. 이런 점에서 두 가지 주장 모두는 잘못된 대안 — '평화적 제국주의'와 '비둘기파'가 주도하는 동아시아 — 으로 귀결된다. 이것은 올해 유엔 안보리 제재 결의안 통과를 목전에 두었을 때 "'수구파'가 전쟁 분위기 고조의 주범"이라는 〈한겨레신문〉의 주장에 남한 좌익이 무력했던 것과도 무관하지 않다.

결론적으로 말한다면, 미국은 자신의 경제적 쇠퇴를 군사력으로

---

[*] Rosa Luxemburg, GW, 제3권, p.481.

만회하여 다른 강대국들에게 가장 힘 센 형이라는 사실을 확인하려 하지만 힘 센 형이 확인해준 것은 자신의 약해진 몸집이었다. 그리고 자기에게 그다지 협조적이지 않은 동생들과도 맞붙어야 한다는 사실 이다.

한반도 주변 강대국들의 군비 증강

탈 냉전 이후 한반도 주변 강대국들의 군비증강은 한반도가 평화로 가고 있다는 주장을 완전히 뒤엎고 있다. 이런 현실은 "한반도 주변의 강대국들 사이의 공동안보체제를 통해 긴장완화가 이루어질 수 있다"는 주장들을 무색하게 만든다.

그 점에서 〈한겨레신문〉은 대표적으로 동아시아 제국주의 패권적 질서는 사라지고 공동안보체제를 통한 긴장완화와 평화가 올 것이라는 전망을 내세우고 있다.

> 미국이 생각하고 있는 동북아 지역의 다자간 안보는 북한 핵 문제의 정치적 해결을 위한 형식만을 의미하지 않는다. 옛 소련의 몰락과 미국의 지위 약화는 미·중·일 3국이 경쟁과 협조의 삼각관계를 보이는 새로운 세력균형을 예고하고 있다.[*]

위의 주장은 미국, 일본, 중국, 러시아 사이에는 물밑으로 군사적

---

[*] 〈한겨레신문〉, 94년, 10월 20일자.

충돌과 갈등이 벌어지고 있다는 사실에 대해서 무감각하다는 첫째 단점을 갖고 있다.

따라서 소련의 몰락이 미국을 강화시킨 것이 아니라 미국의 힘을 약화시켰고 냉전 이후 냉전 체제의 세력균형이 무너지고 정치적 다극화 현상을 빚어졌다는 사실을 보지 못하고 있다.

정치적 다극화는 한마디로 더 많은 제국주의 강대국들이 동북 아시아의 패권을 두고 예전보다 더 커다란 경쟁을 하고 있으며, 이것은 더 큰 긴장을 조성하고 있다는 것을 뜻한다.

무엇보다 미국은 한반도에 제국주의 강대국들이 가장 많이 밀집해 있다는 점에 대해서 이렇게 여기고 있다. 미 국방부 방위 계획 지침 문서에는 미국의 군사안보 전략의 핵심이 명료하게 정리되어 있다.

우리의 1차 목표는 옛 소련이나 기타 지역에서 새로운 군사 강대국이 다시는 등장하지 못하도록 하는 동시에 잠재적인 경쟁세력이 지역 또는 세계 무대로 올라서려는 생각을 하지 못하도록 하는 것이다.[*]

이것은 단지 92년도에만 해당되는 이야기가 아니다. 최근 클린턴은 부시 정부 당시에 채택했던 "주한미군을 단계적으로 감축한다"는 방안을 "동아시아 안보 상황에 따라 주한미군 감축 문제를 결정한다"는 것으로 바꾸었다. 클린턴은 당초 95년까지 감축하기로 했던

---

[*] 〈뉴욕타임즈〉, 92년 3월 8일자.

미군 7천명을 그대로 주둔시키기로 결정했다.* 클린턴도 부시와 마찬가지로 동북아시아 지역에서 다른 경쟁자들을 제압해야 한다는 제국주의 체제 논리에 충실하다.

미국은 일본이 독자적인 동북아의 패권국가로 성장하는 것을 바라지 않는다. 일본의 정치군사 대국화를 후원하되 그로 인한 일본의 영향력 확대가 곧바로 미국의 이해가 되는 한에서만 일본의 군사대국화를 지지한다.

클린턴은 미국이 주도하는 아시아 태평양 지역의 지역 경제 공동체가 필요하다고 말하지만 일본이 주도하는 동남아시아 경제 블럭에 대해서는 반대하는 입장을 분명히 해왔다.

한편 일본은 냉전 시기나 탈냉전 이후에도 여전히 미국의 '그늘' 아래 있다. 일본은 미국이 주도하는 위계적 동맹체제의 일원이라는 점은 여전히 변함이 없다. 일본은 여전히 자신의 자율적인 행동반경을 미국의 군사적 패권 틀 안에서 가늠해야 한다.

그러나 그렇다고 일본에게 아무런 불만이 없는 것은 아니다.

그 예로 아펙에서 일본은 '내키지 않은 찬성'의 뜻을 감추지 않았다. 무엇보다도 일본은 유엔에 돈만 내는 것을 바라지 않는다. 일본도 역시 패권국가로서의 지위를 갖고자 한다. 그러기 위한 군비증강을 가속화하고 있다. 일본의 군사비가 세계 2위가 되었다는 점은 탈냉전 이후에 나타난 정치다극화 현상의 일부다.

탈냉전 후인 90년부터 93년 사이에 일본의 방위비는 287억 3천만

---

* 〈조선일보〉, 94년, 12월 17일자.

달러에서 397억 1천만 달러로 38.2% 증가했다. 일본은 한반도 긴장을 이유로 자위대 증강을 정당화했다. 그리고 이미 자위대 해외파병을 유사시 언제든지 할 수 있다는 태도를 보였다.

일본 지배자들은 서방 국가들의 군사비가 3~6%인데 반해 일본은 GNP의 1%에 불과하다는 것을 강조한다. 그러나 순수 군사 예산만 비교한다면 일본의 군사비는 주변국에 위치한 한국(109억 달러), 북한(52억 달러), 대만 (93억 달러), 중국(75억 달러), 필리핀(10억 달러), 인도네시아(16억 달러), 말레이시아(17억 달러), 스리랑카(5억 달러), 방글라데시(4억 달러) 등 9개국의 국방비를 합친 것보다 액수가 많다.[*] 76년의 방위비는 1조 5124억 엔이었다. 그 후 90년대까지 줄곧 6% 이상의 증가율을 보였다. 이것은 전례에 없는 기록이다.[**]

서방 군사전문가들은 일본의 군사적 능력에 대해서 다음과 같이 평가하고 있다. "일본의 해군력이 중국을 뛰어넘는 아시아 최고 수준으로 뛰어올랐다. 소련 붕괴 이후 과거 위력을 상실한 러시아 태평양함대를 제외하고 이제 아시아에서 일본에 비견할 만한 해군력을 가진 나라가 없다. 최신예 구축함만 60척이다."[***]

일본은 제국주의 강대국다운 군사력을 추구하는 데 한반도의 적당한 긴장이 유익하다는 입장이다. 그러나 한반도에 전쟁 분위기가 실제로 나타나는 것에 대해서는 반대하는 입장이다.

---

[*]　한계옥, 《일본·일본군 어디로 가는가》, 돌베개, p.264.

[**]　한계옥, 같은 책, p.262.

[***]　〈중앙일보〉, 94년, 10월 18일자.

마치 남한 지배계급이 노동자 투쟁을 탄압하기 위해 적절한 한반도 긴장을 이용하려 하지만 실제 전쟁이 현실화되는 것에 대해서는 찬성하지 않는 것과 마찬가지이다. 평화를 바라기 때문이 아니라 자신들의 자본축적 기반 자체가 자신이 주도하지 않는 전쟁에 의해 파괴되는 것을 바라지 않기 때문이다. 일본 지배계급이 동북아시아 긴장고조에 대해서 취하는 입장이 바로 그런 것이다.

일본뿐 아니라 러시아도 군사력 증강에 열을 올리고 있다. 러시아는 예전의 미국과 팽팽하게 겨루었던 시기의 군사력에 대한 '미련'을 버리지 않고 있다. 여전히 러시아는 재래식 무기면에서는 세계 최대 무기보유국이다. 최근 러시아는 구소련의 미사일을 대체할 새로운 대륙간 탄도 미사일 발사실험에 성공했다.[*] 이것에 대해서 러시아 지배계급은 "전세계에 이 새로운 미사일에 필적할만한 것은 없을 것"이라고 말하고 있다.

미국과 러시아 사이의 무기 경쟁이 탈 냉전과 함께 누그러졌다는 증거는 그 어디에도 없다. 도리어 현실은 그 반대가 되고 있다.

보스니아 내 세르비아계에 대한 지원뿐 아니라 체첸에 대한 공습이 명백한 증거일 것이다. 체첸에 대한 제국주의의 정치적 억압은 체첸이 분리독립하고 난 91년 이후에도 계속 진행되고 있었다. 러시아가 여전히 제국주의 강대국으로 남아 있을 것이라는 예상이 맞았다는 증거를 찾는 것은 그리 어렵지 않다.

무엇보다도 러시아는 미국이 한반도에서 제1의 패권적 지위를 갖

---

[*] 〈조선일보〉, 94년 12월 21일자.

는 것을 계속 견제하려는 입장을 보이고 있다. 러시아는 동북아에서 군사적 영향력을 유지하기 위해 핵잠수함을 오호츠크 해에 배치하고 있으며 92년 5월에는 구소련 군대를 재편해 독자적인 군대를 구조조정할 것임을 최종 결정한 바 있다.

그리고 미국과의 마찰을 감수하면서 최근 무기수출에 열을 올리고 있다. 북방 영토를 둘러싼 일본과의 갈등도 아직 종결되지 않은 채로 남아 있다. 언제 두 나라가 직접적인 분쟁의 불길에 휩싸일지 모르는 일이다.

이런 모든 상황들은 러·미 간의 갈등을 더욱 골 깊게 만들고 있다. 러시아는 10월, 러시아 외무부 공식 논평을 통해서 "과연 이번 북미 회담을 통해 NPT 원칙이 유지될 수 있을지, 한반도 비핵화가 이루어질 수 있는지에 대해서 의문이다." 하고 이의를 제기했다. 미국이 주도하는 북미회담에 대해서 불만을 표시한 것이다.

최근 미국과 러시아의 관계는 급속히 냉각되고 있다. 러시아는 보스니아 문제에서 미국이 세르비아계에 대해서 견제하고 있는 반면 세르비아계를 지원하고 있고, 미국 중심의 나토 운영에 대해서도 계속 제동을 걸고 있다.*

---

* 이런 점에서 《분단 50년의 현실과 구조》는 독특한 주장을 펴고 있다. "러시아에 대해서도 환상을 갖고 있다는 점에서 독특한 주장을 펴고 있다. "구소련은 오래 전부터 유럽 안보협의회를 전용한 다자간 안보협력체 구상을 제시했으나 미국에 의해 거부되어 왔다. 다자간안보체제는 특정국가의 대립관계를 다자간의 손익분담으로 해소하고 특정 국가에 대한 군사적 위협이 여러 나라에 대한 동시적인 위협으로 전화될 수밖에 없도록 함으로써 일정한 국가가 느낄 수 있는 안보상의 위협을 해소하는 체제이기 때문에 군비축소와 정치적 상호신뢰를 높여 나갈 수 있

중국의 경우도 다르지 않다. 중국은 냉전 체제에서는 소련을 견제한다는 점에서 사실상 서방권과 보조를 같이 하였다. 그러나 동방 제국주의의 붕괴로 동맹관계는 사라졌다. 냉전 체제에서는 중국이라는 강대국이 미국·일본과 경쟁하는 관계였다는 사실이 가리워져 있었을 뿐이다.

중국도 마찬가지로 군비증강에 열을 올리고 있다. 중국은 특히 1980년대 말 이후 특히 국방비를 대폭 증가하기 시작했다. 90~93년 기간에 국방비를 20.6% 늘렸다. 94년에는 60억 달러가 늘어 전년에 비해 25% 증가를 보였다. 최근 중국은 냉전 시대에 경쟁관계였던 러시아와 핵 공동 실험을 했다. 중국이 독자적인 핵실험을 했다는 보도가 이어지고 있다.

중·미 간의 갈등도 예외는 아니다. 얼마 전 중국이 미국시장에 접근하려고 하자 클린턴은 인권 문제를 구실삼아 최혜국 대우를 해 주지 않겠다고 위협했다. 물론 미국이 기간을 1년 연장해서 겨우 대규모 무역분쟁의 위기는 피했지만 통상마찰은 앞으로도 계속될 것이다. 반대로 미국은 중국이 시장 개방을 제한하려고 하자 세계무역기구(WTO)의 중국 가입을 막았다. 무역분쟁뿐 아니라 두 나라는 남사군도 영토 문제나 대만영토 문제로도 분쟁의 씨앗들을 가지고 있다.

또한 냉전 시대에는 두드러지지 않았던 두 나라 사이의 군사적 긴

는 체제라고 할 수 있다." p.45. 여기에 대해서는 보스니아의 세르비아계를 지원하려고 하고 체첸을 침공한 세력이 러시아였다는 사실을 언급하는 것만으로 충분하다.

장이 조성되고 있다. 최근 중국은 미국의 만류에도 불구하고 이란 원자로 건설을 강행했다고 알려졌다.[*] 게다가 최근 미국의 항공모함과 중국의 핵 잠수함이 서해에서 충돌하여 항공기까지 발진하는 긴장 상황이 발생했다는 사실이 뒤늦게 밝혀졌다.[**]

중국이 이라크 후세인에게 무기 반입 금지를 해제해야 한다고 클린턴에게 주장한 것[***]은 이라크에 대한 미국의 제재 그 자체에 대해서 반대하는 것은 결코 아니라 "중동에 대해서 왜 미국만의 패권을 유지하려고 하는가"는 차원의 불만이었을 뿐이다.

홍콩 외교소식통에 따르면 중국은 한반도에 전쟁이 재발할 경우 8만 5천명 규모의 지상군 병력을 북한에 파병하기로 약속했다. 또 유엔이 북한에 대해서 경제제재를 실시하면 북한에 에너지 등을 유상지원하기로 6월 북한의 최광 북한군 총참모장의 방중 기간에 최종 합의했다고 보도된 바 있다. 물론 유사시 북한에 군대를 파병한다는 보도는 중국 외교부가 애써 부인했다.[****] 하지만 이것은 현실성 없는 가정이 결코 아니다.

강대국 사이의 평화 분위기를 기대하는 주장만큼이나 잘못된 주장은 중국에 대해서 환상을 가지는 입장이다. 중국은 어쨌든 미국과는 달리 제국주의적 패권을 추구하지는 않는다는 것이다.

---

[*] 〈중앙일보〉, 94년 11월 24일자.

[**] 〈중앙일보〉, 94년 12월 15일자.

[***] 〈중앙일보〉, 94년 11월 12일자.

[****] 〈조선일보〉, 94년 6월 12일자.

《세기를 예비하며》에는 이런 주장이 있다.

중국은 한반도의 긴장완화와 평화정착, 남북관계의 진전을 계속 바랄 것
이며, 주한미군 철수와 한반도 비핵지대화 등 기존 전략을 유지할 것이다.
러시아의 경우처럼 중국 역시 한반도에서 미국의 영향력이 축소되는 것에
절대적인 공감대를 갖고 있다. 이러한 정황으로 볼 때 소련이나 중국 모두
한반도의 안정과 평화를 도모하며 남한과 일정한 관계를 수립하는 것에
이해를 갖고 있다고 할 것이다. 다만 차이는 중국이 사회주의 발전노선을
견지하면서 북한과의 정치·군사적 유대관계에 신경을 쓰고 있다면 소련은
이보다는 남한과의 경제협력에 보다 무게중심을 싣고 있다는 것이다.[*]

이영희 교수도 미 제국주의에 대해서는 비판적이면서도 중국에 대
해서는 이렇게 말하고 있다.

중국의 사회변화는 명백한 것이고 돌이킬 수 없는 것으로 보인다. 아시아
특히 동북 아시아와 관련된 중국의 대외정책 또한 협조적이고 반 패권주
의적 — 적어도 비패권주의적이다.[**]

외교적 해결책을 내세우고 있는 《말》지도 중국이 반패권주의라는

---

[*] 김남식·이태섭·이선태, 《세기를 예비하며》, 대동, p.83.

[**] 이영희, 《새는 좌우의 날개로 난다》, p.186. 70년대 양심적 지식인으로 존경 받았
     던 그가 현재 김영삼 지지자라는 사실은 우리를 슬프게 한다.

것에 대해서 같은 입장을 내세우고 하고 있다.

중국 외교는 반패권을 지향한다. 중국의 국익은 한반도에 공고한 평화체제가 정착되는 것과 일치한다. 한반도에 평화문제가 해결된다는 것은 일차적으로 핵문제와 북미수교 및 북미간의 평화협정체결 문제가 해결되고 남북간의 군사적 대치도 완화된다는 것이다. … 대체로 보아 중국의 입장은 국내 온건파의 입장과 일맥 상통할 수 있다. 우리는 미국이나 일본에 대해서와 마찬가지로 머리 발끝까지 실리주의로 무장한 중국에 그 어떤 환상도 가질 필요가 없지만 중국이 국론 분열 없이 한반도의 안정을 선호한다는 점에서 '중국변수'의 역할을 상향조정할 필요가 있다. 어차피 우리 내부의 대북 강경파는 미·일의 매파와 우리 내부의 온건파는 미일의 비둘기파와 정책적·정서적·인적으로 연계되어 있다.[*]

도대체 중국이, 동북아시아에서 가장 강력한 패권적 지위를 미국이 갖는 것에 대해서 불만을 품는 것은 왜일까? 위의 입장들은 유엔 안보리 제재 당시에 왜 중국이 기권했고 러시아가 저지하려고 했으며 왜 두 나라가 북미회담에 대해서 이견을 나타내는지에 대해서 세력 관계에 기초해 설명하는 것이 아니라 단지 "중국은 그래도 …"라고만

---

[*] '중·미·일의 한반도 계책', 《말》, 10월호, p.58. "중국에 대해서 어떤 환상도 가질 필요가 없다"는 언급은 주목할 필요가 있다. 《말》지의 주장은 제국주의 중국에 대해서 환상을 갖지 말아야 한다는 주장이 아니다. 《말》지는 '통일외교'를 펼치기 위해서 다른 국가의 외교 전략에 이용당하는 것이 아니라 철저히 외교적으로 그것을 이용해야 한다는 입장을 강조하고 있을 따름이다. 《말》지의 이런 주장은 '지배계급의 외교정책과 도대체 무엇이 다를까' 하는 고민을 하게 만든다.

말하고 있다.

중국은 사회주의 원칙을 견지하기에 북한의 급속한 붕괴나 위기 상황이 결코 유리하지 않은 반면 사회주의 원칙을 포기한 러시아의 경우는 아무런 이해관계도 가지고 있지 않다.[*]

중국이 유엔 안보리에 찬성 표를 던지지 않았던 것은 사실이다. 중국은 북미회담에 대해서 "우여곡절을 겪지 않을까?"며 성급한 낙관을 자제해야 한다고 역설했다. "대화와 타협으로 풀어야 한다는 것을 계속 강조"했다. 그리고 안보리 제재 결의 직전인 6월 6일 중국군의 참모총장이 북한을 방문해 "피로 굳어진 우호관계"를 역설했던 것은 미국에 대한 '항의'의 표시였다.

그러나 그것은 하필이면 왜 미국이 북한 핵 문제를 주도해야 하느냐는 불만이었을 뿐이다. 이것은 중국이 제국주의적 압력에 반대해서가 아니다. 앞에서 언급했던 것처럼 **미국이 중심이 되는 핵사찰 압력**을 반대했던 것이다. 중국은 단 한번도 핵사찰 압력 그 자체를 반대하지 않았다

중국은 아프리카에서 70년대 중반 소련의 영향력이 확대되는 것에 반대하여 앙골라의 한 정당인 앙골라민족해방전선(FNLA)을 앞세워 19년 간의 앙골라 유혈 내전을 군사적으로 지원하는 데 한몫했고 1979년 베트남을 무력으로 침공한 바 있으며 지금도 변방 지역

---

[*] 김남식 외, '동북아 정세 변화와 한반도', 《세기를 예비하며》, p.76.

티베트인들과 회교도들의 독립 운동을 무력으로 탄압하고 있다. 어쨌든 중국은 북한이 제국주의 핵질서인 NPT에 복귀해야 한다는 입장만큼은 분명히 했었다.

미국이 다자간 안보를 통해 "미·일·중이 사이좋게 힘의 균형을 이룰 것이다."는 주장이나, 중국이 비패권주의로 동북아시아의 긴장완화를 위해 지렛대 역할을 할 것이라는 주장 모두 강대국들 사이의 물밑에 흐르는 진정한 갈등과 충돌에 대해서는 함구하고 있다. 이 두 주장은 제국주의에 대해서 환상을 갖게 함으로써 제국주의 자체가 평화를 위협하고 있다는 현실을 가리고 또 제국주의에 반대해야 할 필요성을 느끼지 못하게 만들고 있다.

가장 많은 강대국들의 이해가 엇갈리는 곳이 바로 동북아시아다. 동북아시아의 평화가 제국주의 강대국들 간의 질서 전체를 바꾸지 않고 그 내부의 관계를 '조정'하여 해결할 수 있다고 보는 견해는 올바른 대안으로 발전할 수 없다. 동북아시아 주변 강대국들도 역시 경제적·군사적 경쟁으로 서로 존재를 확인시켜 주는 제국주의 국가들이기 때문이다.

그러나 우리는 제국주의 강대국들이 평화를 가져올 수 없다는 명확한 결론을 더 날카롭게 다듬을 필요가 있다. 왜냐하면 제국주의에 반대하는 것이 민족주의라는 결론으로 나아갈 수도 있기 때문이다. 남북한 지배계급과 노동자 계급 전체가 민족적 단결을 이루어내어 동북아시아의 진정한 평화를 가져오는 주체가 되자는 주장이 얼마나 반제국주의적인지를 시험하는 일이 우리에게 남아 있기 때문이다.

3. 민족적 공조체계가 진정한 반제일까

남북한이 한 민족으로 공조체계를 이루어 동북아시아 정세에 대응해야 한다는 주장은 꽤나 매력적으로 느껴질 수도 있다. 어쨌든 이런 주장에 대한 비판은 좀 뒤에 하기로 하고 먼저 남북한 지배계급이 동북아시아 제국주의 강대국 사이의 관계에서 어떤 입장을 지켜왔는지에 대해서 먼저 살펴보기로 하자.

남한 지배계급은 '불바다' 발언과 미국의 '전쟁불사' 발언이 한반도의 전쟁분위기를 고조시킬 대로 고조시켰을 때 그 누구보다도 미국 지배계급의 편에 서서 제국주의적 압력에 편승했다.

3월 23일 미국 지배자들이 유사시 주한미군 병력을 60만으로 증강하고 남한에 패트리어트 미사일을 배치하겠다고 했을 때 이병태 국방장관은 국회에 나가 "한반도에 전쟁이 일어나면 북진 통일을 수행할 것이다." 하고 서슴지 않고 발언했다.

김영삼은 "북한을 응징해야 한다"고 주장했으며 3월 22일에는 남한 군대에 특별경계령을 내렸다가 몇 시간 뒤 이를 무기한 연기했다.

남한 지배계급은 냉전체제 하에서나 탈냉전 하에서나 일관되게 미국의 제국주의 패권을 용인·편승했다. 그들은 주한미군 주둔을 지지해왔고 미국의 북한 핵 사찰 압력을 누구보다도 강경하게 따랐다.

이것은 소위 '수구파'와 '개혁파'의 통일된 입장이었다. 그들은 모두 유엔의 제재 결의를 지지했다.

김대중이 유엔 안보리 제재 결의에 반대했던 것은 그가 제국주의에 반대해서가 아니라 "북한에게 먼저 항복할 수 있는 명분과 대가를 지불하고 나서 굴복시키는 것이 순서이다."(이른바 일괄타결) 하는 방식의 차이였을 뿐이다.

그렇다고 남한 지배계급이 식민지 정권이라는 것을 의미하는 것은 아니다. 그런데 바로 이런 처지 — 제국주의 논리에 편승하지만 그렇다고 식민지는 아닌 — 가 남한 지배계급의 전략의 부재를 낳는 조건이 되었다. 그들의 무능력은 김영삼 정부의 '수권능력 부족' 때문만이 아니다. 더욱이 그의 "부덕의 소치"는 더더욱 아니다. 무엇보다도 남한 지배자들의 전략 부재는 사실 남한 지배자들이 세계체제에서 점하고 있는 위치 때문이다.

남한 지배계급은 제국주의 질서에 편승하고 따라가지만 이와 함께 제국주의 강대국과 독립적 이해도 갖고 있다. 남한은 제국주의 질서를 옹호하지만 식민지는 아니라는 것이다. 예를 들어 이스라엘은 중동에서 미국의 이해를 철저하게 방어하는 제국주의의 후견(後犬)인 노릇을 하지만 워싱턴의 명령을 자주 거부하는 바람에 2차 걸프전 당시 미 국무장관 제임스 베이커는 이라크의 쿠웨이트 침공이 있기 단지 수주 전에 그의 분노와 좌절감을 이스라엘에게 드러냈다. 그리고 얼마 전 김영삼도 〈뉴욕타임즈〉와 CNN 회견을 통해 경수로 지원 비용 부담에 대해 미국에게 항의 표시를 했다가 미국 정부로부터 반박항의를 받은 적이 있다. 물론 김영삼의 소심함은 자신의 발언을 이틀 만에 번복하게 만들었지만 말이다.

남한 지배계급은 경제적으로도 미국에 독립적이지만 정치·군사적으로도 자기 자신의 독립적인 이해를 갖고 있다. 아무리 제국주의 강대국이 남한 정권에 정치적 개입을 많이 했다고 하더라도 이것이 식민지라는 증거가 되지는 못한다. 예를 들어 1979년 니카라과에서 산디니스타가 소모사 정권과 투쟁할 때 미국이 멕시코 등 중미 5개국으로 이루어진 "콘드라 그룹" 국가들에게 소모사 정권을 지원하는 무기를 보내달라고 요구했으나 이들로부터 거부당한 일이 있었다. 이것은 남미 정권들이 미국에게 자주 정치적 개입을 허용했다고 하더라도 식민지 정권이라고 말할 수 없다는 것을 설명해 준다.

북미회담이 진행되었을 때 남한 지배계급은 도무지 종잡을 수 없는 횡설수설의 극치를 보여 주었다. 그것은 우리 계급과 저들 계급 모두에게서 쏟아졌던 비판이었다. 올해 3월 안보리 제재 결의가 초미의 관심이 되고 있었을 때 남한 지배계급이 냉탕과 온탕을 왔다 갔다 했던 것도 "제국주의에 100% 순종할 수도 없고 그렇다고 제국주의에 거스를 수도 없는 처지" 때문이다.

남한 지배자들이 한반도 긴장에 대해서 이중적인 입장을 취하는 것도 마찬가지 이유 때문이다. 그들은 그야말로 한반도의 적절한 긴장을 바란다. 그래야만 노동자 투쟁을 위협할 수 있는 좋은 구실이 생기기 때문이다. 그러나 수위를 넘어선 긴장은 자신들의 축적 기반을 송두리째 파괴시킬 수 있다. 그래서 제국주의적 압력에 편승하지만 자신의 독립적인 축적기반이 무너지는 것에 대해서는 두려워하는 것이다. 한마디로 남한 지배자들이 동북아시아 긴장에 대해서 취하는 입장은 "남한 자본주의가 파괴되지 않는 선에서의 적절한 위기"이다.

따라서 이들이 한반도의 평화를 가져오리라고 기대하는 것이야말로 어리석기 짝이 없는 주장이다.

북한 지배자들에 대해서도 마찬가지다. 북한 지배계급은 제국주의 질서에 대해서는 그 어떤 반대도 하지 않았다. 북한은 제국주의 개입의 도구인 유엔에 가입하기 위한 노력을 아끼지 않았으며 북한 핵 사찰 압력에 대해서 북한 지배계급이 미국을 "제국주의의 도발"이라고 비난하고 난 얼마 뒤 미국에 양보하는 타협안을 내놓는 방식으로 일관했다. 북미회담 때에는 미국에 대해서 "같이 협조하고 동맹하는 세력"이라는 말을 아끼지 않았다.

이들은 주한미군 철수를 미국에게 압력을 넣는 외교적 협상 소재로 이용했지 진정한 한반도 위기의 원인인 제국주의 질서에 대해서는 어떤 도전도 하지 않았다. 그리고 그들은 더 이상 주한미군에 대해서도 반대하지 않는다. 92년 5월 이삼로 북한 군축평화 연구소 고문은 "필요하다면 통일 후에도 주한미군의 계속 주둔을 인정한다."고 말했다.

그들은 남한 지배계급과 마찬가지로 제국주의 위계체제에서 한 위치를 굳건히 점하려고 하는 구성원일 뿐이다. 그들이 제국주의 위계질서 그 자체에 도전하는 것은 자신의 존립기반 자체를 거부하는 것이다. 그들이 그러리라고 기대하는 것처럼 어리석은 것도 없다.

따라서 남한 정부와 북한 정부가 제국주의로부터 벗어나 자주적이어야 한다는 것이 한반도 평화의 요건이라고 주장하는 일부 좌익의 주장은 세계체제에 대한 순진한 환상일 뿐이다.

이런 주장은 남북한 정부의 외교력에 커다란 기대를 거는 입장과도 연결된다. 아래와 같은 주장이 대표적인 경우이다.

냉전시기 남한 정권의 자주적 대외정책은 곧바로 미국과의 갈등 혹은 대립을 야기시킬 수밖에 없었고 따라서 남한의 혁명적 변화 없이 대외정책의 자주성을 기대할 수 없었다면 탈 냉전 시기에는 남북관계 및 주변 강대국들과의 관계를 자주적으로 추구해 나가면서 미국과의 대등한 관계를 새롭게 정립해 나갈 수 있는 여지가 없어졌다고 할 수 있다.[*]

이런 주장은 남한의 외교도 북한의 협상력에서 배워야 한다고 주장하는 남한 지배자들의 '자성 어린 목소리'들과 구별하기 힘들다.

남북한 지배계급 사이의 반노동자적인 군사적 경쟁이 진행되고 있는 현실에 대해서는 함구한 채 "남북공조체계"가 한반도 평화의 대안이라고 주장하는 것도 마찬가지다. 《세기를 예비하며》는 다음과 같이 주장하고 있다.

이제 남북은 다같이 외교 관계에서 자주성을 첫번째 원칙으로 삼아야 한다. 남과 북은 민족 대단결의 원칙 하에 민족 전체의 공동이익에 관련되는 사항에 대한 공조체계를 확대발전시켜야 한다. … 남북경제협력은 남과 북의 경제 사정상 민족경제의 부흥을 위한 사활적인 문제라고 하겠다. 민족대단결에 기초하여 민족의 공동이익과 번영을 추구하는 통일외교가 절실히 요구되는 시기이다.[**]

---

[*]   이규성, '탈냉전시대 한반도를 둘러싼 국제관계와 통일환경', 《분단 50년의 현실과 구조》, p.60.

[**] 김남식 외, '동북아 정세와 한반도', 《세기를 예비하며》, p.96.

위의 주장이 무색한 이유는 남북한 지배자들이 분단 이후 제국주의 위계체제에서 "저 높은 곳을 향한" 경쟁 관계를 유지해 왔고 또 지금도 그렇기 때문이다.

물론 둘 사이에 협조와 공조체계가 완전히 없었던 것은 아니다. 북한 정권은 남한 정권이 노동자 투쟁 때문에 위기를 겪을 때 남북 정상회담을 제의하여 위기에서 구해 주는 역할을 해왔다.

뿐만 아니라 남한 지배계급도 북한 정권이 노동자들의 투쟁으로 전복되는 위험에 대해 누구보다 두려워한다. 그래서 김일성이 죽었을 때 그들은 북한 정권 붕괴 가능성에 대해서 많은 우려를 표명했다. 91년 채택된 남북합의서는 남북 지배자들의 공조체계의 결과였다.

그들이 공조체계를 유지했던 것은 오로지 "노동자 투쟁이 위험수위로 오를 때 그것을 필사적으로 막는다."는 점에서만 그러했다.

그들은 계급적으로 같은 태생인 형제이기 때문이다. 그러나 그 둘은 경쟁하는 형제이기도 하다. 따라서 그 두 정권은 군사적 경쟁에 돌입했다. 분단 이후 남북한 지배자들 사이의 경쟁은 자본가들 사이의 경제적·군사적 경쟁이 서로 얽힌 그물망이라는 사실을 입증해 주는 과정이었다. 군사적 경쟁 논리가 두 정권을 지배했다.

전쟁 직후 남한보다 10배 이상의 파괴를 당했으면서도 남한을 앞지르는 경제성장을 이룩했던 북한은 70년대 중반까지는 남한보다 군사적 능력에서 우위를 점할 수 있었다. 그러나 1975년을 고비로 하여 이 상황은 역전된다. 시장지향적인 국가자본주의의 '한 철 성공'이 북한의 경제력을 앞서게 만들었고 남한이 군사적 능력 면에서도 북한을 앞지르는 결과를 낳았다.

남한의 군사비는 북한의 약 3배에 이른다. 지난 92년 북한의 군사비는 약 35억 달러에서 40억 달러였고, 남한 국방비는 107억 달러였다. 남한의 국방비는 93년에 중국의 2배에 달했다.[*] 이 사실은 우리를 놀라게 하기에 충분하다. 지난 9년 동안 매년 평균 40억달러가 무기 구입비로 투입되었다.

북한의 군비는 남한과 비교할 때 절대적 규모에서는 훨씬 낮은 수준이지만, GNP에서 차지하는 비율은 남한의 12%보다 훨씬 높은 20%에 달한다.[**] 서방이 연간 6~8%를 기록하고 있는 것과 비교할 때 3배가 넘는 수치이다. 그리고 상비군 군사력 규모는 한국의 약 1.5배 수준이다.[***]

이러한 남북한 군사적 경쟁은 남북한 노동자들이 무기 생산과 경쟁을 위해 초착취당해야 하는 것을 뜻했다.

미국의 민주당이 온건노선을 펼 수 있도록 남한 정부가 외교적 압력을 넣어야 한다고 주장하는 이삼성 교수는 남한 지배자들이 한반도 긴장 해소를 가져올 수 있다고 주장하고 있다. 달리 표현하자면 남한 정부 내의 한승주 같은 자들이 '남한의 수구파'를 제압하여야 한다는 것이다. 그는 이렇게 주장하고 있다.

---

[*] 이영희, 앞의 책, p.146.

[**] 경남대학교 극동문제 연구소, 《남북한 군비경쟁과 군축》, p.66. 이 책의 정치적 결론은 우익적이지만 북한의 경제적 상황과 군비가 예산에서 차지하는 비율을 꽤나 객관적으로 분석하고 있다는 점에서는 눈여겨볼 만하다.

[***] 《동아연감》 92년.

김정권은 제발 이제부터라도 단기적인 정권안보관리에 연연하여 수구세력에 끌려다니는 행태에서 벗어나야 한다. 현상유지적인 수구의 사고 논리로는 북미관계 개선 이후 전개될 동북아의 새로운 질서를 선도하면서 미래지향적인 민족공동체 건설작업을 해낼 수 없다. 언제까지 뒷북만 치고 있을 것인가.[*]

우리는, 소위 수구파·개혁파 논리로 정치적 결론을 마감하고 있는 이삼성의 견해가 한 학자의 견해로 끝나기를 바란다. 하지만 그런 견해는 북한 핵 사찰이 가장 정점에 올랐을 때 많은 사람들을 혼란스럽게 했다. 물론 김영삼 '개혁'의 본질이 반노동자적이라는 것이 완전히 입증되었기에 더 이상 유행하는 주장은 아니지만 말이다.

그렇지만 이런 주장들은 "민족 공동의 자주적 공조체계"라는 주장을 통해 다시 변색된다. 《정세연구》 6월호에서 평화연구소장 조성우씨는 이렇게 말하고 있다.

주변 정치상황과 쌍방의 힘이 일정한 수준에서 타결점을 모색하게끔 할 터인데 미국의 막강한 힘에 맞설 수 있는 '민족의 힘'을 어느 정도 효과적으로 조직해 낼 수 있을지에 따라 '균형점'의 위치가 결정되는 것입니다.… 냉혹한 국제경쟁시대에 살아남기 위해서도 '민족의 안보'를 위해서도 지금 우리에게 절실한 건 '국제공조'가 아니라 민족의 공조체제의 구축임을 이 정권은 아예 모르거나 외면하고 있는 겁니다. 헛된 패권적 승부욕과 이데

---

[*]   이삼성, 앞의 책, p.366.

올로기의 비늘이 눈을 가리고 있어서 그렇습니다.[*]

이 주장은 진정으로 '민족'의 운명을 자주적으로 결정할 수 있기 위해서 어떤 것이 먼저 선행되어야 하는지에 대해서 생각하게 만든다. 위의 주장에서 말하고 있는 '민족'이 민족의 대다수를 차지하는 노동자들을 의미하는 것이라면 분명 틀린 주장은 아닐 것이다.

위의 주장이 맞으려면 각 민족들을 구성하고 있는 노동자들이 제국주의 체제를 타도해야 한다는 언급이 있어야 한다. 그러나 안타깝게도 위의 주장에서 이런 언급은 찾아 볼 수 없다.

《세기를 예비하며》는 민족 자주적 공조체계가 어떤 것을 의미하는지 통일에 대한 입장을 빌어 다음과 같이 정리하고 있다.

앞서 지적한 바와 같이 민족의 대단결 원칙이라는 것을 전제로 한다면 통일의 주체는 말 그대로 남북한 민족성원이 되어야 하며 그 어떠한 특정 계급·계층의 전유물이 될 수 없다.[**]

특정 계급 계층의 이해를 떠나서 민족 전체가 단결하자는 것이 가장 민족적이다는 주장은 반은 맞는 얘기다. 그러나 민족의 이해를 어디에 두고 있느냐는 점에서는 달라질 수 있다. 민족 구성원의 압도적 다수를 점하고 있는 노동계급의 이해에 바탕할 것인가, 아니면 '민

---

[*]   《정세연구》6월호, '북한 핵문제의 진상 향후 통일운동의 방향 및 과제', p.67.

[**]   김남식·이태섭·이선태, 같은 책, p.215

족'이라는 이름으로 남북한 지배자들의 날개 밑으로 들어갈 것인가에 따라 민족이라 부르는 내용은 판이하게 달라질 것이다.

자본주의는 민족[민족국가]을 강화시키는 것이기도 했지만 반대로 민족 국가의 대다수 구성원들을 억압하기도 했다.

자본주의는 국경을 만들어 국경 안에 살고 있는 사람들로부터 세금을 걷고 교육제도와 언어를 만들어 그들을 노동자로 만들어 집단적으로 착취했다. 그런 점에서 자본주의는 가장 민족적이었다.[*]

그러나 자본주의는 그 초기부터 영국에서는 인클로저 운동을 통해 국경 안에 있는 사람들을 농장에서 공장으로 쫓아내어 두 개의 계급을 만들었다. 그리고 힘 있는 제국주의 국가가 다른 나라와 경쟁하기 위해서 소수 민족들을 억압하지 않으면 안 되게 만들었다. 그런 점에서 자본주의는 가장 반민족적이었다.

이렇듯 민족은 우리가 그것을 어떤 의미에서 해석하느냐에 따라서 완전히 다른 결론을 낼 수 있다.

이 나라 지배계급도 마찬가지다. 남북한 지배자들도 제국주의에 억압당했던 역사와 얼마든지 타협할 만큼 '반민족적'이다. 그들은 미군정과 타협했고 일제 치하에서 관리를 지냈던 지배자들을 자신들의 대통령으로, 각료로 우대받는 정치인사로 존경하고 숭배했으며 그들을 칭송했던 자들이다. 그들은 이미 박대통령 시절에 정신대 보상금을 일본과 수교하는 대가로 받은 경제원조금으로 대체했던 자

---

[*] 자본주의와 민족 간의 관계에 대해서는 《현대 자본주의와 민족문제》(갈무리)와 《세계경제의 위기와 전망》(갈무리)를 참조하시오.

들이다. 김영삼 정부도 마찬가지로 그런 자들을 칭송하고 처벌하지 않았다. 그들은 이제 일본 지배자들의 '망언'에 대해서 분개하지도 않는다.

이것은 남한 지배자들이 '잘못된 승부욕에 빠져 있기 때문'이 아니라 자본주의 자체는 그 어떤 더러운 정권과도 그것이 자본주의 체제를 유지시켜 주는 데 이롭다면 얼마든지 타협할 수 있기 때문이다. 서방 자본주의 국가들이 독일의 파시스트 망명자들을 다 받아들였으며 그 뿐만 아니라 그들이 이름을 개명해서 잘 살 수 있도록 주선해 준 것처럼 말이다.

만약 위에서 인용한 주장들이 '민족'이 절대다수의 구성원인 노동자를 의미하는 것이라면 맞는 이야기이겠지만 그것이 아니라 남북한 지배계급과 노동자들 모두를 지칭한 것이라면 정말이지 위험한 주장이다.

이 제국주의 강대국들과 그들에 편승하는 것을 자신의 본질로 가지고 있는 남북한 지배자들에 대항하는 것이야말로 사실 가장 '민족적'이라는 사실을 망각하거나 외면하고 있는 것이다.

여기에 대해서 트로츠키가 한 말이 있다.

계급간의 모순은 근본적인 것이다. 그래서 책략을 통해서 부르주아지를 견제한다거나 강제한다거나 제어한다거나 하려 하는 것은 책략이 아니라 — 하물며 '전술'은 더더욱 아니다 — 자기 기만일 따름이다. 계급이란 속임수로 농간할 수 없는 것이다. 이것은 지배계급에겐 특히 들어맞는 얘기다. 그들의 세계적 경험은 풍부하며 계급 본능은 단련되어 있고 첩보기관

들은 다양하여, 우리가 마치 딴 사람인 체하며 그들은 속이려 한다면 그
것은 적을 함정에 빠뜨리는 것이 아니라 바로 우리 편을 함정에 빠뜨리게
된다.

이제 남은 문제는 그렇다면 진정한 반제는 무엇인가 하는 질문에
대한 최종답변이다. 우리의 결론은 그것이 되어야 한다.

4. 결론

한반도 주변 정세는 고전적 마르크스주의가 말한 제국주의 — 단
순한 정책이 아니며 자본주의의 특정한 단계 — 가 오늘에도 여전히
적용된다는 사실뿐 아니라 더 불안정해졌음을 보여준다.

올바른 실천을 위해서는 올바른 분석이 전제되어야 하겠지만 올
바른 분석이 곧바로 올바른 실천을 인도하지는 않는다.

고전적 마르크스주의의 최대의 장점은 제국주의에 대한 분석에서
시작해 제국주의에 반대해 싸울 수 있는 대안인 국제주의에 대해서
이야기하고 있다는 점이다. 역사의 뒤편으로 사라진 각국의 공산당
들은 "사회주의는 일국에서 완성될 수 있다"는 사상 때문에 잘못된
길로 빠져들었다. 파시스트들이 포함된 '진보연합'을 꿈꾸었던 이탈
리아 공산당(소련 쿠데타 이후 이탈리아 민주좌익당으로 이름을 바
꿈)은 제2차 걸프전에서 나토 개입을 지지했다.

국제주의는 자본주의의 성격 그 자체에서부터 나온다. 국제 노동

자들이 단결해야 할 필요성은 자본주의 체제가 세계적이기 때문이다.

이것은 동북아에도 당연히 적용되는 것이다. 한반도 주변 강대국의 군사적 팽창은 제국주의의 더 높은 꼭대기를 향한 세계적 경쟁의 일부이다. 그들은 서로 싸우지만 북한 노동자들이 정권을 전복하는 것에 대해서 똑같이 우려했고, 만약 한반도에서 노동자 혁명이 일어난다면 일사분란하게 '국제적 협조'를 할 것이다. 그들의 경쟁과 협력은 모두 국제적이다. 남북한 지배자들의 이익도 저들의 국제적 그물망의 일부이다. 왜냐하면 그들도 제국주의 체제에서 어떻게 하면 더 높은 곳을 향할 수 있을지에 자신의 운명을 두고 있기 때문이다.

따라서 한반도 평화를 위협하는 원인과 싸우기 위해서는 국제적인 노동계급의 적에 맞설 수 있는 수단이 필요하다. 세계체제로 존재하는 자본주의는 이미 수많은 노동자들을 만들어 놓았다. 남한 자본주의의 발전이 2천만 노동자들을 만들었던 것처럼.

중요한 것은 노동계급이 어떻게 체제에 대항하게 되는가이다. 노동계급의 존재는 저절로 국제주의를 실현시켜 주지 않는다. 국제주의자가 되는 것은 외국 노동자들의 투쟁에 환호하는 것만을 의미하지 않는다. 그렇다면 어디서부터 출발해야 하는가?

이 맥락에서 한 독일 혁명가의 주장은 우리에게 의미심장하다. 제1차 세계대전 당시 독일 혁명가 카를 리프크네히트는 이렇게 말했다. "주된 적은 국경 안에 있다."

그렇다면, 유엔 안보리 제재 결의가 있었을 때 일관된 반제국주의이자 국제주의 입장은 남한 지배자들이 제국주의 패권에 편승하려는 것에 대해 일관되게 반대하는 것에서부터 출발한다. 북한 핵 사찰이 진행되고 있었을 때 남한 지배자들은 국가보안법의 유지를 주장하는 발언을 서슴지 않았고 합법적인 출판물에 대한 탄압과 심지어 노래패에 대한 구속을 남발했다. 그들은 한반도의 위기를 노동자 운동을 탄압하는 데 '이용'했다.

따라서 사회주의자들은 한반도 위기를 이용해서 노동자 운동에 찬물을 끼얹으려는 모든 행위에 대한 반대를 조직해야 한다. 그리고 그것을 제국주의적 패권주의와 연결시켜야 한다. 그럼으로써 당연히 사회주의자들은 당장은 그것이 아무리 소수의 지지밖에 못 받는다 하더라도 노동자 투쟁이 주한미군 철수와 같은 반제투쟁으로 나아갈 수 있도록 하는 데 노력을 기울여야 하는 것이다.

그리고 김영삼이 노동자들을 총알받이로 소말리아에 보내는 것에 대해서 반대해야 한다. 여기에 침묵해서는 안 된다. 92년도에 일본 PKO 파병에 대해 반대했지만 남한의 PKO 파병에 대해서는 반대하지 않았던 남한의 일부 좌익들의 주장은 극히 유감스러운 것이었다.

반제투쟁에 대한 호소를 노동자들이 받아들이지 않을 것이라는 생각은 반만 맞는 것이다. 지난 몇년 동안의 투쟁에서 탄압을 경험한 노동자들은, "평화유지"를 위한 군대파병에 물음표를 던질 수 있기 때문이다.

파업을 하고 있던 영국의 철도 노동자와 병원 노동자들은, TV를 통해 아일랜드인들이 영국 군대와 맞서 싸우는 것을 보았다. 이들은 파업을 가로막는 경찰과 싸울 때처럼, 영국 군대에 맞서 싸우는 아일랜드인들이 이기길 바랬다. 이런 연대감은 아일랜드의 군대주둔 반대와 노동자 계급의 이해가 연결되어 있는 하나임을 깨닫게 해주었다.

노동자들은 집단행동을 통해서 의식을 변화시킨다. 투쟁을 통해 지배자들의 말과 행동이 속임수라는 것을 깨닫는 것이다.

그러나 반대의 사례도 있다. 제2차 걸프전이 일어났을 때 "석유전쟁"에 반대한다는 말이 당장 인기를 얻지 못할까봐, 제국주의 전쟁에 대해 침묵했던 유럽의 일부 사회주의자들은 국내에서 벌어진 인종주의적 폭력에 대해서도 침묵했다.

그들은 더 나아가 미국 군대가 아이티 인민들을 '민주주의'의 이름으로 학살하고 소말리아에 식량 대신 군대를 보내는 제국주의적 야만에 대해서도 침묵했다. 그리고 최근에는 "과연 제국주의라고 다 나쁜 걸까?"하는 질문을 던지기 시작하고 있다. 이것은 바로 영국의 《신좌익 평론》의 편집자인 프레드 헬러데이가 자신들의 기관지에서 주장하고 있는 이야기이다.[*]

그들은 당장의 인기 때문에 원칙을 주장하는 것을 두려워했고 그래서 나중에는 원칙을 버리게 되었으며 따라서 원칙을 적용시켜 배운 경험으로 노동자들을 획득하지 못했다. 그들은 그런 과정을 통해 단련된 조직을 건설하는 데도 실패했다.

따라서 사회주의자들이 북한 핵사찰에 대해서 제국주의적 패권주의를 공격하지 않고 미국의 아이티 개입과 러시아의 체첸 침공에 대해서 침묵한다면 그것은 '국내의 적'에 대해서도 '관대'해 질 수 있는

---

[*] 《신좌익 평론》[뉴 레프트 리뷰]은 이제 단순한 문필가 집단으로 전락해 버렸다.

지름길이라는 점을 항상 경계해야 한다.

그러기 위해서는 진정한 국제주의 원칙을 말하기를 두려워하기 않고 그 원칙을 항상 현실에 적용하려고 부단히 노력해야 한다. 원칙은 간직하기 위해서 있는 것이 아니라 적용시키기 위해 있는 것이다. 레닌이 말한 "노동자들이 원칙과 전략·전술을 배우는 학교"가 그 목적을 위한 수단이 되어야 한다.

이것이 바로 더 불안정해진 제국주의 시대에 살고 있는 사회주의자들이 내려야 할 최종 결론인 셈이다.

---

*   Tony Cliff, 《Lenin》 vol 1, 제14장 전략과 전술.

자본주의에 내재한 지정학적 경쟁

동아시아와 한반도에서 불안정이 점차 커지자, 그 원인을 놓고 많은 분석이 나오고 있다. 안타깝게도 이 갈등의 근본 원인을 제국주의로 바라보는 사람은 드물다.

그러나 고전 마르크스주의 전통의 제국주의론은 오늘날 동아시아 불안정의 핵심 원인을 정확히 분석하고 올바른 대안을 제시해 줄 수 있다.

레닌, 부하린* 등 고전 마르크스주의자들은 국가 간 갈등과 긴장은 자본주의가 작동하는 방식에 뿌리를 두고 있다고 지적했다. 레닌은 "제국주의는 자본주의 일반의 근본적 특징의 발전이자 그 직접적 연장"이라고 주장했다.

김영익. 〈레프트21〉 101호, 2013년 3월 30일. https://wspaper.org/article/12778.

* 니콜라이 부하린(1888~1938년): 러시아 볼셰비키의 지도적 활동가. 《제국주의와 세계경제》, 《과도기 경제학》 등을 썼다. 1938년 스탈린에게 처형 당했다.

자본주의에서 개별 자본은 이윤 획득을 놓고 다른 자본들과 치열하게 경쟁한다. 경쟁에서 도태된 자본은 다른 자본에 잡아 먹히고, 승리한 자본은 점차 더 거대해진다.

엄청난 경쟁 압박 때문에 자본가들은 경쟁자를 누르려고 수단과 방법을 가리지 않는다. 시장에서 가격 경쟁을 벌일 뿐 아니라 자국의 힘을 동원해 자신에게 유리한 조건을 만들려 한다.

자본과 국가

자본주의 국가들도 자국 자본이 경쟁에서 유리해지도록 다른 국가와 치열하게 경쟁한다. 세계 자본주의 체제에서 한 국가가 다른 국가에 앞서려면 성공적인 자본주의 경제를 건설하고 유지해야 하기 때문이다.

생산이 더는 한 국가에 국한되지 않기 때문에 국가들은 세계 각지의 시장과 원료 산지에 접근하고 지배할 수 있는 능력이 필요하다. 이 때문에 필연적으로 국가는 외교력과 군사력을 강화하려고 필사적으로 노력한다.

즉, 경제적 경쟁과 지정학적 경쟁은 밀접하게 연관돼 있다. 그래서 부하린은 "전쟁 없는 자본주의는 상상할 수 없듯이, 군사력 없는 자본주의도 상상할 수 없다"고 썼다.

두 가지 형태의 경쟁에서 앞서 나간 소수 국가들은 자본주의 국가들의 위계서열에서 꼭대기를 차지할 수 있다. 따라서 제국주의 체제는 소수 강대국들이 경쟁하면서 나머지 국가들을 경제적·군사적·정치적으로 지배하는 체제다.

반면, 제국주의를 지배계급 일부(예컨대 군수자본이나 금융자본)가 지지하는 "정책"으로 이해하는 사람들도 있다. 또는 민족주의 관점에서 제국주의를 단지 특정 강대국의 약소국 지배로만 보기도 하는데, 이는 제국주의가 자본주의 세계 체제를 뜻한다는 점을 보지 못한 것이다.

세계적·지역적 규모에서 교역과 투자가 활성화돼 국가 간 경제적 상호 의존이 커지면, 국가들이 군사적으로 충돌하기보다는 평화적으로 협력할 수 있으리라 기대하는 사람들도 있다. 일부 자유주의자들은 미국, 중국, 일본 등이 지난 수십 년 동안 경제적으로 상호 밀접해져서 동아시아에서 '파국'은 피할 수 있으리라 기대한다.

물론 제국주의 열강들이 국가들의 위계서열과 각자의 이해관계를 조정해 "국제질서"를 일시적으로 안정시킬 수는 있다. 그리고 경제의 "세계화"를 통해 상호 이익을 도모할 수도 있다.

그러나 이는 지속될 수 없는 일이다. 레닌은 세계경제의 불균등성과 모순을 강조하면서, 자본주의의 역동적 발전 자체 때문에 이러한 불균등성의 분포가 바뀌고 국가 간 힘의 균형이 끊임없이 바뀐다고 주장했다.

30년 전만 해도 중국 경제는 네덜란드보다 작았다. 그러나 30년 동안 연평균 8~10퍼센트씩 폭발적으로 성장해, 오늘날 중국 경제는 일본마저 제치고 세계 2위에 올랐다.

반면, 세계 최강 미국은 경제적 지위가 상대적으로 하락해 왔다.

일본 경제도 계속 정체해 일본 자본가들은 자국이 '청일전쟁 후 처음으로 중국에 밀렸다'는 충격에 휩싸였다.

또한, 중국은 세계의 공장이자 주요 채권국이 돼, 세계경제의 중요한 거점으로 부상했다. 특히 아시아 나라들에 중국은 가장 중요한 무역 상대국이다.

불균등과 모순

중국의 경제성장은 군사력 증강으로 이어졌다. 중국은 세계에서 군비 증가율이 가장 높은 나라다. 특히 원활한 자원 확보 등을 위해 해군력을 급격히 증강시키고 있다.

이런 변화는 제국주의 질서에 상당한 변화를 낳고 있다. 예컨대 중국은 미국의 "뒷마당" 라틴아메리카에서 막대한 원료를 수입하고 긴밀한 관계를 맺으면서, 라틴아메리카 나라들을 미국의 영향권에서 떼어내는 구실을 한다. 그리고 러시아 등과 공조해 미국과 유럽 중심의 세계은행에 맞서 브릭스* 개발 은행을 설립하려 한다.

중국의 군사력 증가도 동아시아를 지배해 온 미국의 군사 패권에 직접적인 도전이 되고 있다.

미국은 중국의 경제적·군사적 부상을 위협으로 느끼며 제국주의

---

* 브릭스(BRICS) : 브라질, 러시아, 인도, 중국, 남아공의 앞 글자를 따서 만든 용어. 이 나라들은 최근에 급성장한 '신흥 시장 경제들'로 주목받고 있다.

서열의 꼭대기 자리를 지키려고 적극적으로 대응해 왔다. 오바마는 "아시아 재균형(아시아로의 '귀환')" 전략을 천명하면서 아시아 태평양 지역에 군사력을 늘리고, 동맹 관계를 확대·강화했다.

특히, 자본주의의 구조적 모순이 낳는 경제 위기가 이런 갈등을 키우고 있다. 헨리크 그로스만*은 경제 위기가 깊어질수록 "세계시장에서 경쟁자를 배제하고 가치의 이전[이윤]을 독차지하려는 경쟁"이 더욱 치열해진다고 지적했다. 특히, 경제 위기 때문에 열강들 사이의 지위가 바뀔 때 "경제적 경쟁을 폭력을 통해 해결하려는 경향"이 더욱 두드러진다고 설명했다.

오늘날 자본주의는 1930년대 대공황 이후 최악의 경제 위기를 겪고 있다. 이는 국가 간 정치적·군사적 갈등에 상당한 영향을 준다. 경제 위기로 자본주의 국가들은 살아남는 데 혈안이 돼, 서로 협력적으로 관계를 유지할 가능성이 줄어든다.

오바마는 집권 초 세계경제 위기에 대처하려고 G20 정상회의 등을 활용해 주요 제국주의 열강들의 이해관계를 조정하려고 했다. 그러나 국가들 간 이해관계가 첨예하게 대립하고 불협화음이 커지면서, 오바마의 시도는 실패로 돌아갔다.

동아시아에서도 경제 위기는 국가 간 경제적 경쟁을 더 부추긴다. 미국은 중국의 위안화가 상당히 저평가돼 있다고 불만을 표시한다. 그리고 아시아 태평양 지역에 자국에 유리한 경제권을 형성하려고

---

* 헨리크 그로스만 (1881~1950년) : 20세기 초 오스트리아와 폴란드 등에서 활동한 혁명적 마르크스주의자. 《자본주의 체제의 축적과 붕괴의 법칙》을 썼다.

중국과 경쟁한다.

이 때문에 오늘날 동아시아에서 경제적 경쟁과 지정학적 경쟁이 서로 맞물리는 경향이 커지고 있다. 예컨대 일본 아베 정권이 자국 경기를 부양하려고 이웃나라의 무역수지에 악영향을 미칠 경제정책(일명 '아베노믹스')을 추진하면서 평화헌법 개정과 군사력 강화도 천명한 건 단지 우연의 일치가 아니다.

따라서 지금 우리가 겪고 있는 동아시아 불안정은 제국주의적 경쟁의 "최신 단계"다.

물론 지금 당장 동아시아에서 강대국 간 전면전이 일어날 가능성은 적다. 그러나 새롭게 부상하는 강대국과 이를 제압하려는 기존 강대국의 경쟁 속에 곳곳에서 갈등이 불거질 것이다. 이 지역에는 영유권 분쟁, 군비 증강과 맞대응 등 여러 불씨가 놓여 있다. 그리고 이런 긴장이 나중에 심각한 "돌발사태"를 일으키지 않으리란 보장도 없다. 이런 경쟁과 충돌의 부담이 전적으로 노동자·민중에 떠넘겨지는 것도 물론이다.

우리는 오늘날 여전히 거대 자본과 제국주의 국가 들이 지배하는 세계에 살고 있다. 자본주의 체제를 그대로 둔 채 국제 협정, 국제 기구 등을 통해 이 세계가 만든 불안정과 야만을 막을 수는 없다.

냉전 해체 이후의 세계 질서와 '불량 국가'

미국의 북한 악마화는 냉전 해체 이후 제국주의 질서가 변한 상황과 관련 있다.

냉전 해체 이후, 미국 지배계급은 미국이 앞으로도 세계 초강대국으로서 독보적 지위를 누릴 수 있을지 불안해 했다. 당시 미국의 전략가인 헨리 키신저는 이렇게 주장했다.

"냉전이 끝나자 일부 관찰자들이 '단극적인' 세계 또는 '유일 초강대국' 세계라고 부른 상황이 조성됐다. 그러나 실제로 미국은 냉전 초기와 달리 세계적 의제를 일방적으로 결정할 처지가 못 된다. … 미국은 냉전기에 결코 경험하지 못한 종류의 경제적 경쟁에 직면할 것이다."

제2차세계대전이 끝났을 때 미국은 세계경제 산출의 거의 절반을 차지하는 가장 강력한 경제 대국이었다. 그러나 냉전이 끝날 즈음엔

———

이현주. 〈레프트21〉 102호. 2013년 4월 13일. https://wspaper.org/article/12872.

사정이 달라졌다. 그동안 미국 자본주의는 성장했지만, 유럽과 일본 자본주의는 미국보다 훨씬 더 빨리 성장했다. 중국은 선진국들보다 세 배나 높은 경제 성장률을 기록했다.

이것은 냉전의 산물이었다. 당시 초강대국인 미국은 가장 많은 군비를 부담했다. 막대한 군비 지출 덕에 미국 경제는 호황을 누렸고 독일과 일본은 수출 시장을 찾을 수 있었다.

한편, 독일과 일본은 독자적인 대규모 군비 지출이 없었기 때문에, 산업에 더 많이 투자할 수 있었고 생산력에서 미국을 따라잡기 시작했다.

그런데 미국과 일본, 독일 기업들 간의 경쟁은 각각의 국가들 간의 지정학적 경쟁으로 이어지지는 않았다. 영국의 마르크스주의자인 알렉스 캘리니코스는 이를 두고 '경제적 경쟁과 지정학적 경쟁의 부분적 분리'라고 지적했다. 소련이라는 '공공의 적'에 맞서야 한다는 필요 때문에 선진 자본주의 국가들이 미국의 정치적·군사적 지도력 아래 단결한 것이다.

그런데 냉전의 해체는 이런 제약을 푸는 효과를 냈다.

곧, 소련 제국의 붕괴는 "엄격한 양극적 세계 분할을 무너뜨렸고, 그럼으로써 두 초강대국이 아니라 다수의 열강들이 무대를 지배"하는 "경제적으로뿐 아니라 정치적으로도 다극화된 세계로의 복귀"(알렉스 캘리니코스)를 알렸다.

미국은, 냉전기 동안 미국의 우산 아래 있으면서 훌쩍 커버린 다른 열강들이 이제 자신에 도전할까 봐 우려했다.

그런데 미국에는 다른 주요 열강들이 갖지 못한 커다란 장점이 한

가지 있었다. 바로 막강한 군사력이었다. 미국의 지배자 일부는 이런 군사적 우위를 이용해서 독보적 지위를 유지하려 했다.

그러려면 무너진 소련을 대신할 새로운 '적'이 필요했다.

1990년대 초 당시 미국 대통령 조지 부시는 "새로운 위협이 지난 45년 동안 이어진 동서 대립 밖에서 출현했다"고 말했다. '불량 국가'는 미국이 만들어 낸 '새로운 위협'이었다. 이라크·이란·쿠바·북한 등이 지목됐다.

새로운 '적'

그래서 1990년대에 미국은 1980년대보다 군사 개입을 더 많이 했다. 미국은 '지역 깡패'를 손보는 방식을 취했지만, 명백히 이것은 최강의 군사대국으로서 다른 강대국들에 자신의 패권을 확인시키기 위한 것이었다.

예컨대, 1991년 걸프전은 다른 열강들한테 석유를 안정적으로 수급하려면 미국의 힘에 의존해야 함을 일깨운 전쟁이었다. 발칸 전쟁(1999년 나토의 유고슬라비아 공습)은 유럽연합의 뒷마당에서 벌어지는 일조차 미국만이 해결할 수 있음을 보여 주려 한 것이었다.

2003년 이라크 침략도 마찬가지였다. 2001년 9·11 사태가 터지기 전부터 네오콘들은 이라크를 노렸다. 유럽과 중국 등 주요 열강들이 의존하는 중동 석유에 대한 지배권을 확보하기 위해서였다. 9·11 테러는 '울고 싶은데 뺨 때려 준' 격이었다.

미국은 이런 군사 개입을 정당화하려고 이데올로기도 발전시켰다. '독재자'에게 그 나라 사람들을 해방시키기 위해 "인도주의적 개입"을 한다는 것이다.

그러나 수십 년 동안 세계 곳곳에서 독재 정권 수립을 돕고 또 든든한 후원자 구실을 해 온 미국이 "민주주의"를 운운하는 것은 완전한 위선이다. 게다가 미국의 개입이 낳은 결과는 "민주주의"가 아니라 학살과 야만 그 자체였다.

북한, 동아시아판 이라크

미국이 1991년 이후 동아시아에서 지목한 '불량 국가'는 바로 북한이었다.

동아시아에는 중국과 일본처럼 잠재적으로 미국의 세계 패권을 넘볼 수 있는 나라들이 있었다. 특히 1990년대 중반 이후 미국은 중국의 경제성장이 군사력 증강으로 이어지는 것을 보면서 우려를 키웠다.

그런데 미국이 중국과 경제적으로 긴밀한 관계를 맺은 상황에서 미국 정부가 대놓고 '너를 겨냥해서 포위망을 짜겠다'고 얘기할 수는 없었을 것이다. 바로 이 점에서 북한은 미국에 매우 유용한 존재다.

따라서 미국 입장에서 북핵 문제는 지나치게 불거지지도 사라지지도 않는 편이 좋을지도 모른다. 그래서 지난 20년 동안 미국은 엄포를 놓았다가 북한이 반발하면 양보 제스처를 취하며 시간을 끌고,

또다시 약속을 먼저 깨뜨리며 엄포를 놓는 식의 악순환을 반복했다.

물론 상황이 미국 뜻대로만 되지는 않는다. 북한은 회를 거듭할수록 강도 높게 반작용했다. 원래 핵이 없었던 북한이 2006년 10월에는 마침내 핵실험을 감행하고, 이제는 핵보유국을 자처하는 상황에 이르렀다.

이것은 미국의 '위기 관리' 능력을 의심하게 만들 수 있다. 또, 북핵이 주변 다른 나라들에 핵무장을 부추긴다는 점도 미국에 골칫거리다.

이런 과정 속에서 동아시아는 점점 더 불안정해지고 있고 제국주의 국가 간의 직접 충돌 가능성까지 불거지기 시작했다.

냉전 해체 이후의 동북아 질서와 북한 핵문제

6자 회담이 아무 성과없이 끝나고 2차 핵실험 가능성이 거론되는 지금 이 글이 〈맞불〉독자들에게 동북아 정세에 대한 올바르고 명확한 관점을 제공할 것이라고 믿는다.

10월 9일 북한이 핵실험을 실시한 지 3주 만에 6자회담 재개가 북미 사이에 합의됨으로써 신문 지상에서 북한 핵실험 관련 소식이 빠르게 사라지고 마치 사태가 일단락된 듯한 느낌을 주고 있다. 하지만 6자회담은 핵폐기와 그에 대한 검증 등 난제를 안고 있어 전망이 밝지는 않다. 설사 모종의 합의가 이뤄진다 해도 그것이 북미회담 또는 6자회담의 지난 합의들과는 달리 과연 이행될 것인지 보장이 없다. 최근 베트남 하노이에서 열린 한미정상회담에서 조지 부시가 언급한 북핵 포기 시 "안전보장과 경제지원" 또는 "한국전쟁 종료 선언"

김하영. 〈맞불〉 26호, 2008년 8월 29일. https://wspaper.org/article/3736. 이 글은 2006년 12월 7일 한반도 평화주간 토론회 2부 토론 '북핵 문제와 한반도 평화'에서 발표한 것이다.

(백악관 대변인 토니 스노)은 지난 합의들에서 이미 언급됐다가 이행되지 않은 것들이다.

6자회담이 비틀거려 온 것은 CVID의 세부사항 같은 쟁점 탓만이 아니다. 더 근본적으로 6자회담에 참가하는 당사자들이 자신의 동아시아 전략에서 북한을 서로 다르게 위치 짓고 있기 때문이다. 미국은 북한 핵문제를 그 자체의 해결을 넘어 동북아에서 자국의 영향력과 주도권을 유지·향상시키는 문제와 연계해 생각한다. (이 점에서는 중국을 비롯한 다른 당사국들도 마찬가지다.)

사실, 북한 핵문제가 불거지기 시작한 것도, 해결되지도 군사적 파국을 맞지도 않는 상태로 15년 이상 지속되고 있는 것도 모두 동아시아의 세력관계를 반영하고 있다. 북한 핵문제의 본질을 이해하고 해결책을 올바로 제시하기 위해서는 북한 핵문제를 둘러싸고 얽혀 있는 강대국들의 이해관계를 이해해야 한다. 이를 위해서는 냉전 해체 이후의 제국주의 질서와 그것이 동아시아에서 어떻게 나타나고 있는가를 이해해야 한다.

"북한 위협"을 유지하기

미국은 기회가 있었음에도 북한 핵문제를 해결하지 않았다. 1994년 한반도를 전쟁 코앞으로 몰고 간 1차 북핵 위기는 그해 10월 제네바 합의를 맺으면서 일단락됐다. 제네바 합의에 따르면, 북한이 핵시설을 동결하는 대신 경수로 2기와 경수로 완공까지 중유를 제공

받게 돼 있었다. 또, "미국은 북한에 대한 핵무기 불위협 또는 불사용에 관한 공식 보장을 제공"(2항(1))하기로 했다. 그러나 제네바 합의는 클린턴 정부 내내 이행이 지연되다가 부시 정부 들어서 마침내 전면 부정된다.

부시는 이미 취임할 때부터 제네바 합의(1994년)와 북미 공동성명(2000년)을 존중할 의사가 없었다. "불량국가"를 상대로 보상 약속을 한 것 자체가 문제라는 식이었다. 2001년 9.11테러 직후에 북한이 테러를 비난하고 미국에 위로를 전한 뒤 국제적 테러에 대항하는 협약에 서명할 것을 발표했는데도 미국은 이를 외면했다. 부시 정부는 이라크, 이란과 함께 북한을 "악의 축"에 포함시켰고, 의회에 제출된 핵태세검토(NPR) 비밀 보고서에서 북한을 핵공격 가능 대상으로 선정했다. 이것은 제네바 합의 위반인 동시에 핵확산금지조약(NPT) 위반이었다.

부시는 비록 지켜지지 않고 있는 합의들일지라도 그것이 일본·남한 등 미국의 동맹국들이 북한과 관계개선 하려는 효과는 내고 있다는 점을 못마땅하게 생각했던 듯하다. 이러다가는 미국의 동맹국들, 특히 일본이 미국보다 아시아와의 관계에 무게를 싣게 될까봐 걱정이 됐을 것이다. 2002년 10월 제임스 켈리의 평양 방문이 고이즈미 평양 방문 몇 주 뒤였고 고이즈미 평양 방문의 의의를 한꺼번에 뒤집는 결과를 낳았던 점은 시사적이다.

부시의 특사였던 제임스 켈리의 방북이 새로운 북핵 문제(농축우라늄 프로그램)를 일으킬 목적이었지 해결할 목적이 아니었던 것만큼은 매우 명백했다. 당시 회견 기록에 따르면, 북한은 4개의 다른 분야에서 융통성 — 미사일 개발과 수출, 북미협상의 진전, 국제원자력기구의 감사, 그리고 한반도에서의 주한미군의 장래 역할 — 을 보여주었지만 이 모든 것은 켈리 대표단에 의해 무시당했다. 그 결과는 북한 당국의 NPT 탈퇴와 영변 원자로 재가동이었다. 부시 정부가 대량살상무기의 확산을 조장하고, 그렇지 않아도 이미 긴장돼 있는 지역을 더욱 불안정하게 만든 꼴이었다.

물론 미국이 북한에 대해 군사적 보복 조치를 취한 것은 아니었다. 오히려 미국은 '북한 위협'을 해소하지 않고 잔존시키면서 미군이 동아시아에 남아있어야 할 명분과 동맹 관계를 강화하는 데 이용했다. 부시 정부는 북한을 세계 체제에 통합시키는 것이 중요 우선순위라고 주장하곤 했지만, 실제로는 그렇게 행동하지 않았다. "북한 경제가 세계 경제와 조화를 이룰 수 있도록 만들어진 2002년 북한의 경제 개혁을 부시 정부는 지지할 가치가 있는 것으로 대하지 않았다. 또, 클린턴 정부에 이어 부시 정부도 북한이 국제 기구 또는 지역 기구에 접근하는 것을 차단하고 있다." 북한은 WTO에 옵서버 자격으로라도 가입하고 싶어하지만 미국을 받아주지 않고 있다.

'북한 위협'이 없었다면 MD 구축을 위해 미국 정계를 설득시키기도, 일본을 끌어들이기도 어려웠을 것이다. 하지만 미국이 북한의 미사일 능력이 무서워 MD를 구축한다는 건 누구도 믿지 않는 얘기다. 신보수주의자인 로렌스 캐플란은 이렇게 노골적으로 말했다. "미사일방어의 실제 목적은 미국을 방어하는 것이 아니다. … 그것은 세계 지배를 위한 도구다."

부시 정부의 세계 전략과 동아시아

MD 구축 등 군사력 증강에 대한 몰두는 냉전 해체 이후 미국의 세계적 지위에 대한 미국 지배계급의 불안을 반영하고 있다. 헨리 키신저의 통찰은 이런 불안을 잘 묘사하고 있다. "냉전 종식으로 일부 관찰자들이 "단극적인" 세계 또는 "유일 초강대국" 세계라고 부른 상황이 조성됐다. 그러나 실제로 미국은 냉전 초기와 달리 세계적 의제를 일방적으로 결정할 수 있는 처지에 있지 않다. … 미국은 냉전기에 결코 경험하지 못했던 종류의 경제적 경쟁에 직면할 것이다."

세계 GDP에서 미국과 유럽연합과 동아시아가 각각 차지하는 비율은 2005년 현재 21.79, 20.67, 23.18인데, 2015년에는 18.86, 19.39, 25.03으로 동아시아뿐 아니라 유럽연합도 미국을 앞지를 것으로 예측된다.(출처 International Futures Model) 독일과 프랑스의 시간당 산출량은 미국과 비슷한 수준이다. 세계 수출에서 독일 경제와 중국 경제가 미국 경제를 추월 또는 바짝 추격하고 있다.

네오콘의 세계 전략은 미국 자본주의가 직면한 장기적인 경제적·지정학적 위협에 대한 이해에 기초해 있으며, 미국의 군사적 우위를 이용해 세계의 경제적·정치적 권력 분포를 자국에 유리하게 변화시키려는 시도다. 현재 미국의 군사력은 중국, 일본, 프랑스, 영국, 러시아, 독일 등을 합친 것보다 앞서는데, 19세기에 전성기를 누렸던 영국 제국주의조차 이 정도의 우위를 누린 적은 없었다.

9.11 테러는 네오콘에게 끝내주는 기회였다. 1990년대 미국 "신경제"의 종말과 9.11 테러에 따른 공포라는 두 가지 조건 속에서 네오

콘의 의제는 비로소 부시 정부와 의회에서 압도적 지지를 받을 수 있었고, 미국 〈국가안보전략〉에 명시적으로 등장했다. "지금은 무엇보다 미국 군사력의 필수적인 역할을 재확립할 때이다. 우리는 도전을 능히 압도할 국방력을 건설하고 유지하여야 한다." 군사력 증강에 대한 그들의 확신은 놀랍도록 노골적이다. "미국의 핵 우위는 결코 부끄러운 것이 아니다. 오히려 더 복잡하고 혼란스런 세계에서 미국의 지도력을 보존하는 근본 요소가 될 것이다."('새로운 미국의 세기를 위한 프로젝트'의 국방전략위원회)

물론 부시 정부는 "도전"이 깡패국가들로부터만 온다고 생각하지 않는다. 여러 부류의 사람들(좌파의 일부를 포함해)이 오늘날의 전쟁에서 강대국들 사이의 충돌이 벌어질 수 있는 가능성을 상상하지 못하지만, 〈국가안보전략〉은 이런 가능성에 대한 걱정으로 가득차 있다. "우리는 다른 강대국들로부터의 공격에 강하게 저항할 것이다. … 우리는 이 지역에서 과거의 낡은 강대국 권력 경쟁이 재연될 가능성에 유의하고 있다." 여기서 이 지역이란 "아시아"를 뜻하는 것이다.(이 글에서는 유럽에 대한 언급은 생략한다.)

아시아가 강대국 권력 경쟁이 재연될 가능성이 있는 곳이라는 지적은 새삼스러운 것은 아니다. 몇 해 전에 브레진스키는 "어떤 측면에서 오늘날의 아시아는 불길하게도 1914년 이전의 유럽을 떠올리게 한다"고 말했다. 지금은 "안정된 모습을 보이는 임시적 안정 상태"이지만 "갑작스런 충격을 받아 파괴적인 연쇄반응"일으킬 수 있다는 것이다. 그의 지적대로, "이 지역의 안정은 여러 아시아 국가들의 국력이 성장하면서 도전받고 있"는데 그 핵심은 "부상하는 중국"이다.

미국의 〈국가안보전략〉은 중국을 가장 걱정스럽게 그리고 있다. "최악의 공산주의 유산을 벗어버리기 시작한 지 4반세기가 지나도록 중국의 지도자들은 그들 국가의 성격에 관한 근본적 선택을 정하지 못한 상태다. 아시아 태평양 지역의 이웃들을 위협할 수 있는 첨단 군사능력을 추구함으로써 중국은 궁극적으로 스스로의 위대함을 깎아내릴지도 모를 낙후된 방식을 택하고 있다." 미국 지배계급은 중국의 경제 성장이 군사력 증강으로 이어지는 것을 보면서 동아시아에서 미국의 지위가 흔들릴까 봐 걱정한다.

미국이 소련을 주적으로 여기던 때에 미국은 소련의 지배력을 견제하기 위해 중국과의 관계개선에 몰두했다. 레이건 정부는 중국을 우방으로 묶어두기 위해 소련 군대에 대한 위성 자료 공유, 첨단 컴퓨터 지원 등 군사적 유인책도 썼다. (오늘날 많은 사람들이 중국-러시아-북한을 전통적 동맹으로 여기는 것은 큰 착각이다.)

이런 시절과 비교해 보면, 중국에 대한 미국의 경계는 냉전 이후 질서의 새로운 전개다. 이것은 두 가지 사실에 바탕을 두고 있는데, 하나는 중국의 빠른 경제 성장이고 다른 하나는 경제 성장에 바탕해 군비 지출 능력을 갖추게 됐다는 점이다. 다소 과장도 있긴 하지만 중국이 2020년경에 미국에 이어 세계 2위 경제 대국이 될 것이라는 예측이 많고, 중국의 국방예산은 2000년에서 2005년 사이에 두 배 증가했다.

바로 이 점에서 미국 지배자들은 중국에 대한 태도를 놓고 분열하고 있다. 즉, 중국 투자로 얻는 막대한 이윤에 기뻐해야 할지, 아니면 중국 경제의 확장이 가져올 중국의 강력한 정치·경제 권력을 두려워해야 할지 고민하고 있는 것이다. 더욱이, 중국이 미국에 상품을 수출해서 돈을 벌어들이고, 다시 그 돈을 미국에 빌려줘 미국이 중국 상품을 계속 구매할 수 있도록 하는 구조는 미국 지배계급에게 큰 딜레마를 안겨주고 있다. 중국이 미국 경제를 부양하고 있는 셈이다.

이처럼 미국의 다국적기업들이 중국 정부와 깊은 관계를 맺고 있는 상황에서, 더욱이 중국 정부가 "테러와의 전쟁"을 적극 지지하고 있는 상황에서, 중국을 상대로 무기를 증강하고 동맹을 다진다고 미국 정부가 대놓고 얘기할 수는 없을 것이다. 바로 이 점에서 북한은 부시 정부에게 매우 유용한 존재다. 동아시아의 최빈국을 들먹이기는 중국에 대해 그렇게 하기보다 몇 배는 쉽다.

동맹의 구축

중국의 도전을 방지하기 위한 미국의 대응은 일본과의 동맹을 강화하는 것이다. 사실, 미국은 1980년대부터 1990년대 중반 정도까지 일본을 의구심에 찬 눈으로 바라봤다. 요즘 미국 지배자들이 중국이 미국을 따라잡을 것인지에 대해 걱정스럽게 얘기하듯이, 1980년대에는 일본이 그럴 수 있을지가 걱정거리였다. 냉전 시기 동안 미국 날개 아래 있으면서 너무 커버린 동맹국이 소련이라는 공동의 적이 사라졌는데도 미국을 등지지 않을지 확신할 수 없었던 것이다.

중국에 대한 견제는 반대 급부, 즉 동맹을 묶어두는 효과도 동시에 거두고 있다. 마치 레이건 시절 소련과의 대결이 다른 서방 열강들에 대한 단속 효과도 냈듯이 말이다. 불가능한 조합처럼 생각되지만 미국 지배계급의 일부가 중·일 동맹의 출현마저 우려해 왔음을 알면 이 효과가 의미하는 바를 이해할 수 있다. 일본의 MD 참가는 결정적 전환점 가운데 하나였다. 이것은 미국이 "북한 위협"이라는 코드를 통해 이뤄낸 일이다. 하지만 미·일간 갈등의 요소가 완전히 사라졌다고 말할 수는 없을 것이다. 예컨대 일본은 아시아 경제위기가 한창일 때 국제통화기금(IMF)에 비견되는 아시아통화기금(AMF)을 발족시키려 했다가 미국의 적극적 반대에 봉착한 바 있다. "당시 미국 관계자들은 '일본이 뭔가 잘못 생각하고 있는 것 같다'며 불편한 심기를 토로했다."

어쨌든 지난 몇 년 동안의 추세는 명백히 미·일동맹 강화였다. 이것은 "아시아의 영국화"라고 부를 만한 것이었는데, 즉 평화 헌법의 굴레를 벗고 무장화의 길을 걷는 것이었다. 이것은 미국의 부담을 일본이 나눠지도록 하는 정책인 동시에, 브레진스키의 표현대로라면 "대미 의존에 분노를 느끼지 않는 일본"을 만드는 것이다. "일본이 미국의 안보 보호국이 아니라 태평양 지역에서 미국의 유능한 군사 동맹이 되면 중국이 일본의 민족주의를 반미적 방향으로 돌리고자 범아시아 정서를 부추길 가능성이 감소"될 것이다.

9.11은 이 추세를 가속화하는 중요한 계기 가운데 하나였다. 일본 정부는 아프가니스탄 지원에 이어 이라크에 자위대를 파병했다. 2004년 쓰나미 재앙 때 해상자위대를 파견한 것도 눈여겨볼 만하다. 이 지역에는 아시아 주요 국가(경쟁국)의 경제를 마비시킬 만큼

중요한 항구들이 있고, 석유 이동로이기도 하다. 2005년 5월 일본이 태국에서 코브라 골드 군사 훈련에 참가한 것도 이런 맥락에서 이해할 수 있다.

또, 일본 의회는 2004년 12월 무기 수출에 관한 금지를 완화하는 조치를 취했고(미국은 일본의 첨단 과학 기술을 미국의 방위 설비에 활용하고 싶어한다), 2005년 2월에는 대만 주변을 "공동의 전략 목표"로 포함시켰다. 최근에는 일본 방위청을 방위성으로 승격하려 하는데, 이렇게 되면 자위대의 해외 파병이 훨씬 쉬워진다. 이런 조치들은 동아시아를 심각한 불안정에 빠뜨릴 수 있다.

예컨대 대만 문제가 그렇다. 많은 전문가들은 대만 문제가 가까운 미래에 중·미관계를 충돌로 이끌 수 있는 유일한 변수라고 본다. 중국에게 대만은 매우 중요한 문제다. "동쪽의 대만을 포기한다면, 북쪽과 서쪽의 광범한 비(非)한족 지방들은 왜 안 되겠는가? 미국의 우파에게 그것은 중국을 제국의 대열에서 밀어내 2류 열강으로 전락시킬 수 있다는 신호가 아닐까? 러시아처럼 말이다." 만일 대만을 둘러싼 전쟁이 벌어진다면 그것은 과거 어느 전쟁보다 끔찍한 전쟁이 될 것이다. 왜냐하면 그 전쟁은 과거 역사에서 볼 수 없었던, 핵무기 보유국들 사이에 벌어지는 최초의 전쟁일 것이기 때문이다. 미국은 이미 "중국과 대만의 군사적 충돌"이 벌어질 때 핵무기를 사용할 수 있다고 정해 놓았다(〈핵태세검토보고서〉). 그리고 전략적유연성에 따르면 한국군도 이 사태에 연루될 수 있다.

미국은 9.11을 아시아의 동맹을 묶는 기회로도 활용했다. "9월 11일의 테러 공격은 미국의 아시아 동맹국들에게도 각성의 계기가 되었다. 호주는 항구적 자유 작전에 세계 최정예 전투 병역을 파견 … 한국과 일본은 테러공격이 발생한 지 몇 주도 되지 않아 전례 없는 수준의 병참지원을 제공 … 태국, 필리핀과의 반테러 협력을 강화 … 싱가폴과 뉴질랜드로부터 값진 지원을 얻었다."(〈국가안보전략〉) 곧이어 인도에 대해서도 다음과 같이 언급한다. "이러한 우려[가] 과거 인도에 대한 미국의 사고를 지배했었지만 오늘날 우리는 인도를 미국과 전략적 이익을 공유하는 떠오르는 세계 강국으로 보기 시작하였다." 여기에 중앙아시아까지 포함하면 이것은 완벽한 중국 포위다.

인도를 자기 편으로 만들고, 중국과 일본을 서로 적대하게 하는 것이 미국의 아시아 전략의 기본이다. 미국의 동맹 구축 속에서 강화되는 일본의 무장력은 중국을 자극하고 동아시아를 불안정에 빠뜨리는 태풍의 눈이다. 이런 움직임 속에서 북한 핵무기는 빌미일 뿐, 미·일 군사력 강화의 진정한 원인이 아니다.

북핵 문제와 얼크러지고 있는 미국의 동북아 전략

미국의 입장에서 봤을 때 북핵 문제는 지나치게 불거지지도, 사라지지도 않는 게 좋을지 모른다. 사실, 이것은 네오콘이 내뱉는 강경한 말과는 차이가 크다. 네오콘의 입장은 (그들조차 다 통일돼 있는 것은 아니지만) 김정일 정권을 교체하여 북핵 문제를 근본적으로 해결하자는 것이었다. 하지만 현실에서 부시 정부가 이런 방안을 따른 적은 없다. 북핵 문제에 관한 한, 부시 정부는 말은 네오콘처럼 하고 행동은 클린턴처럼 했다. 엄포를 놓았다가 북한의 반발이 있으면 양보를 할 듯한 태도로 협상장에 나와 시간 끌기가 부시 정부의 패턴이었던 것이다.

이런 시간 끌기를 타계하기 위해 북한은 회를 거듭할 때마다 강도 높은 반작용을 가했다. 2003년 초에 NPT를 탈퇴하고 원자로 재가동에 들어갔고, 2005년 초에는 핵무기 보유 선언을 했고, 2006년 10월에는 마침내 핵실험을 감행했다. 이런 반작용은 미국 입맛에 맞게 북핵 문제를 관리하기가 쉽지 않음을 보여줬는데, 북한은 미국의 어려운 이라크 점령 상황을 이용함으로써 기동의 여지를 넓히곤 했다.

반면, 이라크에 발목이 묶여 있는 부시 정부는 호통치는 것말고는 할 수 있는 게 없었다. 대드는 세력을 손봐주지 못해 체면은 체면대로 손상되고, 이라크는 북한과 달리 대량살상무기가 없어서 침략당한 거 아니냐며 이라크 전쟁의 정당성마저 훼손되는 일종의 악순환 같았다. 북핵 문제에 대한 부시 정부의 '해결'방식은 점점 신뢰가 떨어졌다. 미국의 전 국방장관 윌리엄 페리는 "부시 행정부의 대북 정책은 완전 실패인 것으로 드러났다"며 "강력한 경고만 남발하면서 실제로는 아무 행동도 하지 않았다"고 비난했다. 이것은 부시 정부가 이라크에 전력하는 동안 이라크 상황이 악화된 동시에 나머지 세계에 대한 통제력도 떨어졌다는 것을 뜻했다.

미국은 자존심의 상처를 최소화하면서 북한을 6자회담을 끌어내야 했다. 만약 그렇게라도 하지 못한다면 과연 미국을 믿고 핵무장을 안 해도 되는 것인지에 대해 동맹들의 신뢰가 추락할 것이고, 미국 중간선거에서 패배를 최소화하기가 어려울 것이었다. 이를 위해 미국은 중국의 도움에 기댈 수밖에 없었다. 동아시아 지역에서 위협을 다루는 능력을 보여준 것은 미국이 아니라 중국이 된 셈이다.

중국은 지난 몇 년 동안 서남·중앙아시아에서도 활발한 외교로 영향력을 높여 왔다. Globeson이 실시한 여론조사에서 아시아 지역의 응답자들은 국제 정치에서 중국의 역할을 미국의 역할보다 더 우호적으로 생각한다고 답했다. 중국의 이런 행보는 어떤 점에서 미국의 중국 포위 외교에 대한 대응책이다. 중국은 상하이협력기구(SCO)를 통해 우즈베키스탄과 키르기스탄에서 미군 철수를 요구했고, 이란·몽고·파키스탄·인도에게 SCO 옵서버 자격을 줬다.

미국은 비록 북핵 문제와 관련해 중국의 역할을 격려하고 있지만 중국의 영향력이 높아지는 것은 걱정이 아닐 수 없다. 특히 미국은 중국의 영향력 제고가 한미동맹에 끼칠 수 있는 영향을 염려한다. "미국이 가장 우려하는 것은 중국이 한국과 미국 간에 존재하는 북한 핵 처리에 관한 견해 차이를 활용하여 겉모습과는 다르게 실제적으로는 양자의 사이를 더욱 벌리려고 교묘하게 시도하는 것이다. 미국의 태도가 완고하고 극단적인 것처럼 보일수록 이러한 시도가 성공할 가능성이 커진다. 나아가 핵문제 처리 과정에서 미국의 동맹국간에 균열이 발생하는 경우, 이는 적어도 미국 지위의 약화를 초래할것이다."

일본에 관한 한, 미국이 동맹관계에 대해 큰 걱정을 하고 있지는 않은 듯하지만 핵무장과 관련해서는 얘기가 좀 다르다. 북핵 위기가 초래할 수 있는 한 가지 결과는 북한의 핵무기 보유에 대해 일본도 핵무장으로 대응하는 것이다. 일본은 쉽고 빠르게 핵을 개발할 능력이 있다. 미국 네오콘 가운데는 일본의 핵무장에 찬성하는 사람들도 일부 있지만 이렇게 되면 상황을 통제하기가 매우 어려워질 것이다. '일본이 동북아 지역의 강대국으로서 더욱 큰 역할을 할 수 있도록 장려하되 미국에 복종하게끔 해야 한다'는 미국의 의도는 성취하기가 더 어려워질 것이다. 일본이 핵무장을 하면 남한 지배자들도 핵무장을 원할 것이 불을 보듯 뻔하다. 그것은 군비 경쟁을 촉발할 것이고, 상황은 순식간에 미국의 통제 밖을 벗어나게 될 수 있다. 이것은 미국에게 최악의 시나리오 가운데 하나다.

소결

지금까지 북한 핵문제를 둘러싼 동아시아의 세력 관계를 간단히 살펴봤다. 이것은 북한 핵문제를 이해하는 데서 몇 가지 이점을 제공할 수 있다. 우선, 북한 핵문제를 북미간의 문제로만 단순화시키지 않도록 도와준다. 심지어 부시 정부의 말과 북한 당국의 말을 통해 세계를 보려는 사람들도 있다. 이렇게 보면, 부시 정부는 대북 전쟁 계획을 세웠다가 북한의 핵무기 개발로 물러선 게 된다. 북한의 핵무기가 한반도 평화를 위한 협상력이라는 긍정 효과가 있었다는 해석도 가능할 수 있다.

하지만 앞서 지적했듯이, 이라크 전쟁의 효과를 계산에 넣지 않고는 북핵 문제를 제대로 이해할 수 없다. 이라크 쟁점이 지배적이었던 미국 중간선거도 마찬가지다. 또, 근저에 깔린 미국과 중국, 미국과 미국의 동맹국들 간의 이해관계(그 가운데 하나가 미국 동맹국들로 핵무장 확산이 끼칠 영향이다)를 알아야 북핵 문제가 떠오른 진정한 이유와 협상 과정도 제대로 이해할 수 있다. 미국과 북한만 있다면, 미국에게 북한은 그렇게 신경 쓸 만한 대상이 못 된다. 설사 핵무기 2~3개를 가졌다 해도 말이다. 북한이 주변국과 맺는 관계가 동북아의 세력 관계에 변화를 미칠 수 있다는 점 때문에 미국은 여기에 끼어들어 자국 패권이 유지되는 방향으로 상황을 이끌려 하는 것이다. 사실, 북한 핵문제뿐 아니라 아프가니스탄과 이라크 침략도 강대국 간 경쟁을 고려하지 않고는 제대로 이해하기 어렵다.

둘째, 미국 민주당의 득세, 심지어 민주당 정권 탄생이 세계와 동아시아를 더 안전하게 만들어 주지는 못하리라는 사실을 이해하게 해준다. 앞에서 설명했듯이, 냉전 해체 이후 위협받고 있는 미국의 패권적 지위를 확고히 해야 한다는 것은 네오콘만이 아니라 미국 지배계급 전체가 공유하는 전제다. 서로 방식만 다를 뿐이다. 부시 정부의 정책은 많은 점에서 클린턴 2기 시절과 닮았다. 대북 정책은 (말이 아니라 행동을 본다면) 특히 그렇다. 더구나 최근 떠오르는 민주당 국회의원들은 '네오뎀'이라고 불리는 매우 보수적 인물들이다.

셋째, 한반도 평화가 북한의 핵폐기를 통해 얻어질 수 있는 게 아님을 이해하게 해 준다. 상황은 훨씬 복잡하고 근본적이다. 북한 핵이 미국의 군비 증강과 동맹 강화를 위한 핑계일 뿐이라면 미국은 핵폐기 뒤에라도 다른 문제를 들고나올 수 있다. 1994년 제네바 합의 뒤에 북미간에는 미사일 협상이 있었고, 미국은 생화학무기도 문제

삼을 수 있다. 몇 주 전에 부시 정부의 한 당국자는 "북핵이 폐기되더라도 인권 문제가 해결되지 않는 한" 관계개선은 어렵다고 말한 바 있다.

설사 북핵 문제가 완전히 해결됐다 해도 동북아의 불안정 요소가 사라진 게 아니다. 북핵 문제가 어떤 방식으로 해결됐느냐에 따라 새롭게 형성된 세력관계가 또 다른 불안정을 가져올 수도 있고, 그렇지 않더라도 대만 문제가 대표적인 위험 요소다. 남한의 불안정 요소가 북핵 문제만이라고 생각한다면 큰 오산이다. 앞서 지적했듯이, 남한은 대만 문제에 얼마든지 개입될 수 있는 상태다. 사실, 동아시아를 둘러싼 강대국간 경쟁, 특히 부상하는 중국과 미국 간의 갈등이 존재하는 한 불안정 요소는 어디서든 만들어질 수 있다.

넷째, 6자회담의 당사국들 사이에서 진정한 지역 평화의 대안이 나오기 어렵다는 점이다. 6자회담 테이블에 모여 앉은 당사자들은 똑같은 비중으로는 아니지만 동아시아를 불안정에 빠뜨리는 데 일조하는 세력들이다. 동아시아의 군비경쟁은 이 나라들이 주도하고 있다. 미국과 일본은 말할 것도 없고, 중국에 대해서도 환상을 가질 이유가 없다. 중국은 티벳을 비롯한 소수민족에 대해 무자비한 억압을 일삼고 있고, 아프리카 등지에서 제국주의적 야욕을 드러내고 있다. 최근 남한 정부의 주도적 중재 역할을 주문하는 사람들이 많다. 하지만 미국의 침략 전쟁을 지지하고 한미FTA에 열성인 한국 정부가 6자회담 테이블에서만 괜찮은 구실을 할 수는 없는 노릇 아닌가. 대화를 통한 해결책을 지지하는 심정은 십분 이해하면서도 6자회담의 한계를 명백히 인식할 필요가 있다.

바로 이것으로부터 시민사회운동 진영의 과제가 나오는데, 그것은 시민·민중 진영이 반전 평화운동을 적극 건설하고 국제적 차원의 연대를 도모해야 한다는 것이다. 당국이 나서는 국면에서 시민·민중 진영이 할 일은 없다는 식의 사고는 사회의 변화 주도력이 위로부터 나온다는 생각이다. 하지만 미국이 핵실험을 한 북한에 군사적 제재를 하지 못한 가장 결정적 이유인 이라크 수렁은 결코 어느 나라 정부가 아니라 이라크 저항세력과 미국을 비롯한 전 세계의 반전 운동이 아래로부터 만들어낸 것이었음을 기억할 필요가 있다.

한반도를 휘감는 긴장 Q&A

한반도 긴장이 계속되면서 많은 사람들이 불안감을 느끼고 있다. 남북한이 서로 호전적인 말을 주고받다가 최근에는 8년 만에 개성공단 철수까지 추진되는 등 여전히 한반도 평화는 안갯속이다. 한반도 위기 상황과 관련해 제기되는 물음들에 답한다.

Q. 최근 긴장의 주된 원인과 책임은 어디에 있는가?

미국과 한국(이하 정확성을 기하기 위해 남한으로 표기)의 지배자들은 이구동성으로 '북한이 협박과 도발을 하며 한반도 긴장을 고조했다'고 비난한다.

그러나 이들은 북한을 비난할 자격이 없다. 미국은 1만 기가 넘는 핵무기를 갖고 있으며, 실전에서 핵무기를 사용한 적이 있는 유일한

김영익·성지현. 〈레프트21〉 103호, 2013년 4월 27일. https://wspaper.org/article/12907.

국가다. 남한도 해마다 북한 GDP보다 더 많은 돈을 군비에 쏟아붓고 있다.

미국은 2002년엔 북한을 이란·이라크와 함께 "악의 축"이라고 규정하며 '핵 선제 공격 대상'으로 지목했다. 사실, 북한이 본격적으로 핵무기 개발에 나선 것도 이때부터다.

최근 긴장 국면도 그 출발점은 미국이 주도한 유엔 대북 제재와 한미 연합군사훈련이었다. 미국은 북한의 광명성 3호 발사를 빌미로 대북 제재 결의를 통과시켰다.

북한 공격과 점령 훈련이라고 할 수 있는 '키리졸브·독수리 훈련'은 어느 해보다도 강도 높게 진행됐다. 미국과 남한의 군대는 핵폭격기와 핵잠수함을 총동원해 북한 전역을 공격권에 둔 핵 공격 연습까지 했다.

이런 움직임들이 북한에 큰 압력이 됐고 호전적인 맞대응을 불러왔다. 따라서 지금 한반도 위기의 주된 책임은 미국과 그 동맹국들에 있다는 것을 분명히 알아야 한다.

Q. 왜 미국은 북한을 제재하고 압박하는가?

제2차세계대전이 끝났을 때 미국은 세계 산업생산의 50퍼센트를 차지했지만, 1980년대에 그 비율은 25퍼센트로 하락했다.

반면 중국 경제는 지난 30년 동안 연평균 8~10퍼센트씩 성장했다. 그리고 중국은 이를 바탕으로 급격히 군사력을 증강했다.

이런 상황에서 미국은 제국주의 서열 꼭대기 자리를 지키려고 적극적으로 대응해 왔다. 이것이 오바마 정부의 '아시아 회귀(재균형)' 전략의 배경이다.

여기서 북한의 존재는 좋은 명분이 됐다. 즉, 미국은 북한 핵무기라는 '악마'를 힘으로 다스림으로써 동아시아 국가들한테 자신의 패권을 각인하고, 북한의 '위협'을 빌미로 남한과 일본 같은 동맹국들도 단단히 묶어 둘 수 있었다.

미국은 '북한 위협'을 이용해 미사일방어체제(MD) 구축에 일본을 손쉽게 끌어들일 수 있었다. 또, 미국은 2010년 연평도 사태가 일어나자마자 기다렸다는 듯이 항공모함 조지워싱턴 호를 서해로 보냈다.

최근 오바마가 동아시아에 주한·주일 미군 수를 크게 늘리며 군사력을 증강하고 있는 것도 중국을 포위하는 전략의 일부다.

이번 한반도 위기 상황의 가장 큰 수혜자도 역시 미국이다. 미국은 이번 기회에 동아시아 MD 구축을 한 단계 전진시켰다. F-35 같은 최신 무기도 남한이 구매케 하려 한다.

미국 서부 해안에 요격 미사일을 50퍼센트 증강 배치하기로 했고, 고고도 미사일방어 체계(THAAD)도 조기에 괌에 배치하기로 결정했다.

Q. 박근혜 정부는 그 나름으로 적절하게 위기에 대처했는가?

이번에 박근혜의 '한반도 신뢰 프로세스'의 실체가 드러났다. 박근혜가 고른 외교·안보 인사만 봐도 김장수, 남재준, 김관진 등 군부 출신의 대북 강경파가 그 자리를 차지했다.

또, 박근혜는 이명박 정부의 '능동적 억제전략 개념'을 발전시키겠다고 밝혔다. 교전에서 '쏠까요 말까요 묻지 말고 선 조치 후 보고하라'는 것이다. 박근혜는 "일체의 정치적 고려를 하지 말고 초전에 강력 대응하라"고 지시했다.

게다가 박근혜 정부는 미국과 '공동 국지도발 대비계획'에 합의했다. 이에 따라 미군이 한반도에서 벌어지는 국지전에 자동 개입할 근거가 마련됐다. 이로써 서해 등지에서 우발적 충돌과 확전 가능성이 더 높아졌다.

그러므로 박근혜의 대북 정책은 사실상 이명박과 별로 다르지 않다. 강경하고 호전적인 대북 정책을 유지하며 한반도 위기의 요인인 한미동맹 강화에 힘쓰고 있다. 심지어 이제는 개성공단 철수까지 추진하기 시작했다.

한편 민주당도 "안보에는 여야가 따로 없다" 하며 박근혜에게 힘을 보태고 있다.

Q. 왜 북한은 핵과 미사일 개발에 집착하는가?

분명 미국과 그 동맹국들에 한반도 긴장 고조의 주된 책임이 있다. 그러나 그렇다고 해서 북한의 핵무장도 지지할 수 없다. 북한의 핵과 미사일 개발은 남한 노동자·민중을 불안하게 할 뿐 아니라, 북한 노동자·민중의 삶도 희생시킨다. 가용 자원을 군사 분야로 최대한 집중시켜야 하기 때문이다.

게다가 북한의 핵과 미사일 개발은 미국 제국주의가 동북아 개입을 정당화하고 일본이 재무장하는 데 빌미로 이용돼 왔다.

이는 북한 사회가 '사회주의'가 아니라, 또 다른 형태의 착취·억압

체제임을 보여 준다. 북한 정권의 목표는 제국주의를 타도하는 것이 아니라, 미국에 '체제 보장'을 받고 세계 자본주의 질서에 편입되는 것이다. 그래서 북한은 다른 자본주의 국가와 경쟁하고, 그 과정에서 자신의 협상력을 높이려고 핵과 미사일 개발에 집착한다.

Q. 한반도 전쟁 위기는 실질적인가?

〈레프트21〉이 그동안 지적했듯이, 당장 북한과 미국·남한 간에 전면전이 벌어질 가능성은 별로 없다. 북한 '악마화'의 배경인 중·미 갈등도 단기간에 정면 충돌로 나갈 가능성은 거의 없다. 따라서 일각에서처럼 우리의 제국주의 분석을 중·미 간 세계대전 일보직전이라는 식으로 오해해선 안 된다.

'테러와의 전쟁' 실패와 경제 위기로 미국은 동아시아에서 당장 또다른 전쟁을 벌일 여력이 없다. 미국은 심각한 재정 적자로 군비도 줄여야 하는 처지다.

또한 중국도 아직 미국의 패권에 정면 도전할 처지가 아니다. 중국이 급속히 경제 성장을 하고 있고 군비를 엄청 늘렸지만, 'G2'라고 보는 건 과장이다. 중국은 미국에 비해 여전히 경제력과 군사력 모두 많이 뒤처져 있다.

따라서 미국은 당장 동아시아에서 전쟁을 벌이려는 게 아니다. 대신에 북한을 핑계 삼아 중국을 포위하고 견제를 확고히 하려는 것이다.

그러므로 중·미 간의 경제적 상호 의존만 보는 일부의 시각도 일면적이다. 동아시아가 불안정해지는 것은 중국이 부상하면서 미국 주도의 기존 질서가 흔들리는 데서 비롯하기 때문이다.

더구나 1930년대 이래 최악의 경제 위기는 강대국들 사이에 경쟁과 긴장을 더 키울 수 있다. 그래서 최근 수년 동안 동아시아는 불안정이 점차 증대해 왔다. 특히 남중국해와 동중국해에서 영유권 분쟁이 격화했다.

비슷한 시기에 한반도에서도 국지적 충돌의 횟수와 강도가 높아졌다.

중·미 갈등 속에 동아시아는 치열한 군비 경쟁의 무대가 되고 있다. 지난 10년 동안 중국, 남한 등 주요 국가들이 경쟁적으로 군비를 곱절 이상 늘렸다.

따라서 동아시아와 한반도에서 우리는 단기간에 전쟁을 겪지는 않겠지만, 국지적 충돌 가능성은 존재하며 미래에 대한 불안감도 갈수록 커지고 있다.

Q. '한반도 비핵화'를 평화 운동의 요구 조건으로 내놓아야 하는가?

진보운동 일각에서는 평화 운동이 '한반도 비핵화'를 요구 조건으로 내놓아야 한다고 주장한다.

물론 위험천만한 핵과 핵무기에 대한 반감은 이해할 만하다. 북한 핵무장에 대한 비판도 타당한 것이다.

그러나 북한 핵무장을 비판하는 수준을 넘어, '한반도 비핵화'를 운동의 요구로 제출하는 것은 부적절하다. '한반도 비핵화'는 미국이 북한에 핵무기 폐기를 요구할 때 사용하는 전문용어이다. 이 요구는 미국의 제국주의적 압박이 한반도 불안정의 근본 원인이라는 점을 흐려 효과적으로 운동을 건설할 수 없게 만든다.

현재의 구체적 상황에서 미국 지배자들과 남한 정권은 모두 대화의 조건으로 '한반도 비핵화'를 내세우며 북한을 압박하고 있다. 1만 기가 넘는 핵무기를 갖고 있고, 며칠 전에도 온갖 최신 전략 핵무기를 한반도에 들여온 미국이 말이다.

따라서 '한반도 비핵화' 요구는 그 선한 의도에도 불구하고 구체적 맥락에서는 미국 제국주의자들과 남한 정권의 의도에 말려들 수 있다.

'한반도 비핵화' 요구는 비현실적이기도 하다. 되풀이되는 미국의 합의 폐기와 악의적 무시 속에서 핵 개발에 매달려 온 북한이 핵을 결코 포기하지 않을 것이기 때문이다. 그러면, '한반도 비핵화'를 요구한 운동은 결국 마비될 것이다.

또, 이 요구는 운동을 분열시킨다. 북한 핵에 대한 서로 다른 입장들 때문에 운동은 힘을 모아서 전진하기 어려울 것이다.

진보운동은 지난 미국의 이라크 전쟁 반대 운동의 경험을 되돌아볼 필요가 있다. 당시 국제 반전 운동은 '테러 반대, 전쟁 반대'라는 식의 양비론에 빠지지 않고, 사태의 핵심인 (테러를 빌미로 한) 미국의 전쟁 몰이를 정확히 간파해 강력한 반전 운동을 건설할 수 있었다.

지금도 마찬가지다. 진보운동은 정견의 차이를 넘어 한반도 긴장을 부추기는 미국의 패권 추구에 제동을 걸어야 한다.

Q. 평화 협정이 해결책이 될까?

진보진영에서 나오는 제안들 중에는 박근혜 정부의 '대북 특사 파견', '6자 회담 재개', '평화 협정 체결' 등 국가 간 대화와 합의를 촉구하는 게 많다.

물론 대결과 긴장보다 대화와 평화를 바라는 심정에 충분히 공감할 수 있다.

그러나 설사 양자 회담이나 다자 회담을 통해 모종의 합의가 이뤄지더라도, 이는 어디까지나 불안정한 평화일 수밖에 없다. 지난 20년 동안 미국은 북한과의 합의를 번번이 깨뜨려 왔다.

그래서 고(故) 리영희 선생은 2005년 9·19 합의 직후 "미국이 조약을 단 한 번도 지킨 사례가 없으므로 이 사실로부터 출발해 한반도와 동북아 지역 문제에 대한 우리의 생각과 판단의 단서를 잡아야 한다. … 종이 조각을 토대로 해서 상황을 판단[해서는 안 된다]" 하고 경고한 바 있다.

자본주의 국가들의 치열한 경쟁 속에서 국가 간 합의는 안정적인 평화는커녕, 순식간에 휴지 조각이 되는 경우가 숱하게 많다.

예컨대 1972년 말 미국 대통령 닉슨은 북베트남과의 평화 협정 체결을 위한 협상 과정에서 12월 하순 동안 베트남전 기간 중 최대 규모의 폭격으로 수많은 베트남인들을 학살했다. 협정은 한달 뒤인 이듬해 1월 23일에 체결됐지만, 전쟁이 끝난 것은 2년 뒤인 1975년 4월이었다.

1993년 미국의 중재로 이스라엘과 팔레스타인은 오슬로 평화 협정을 맺었다. 그러나 이는 팔레스타인의 평화를 가져다 준 게 아니라 저항을 가로막는 구실만 했고, 이스라엘의 팔레스타인 억압과 학살은 지금도 계속되고 있다.

국가 간 외교와 이를 통한 민족화해를 가장 중시하는 관점으로는 반전평화 운동을 아래로부터 강력하게 건설하기 어렵다. 예컨대 통합진보당 지도부는 "박 대통령이 대화를 통한 해결을 일관되게 추구한다면 적극 돕겠다"고 밝힌 바 있다.

진보진영은 지배계급에 외교적 조언이나 도움을 주려 할 게 아니라 독립적인 대중 운동을 건설하려 해야 한다.

Q. 한반도 평화를 위해 무엇을 해야 하는가?

우리는 미국의 대중국 포위 전략과 대북 압박이 동아시아의 불안정을 증대시키고 있음을 분명히 하는 데서 출발해야 한다. 즉, 한반도 불안의 진정한 원인은 미국 제국주의와 남한 지배자들의 친제국주의 정책에 있다.

고전적 마르크스주의자들은 이런 관점에서 현 사태를 분석하고, 우리의 과제가 무엇인지 주장해야 한다.

그리고 한반도 긴장을 악화할 대북 제재와 대규모 한미 전쟁 연습을 중단하라고 요구해야 한다.

한일군사협정, 미사일방어체제(MD) 참가 등 한미일 3각군사동맹을 강화할 조처들에 맞서는 것도 중요하다.

박근혜 정부의 무기 수입과 군비 증강, 제주 해군기지 건설도 막아서며 그 돈을 복지 확대에 돌리라고 요구하며 싸워야 한다.

이런 관점에서 아래로부터 반제국주의와 평화를 위한 운동을 꾸준히 착실하게 건설해 나아가야 한다. 역사적으로 제국주의는 아래로부터 강력한 저항에 부닥쳤을 때 여러 차례 한계를 보여 줬다.

한반도에서도 이런 저항 등으로 미국 제국주의의 기가 꺾였을 때 위기에서 벗어나는 일이 나타나곤 했다. 예컨대 1968년 푸에블로 호 사건*으로 터진 위기가 더 심각한 상황으로 발전하지 않은 이유는 미국이 베트남 전쟁의 수렁에 빠진 데 있었다.

2005년에 부시 정부가 북한과 대화에 나서지 않을 수 없었던 것은 이라크에서 수렁에 빠졌기 때문이다.

한편, 지금의 제국주의 간 긴장과 갈등은 심각한 세계 자본주의 위기에서 나오고 있다는 점을 봐야 한다. 끝을 알 수 없는 경제 위기 때문에 지배자들은 긴축과 사영화, 구조조정 등으로 노동자들에 위기의 고통을 전가하고 있다. 이 때문에서 곳곳에서 노동자들이 저항하고 있다.

우리는 이 저항이 노동계급이 단결해 싸우는 계급투쟁으로 발전하는 전략적 방향 속에 자리 잡도록 노력해야 한다. 그리고 노동계급의 반자본주의 투쟁이 장차 반제국주의 투쟁과 연결될 수 있도록 노력해야 할 것이다.

---

* 푸에블로 호 사건 : 1968년 미국 첩보함 푸에블로 호가 북한에 나포된 사건. 미국은 초반에 북한이 국제법을 위반했다며 항공모함을 동해로 급파했고, 박정희도 즉각적인 대북한 전쟁을 원했지만, 베트남 수렁에 빠진 미국은 전선을 확대할 수 없었다. 결국 미국은 북한 영해 침입을 인정하고 사과해야 했다.

남북 해빙과 통일

남북 공동 선언에 통일 방안에 대한 합의가 담기자 — 1항 통일 문제의 자주적 해결, 2항 남측 연합제 안과 북측 낮은 단계 연방제 안의 공통성 인정 — 통일에 대한 관심과 바램이 높아지고 있다. "통일의 첫발"을 디뎠다는 평가가 줄을 잇고, 특히 통일 운동 진영은 통일이 코앞에 다가온 듯한 기대감을 감추지 못하고 있다.

이런 분위기가 못마땅한 〈조선일보〉는 "북한을 향해서뿐만이 아니라 우리를 향해서도 실천력 없는 통일 논의는 공허하다는 것을 일깨워야 한다"고 김대중 정부에 주문한다. 괜시리 기대치를 높이지 말고, 정상회담이 통일을 하자는 게 아님을 분명히 하라는 요구다. "통일 대신 '우호적 분단'을 얘기해야 한다. … 일부 인사들은 그것을 '반통일'이라고 매도하겠지만 지금 한반도에서 지고의 가치는 평화이고 공존이고 대화이고 화해라는 것을 김 대통령은 만천하에 천명해

김하영. 〈열린 주장과 대안〉 4호, 2000년 9월 1일.

야 한다." 〈조선일보〉는 마치 자기네가 그 동안 평화와 공존과 대화와 화해는 진심으로 바라고 주장해 온 양 역겹기 짝이 없는 훈수를 두었다.

김대중은 〈조선일보〉의 기대를 저버리지 않는다. 그의 평소 신념이 "통일은 서서히 해야 [한다]"는 것이다. 김대중은 지난 7월 10일 "통일 정세"가 무르익었다는 들뜬 분위기를 겨냥한 듯 이렇게 주장했다. "통일은 서로가 더 안심할 때까지 이삼십 년 정도 기다려도 된다. … 지금은 경제적 능력이 없고 국민 감정이 받아들일 수 없어 남북의 통일을 바랄 수 없[다]."

이것이 낮은 단계의 연방제와 공통성이 인정된 국가연합의 기본 내용이다. 범민련, 한총련, 전국연합 등은 6·15 공동선언을 통일 선언이라고 환호하면서 한껏 고무돼 있지만 동시에 큰 딜레마에 봉착하고 있다. 이런 주장을 하는 김대중을 통일의 한 주체로 인정해야 하기 때문이다. 바로 이런 주장 때문에 얼마 전까지 "반통일 세력"으로 비난했지만, 그가 공동선언의 당사자가 된 것을 어쩌겠는가. 국가연합과 연방제의 공통성을 인정한 것은 그 동안 범민련과 한총련 등이 해석해 온 바에 따르면 사실상 반통일과 통일 사이의 공통성을 인정한 것과 다름 없는 일이었다.

그러나, 희망이 앞서는 해석들과는 달리 남북 공동선언은 실제로는 당장 통일을 하자는 합의는 아니다. 그럼에도 남북 화해 분위기는 사회적으로 통일에 대한 관심을 높이고 있다. 우리는 통일에 대해 어떤 입장을 취해야 할까?

분단의 기원 — 열강들의 제국주의적 침략정책

통일을 원하는 민족 감정은 매우 자연스러운 것이다. 우리 민족은 강제로 분단돼 살아 왔고 이로 인해 여러 고통을 겪었다. 한반도가 왜 분단됐는가를 살펴보려면 꽤 오래 전으로 거슬러 올라가야 한다.

우리 민족은 19세기 후반 열강들의 제국주의적 침략정책에 직면했다. 1876년에 일본은 조선에 강화도조약 맺기를 강요했다. 한반도를 상품시장 및 원료공급지로 삼으려 했던 것이다. 그렇지 않아도 일본의 세력 확장에 불안해 하고 있던 청나라는 조선 정부가 갑오농민전쟁을 진압하기 위해 군사 원조를 요청하자 이를 기회 삼아 군대를 파견했다. 그러자 일본은 전쟁을 도발했다. 이때 이미 한반도를 한강 선으로 분할해 남과 북을 각각 일본과 청나라의 세력권에 두자는 의견이 제시되기도 했다.* 한반도를 무대로 벌인 청일 전쟁에서 일본이 승리했으나, 이 승리는 곧 러·일간의 대립으로 이어졌다.

러시아는 태평양에 진출하기 위한 부동항을 구하려고 한반도를 기웃거렸다. 게다가 조선 정부는 일본의 간섭에서 벗어나려고 러시아를 끌어들이는 외교 정책을 지향하고 있었다. 이것은 한반도를 차지하기 위한 또 한번의 강대국간 전쟁을 일으켰다. 이 때도 38선을 경계로 남과 북을 각각 일본과 러시아의 세력권 안에 두자는 분할안이 러시아로부터 나왔지만** 일본은 이를 거절하고 영국과 미국의 재

---

* 강만길,《강만길 선생과 함께 생각하는 통일》, 지영사(2000년), 62쪽.

** 같은 책, 62쪽.

정 원조를 받아 러·일 전쟁을 치렀다. 영국과 미국은 일찌감치 일본의 한반도 지배를 인정했다. 미국은 1905년에 미국의 필리핀 지배를 인정받는 대신 일본의 한국 보호권 확립을 찬성하는 '태프트·카스라 비밀협약'을 맺었다.

1905년에 일본은 조선과 을사조약을 강제로 맺음으로써 외교권과 통치권의 대부분을 빼앗았고 1910년에는 한반도를 완전 강점했다. 제국주의 열강들은 서로서로 식민지 강점을 용인해 주었다. 미국은 "한국에서의 일본 행정이 매우 선의에 차 있고 한국민의 행복을 위해 힘쓰고 있는 흔적이 역력하다"고 평가했다. 영국은 "반대할 하등의 이유가 없다"는 입장을 밝혔고, 러시아도 마찬가지였다. 러시아의 한 신문은 일본의 조선 강점에 대해 이렇게 썼다. "병합이 조선과 이해관계가 있는 열국의 동의를 얻어 단행되었고 러시아도 이에 반대할 이유가 없다."

36년 동안의 일제 강점이 1945년 일본 패배와 함께 끝났지만, 이것은 진정한 해방이 아니었다. 2차 대전의 승전국인 미국과 소련이 일본의 식민지였던 조선을 분할 점령했다. 미국은 8월 6일과 8일 히로시마와 나가사키에 핵폭탄을 투하했다. 일본의 항복은 시간 문제였다. 이 때 소련이 일본에 선전포고를 하고 한반도로 진격해 들어왔다. 뒤늦게 태평양전쟁에 참가한 소련이 한반도를 통째로 집어삼킬까 봐 걱정이 된 미국은 서둘러 미국과 소련의 군사 점령 분계선을 획정하려 했다. 미군은 오키나와에 있었기 때문에 소련의 남하 속도를 따라잡을 도리가 없었다.

미국이 제안한 '일반명령 제1호'는 북위 38도선 이북의 한반도에서는 소련군 사령관이 항복을 받고, 38도선 이남의 한반도에서는 미국의 맥아더 장군이 항복을 받도록 분할하자는 내용을 담고 있었다. 소련은 '일반명령 제1호'의 한반도 분할 점령 제안을 그대로 받아들였다. 조선 민중은 해방의 기쁨을 누려보지도 못한 채 미국과 소련에 의해 분단돼 군사통치 아래 들어갔다.

미국과 소련은 동아시아에서 자신의 세력권을 유지·확대하기 위해 한반도를 발판으로 삼으려 했다. 미국은 남한을 반소의 전초기지로 만들려 했다. 맥아더의 보좌관들은 한국에 파견된 미군 요원들에게 이렇게 교육했다. "점령의 일차적인 목적은 공산주의에 대한 방벽을 만드는 것이다." 이것은 새 사회 건설의 희망에 부푼 노동자·민중 운동의 파괴를 뜻했다. 해방이 되자마자 각 지방에 인민위원회가 건설됐고, 노동자들은 일본인 자본가들이 버리고 간 공장을 접수해 운영하는 자주관리운동을 벌였다. 이 운동은 화신 같은 한국인 자본가 공장에서도 벌어졌다. 건국준비위원회는 정치범들을 석방하고 식량 공급 체계를 조직했다. 미군이 주둔하기 이틀 전인 9월 6일에는 조선인민공화국이 선포됐다.

이런 상황을 남한에 진주한 미군이 환영할 리 없었다. 미군은 조선인민공화국 주최로 인천항에서 열린 미군 환영식에 발포하라고 일본군에 명령했다. 환영식장에서 조선인 2명이 죽었다. 조선인들을 '해방'하러 왔다는 사람들이 조선인들을 억압하기 위해 이전 억압자인 일본군을 이용한 것이다.

미군정은 조선인민공화국을 "스스로 정부를 자처하는 잡다한 집단"이라고 매도했다. 그리고 "38선 이남에서 미군정만이 유일한 합법

정부"라며 "정부를 참칭하면 누구든 용서하지 않겠다"고 협박했다. 미군정은 노동자들의 공장자주관리 운동이 사유재산을 침해한다며 탄압했고, 노동조합의 정치 활동을 금지하고 조선노동조합전국평의회(전평)를 탄압했다. 미군정은 1946년 9월 총파업과 10월 민중항쟁을 대량 학살로 진압했다. 미군정의 탄압은 매우 잔혹했다. 미군 정보 장교 콜드웰은 조선인을 대하는 미국인 경찰고문관의 태도를 이렇게 표현했다. "이들 고문관들은 인종적 편견과 무지에 입각하여 '황인종'은 맞아야 정신을 차린다고 생각했다."

친일파는 권력을 유지했다. 일본 경찰의 앞잡이 노릇을 했던 친일파들이 해방 뒤에도 노동자와 민중의 투쟁을 짓밟았다. 한국 경찰의 기초를 놓은 매글린 대령은 이렇게 말했다. "많은 사람들이 왜 일본인들에 의해 훈련 받은 사람들을 그대로 쓰는가 하고 의문을 제기했다. 그러나 그들은 대부분 천부적으로 경찰의 기질을 갖추고 있었다. 우리는 그들이 만약 일본인들을 위해서 좋은 일을 했다면 우리에 대해서도 마찬가지의 역할을 하리라 생각했다."

조선 북부의 사정도 크게 다를 바 없었다. 조선 북부를 점령한 소련군도 미군과 마찬가지로 친소 정권을 구축하려고 노력했다. 스탈린은 소련의 점령지 정책에 대해 이렇게 말한 바 있다. "이제 다른 나라를 점령한 승전국은 자신의 군대가 그렇게 할 힘을 갖고 있는 한, 자신의 체제를 점령당한 나라들에게 강요할 권리가 있다." 미군이 9월 8일 주둔한 데 비해 소련군은 8월 12일에 이미 나진과 청진을 점령했기 때문에 소련군은 대규모 운동이 분출하기 전에 대부분의 도시를 점령할 수 있었다. 그럼에도 각지에서 인민위원회가 만들어지고 노동자 자주관리 운동이 일어나고 있었다. 스탈린은 9월 20일 북조선 주둔 소련군에게 다음과 같이 지령을 내렸다. "현지 주민들로 하여금 평화적 노동을 계속하고, 산업 및 상업 기업 그리고 공영 및 기타 기업의 정상적인 작업을 보장하며, 소련군 당국의 요구와 명령을 이행하며, 공공질서의 유지에 협조하도록 호소할 것."

이에 따라 노동자 자주관리 운동은 금지됐다. '공장을 노동자에게로'라는 구호와 '빈농위원회'는 좌경적 오류로 지적돼 억압당했다. 소련군이 일본인 소유 공장에 대한 권한을 모두 장악했다. 조선공산당은 소련의 입장을 좇아 노동자 자주관리 운동이 "자본가들에게 일종의 공포감을 주고 … 민족통일전선의 결성을 저해하는 결과를 초래"했다고 비난했다. 또, 소련군은 각 지방 인민위원회의 지도부를 재편하고 소련군의 통제를 따르게 했다. 조선인민공화국은 북한 지역 인민위원회에 대한 통치권을 요구했으나 소련은 조선인민공화국을 인정하지 않았다.

소련군은 조선 북부에서 전리품을 챙기는 데 여념이 없었다. 소련군 유지비를 요구했고, 천연 자원과 쌀을 약탈해 갔고, 산업 시설들을 철거해 갔다. 심지어 중요 산업 시설을 소련 극동지역으로 수송하기 위해 철도보안대까지 창설했다.

한반도 문제 해결을 위해 1945년 12월 모스크바 삼상회의가 열리고 1946년과 1947년에 미소공동위원회가 열렸지만, 미국과 소련은 절충안을 찾지 못했다. 한반도 전체를 자기 지배력 아래 둘 수 없다면 절반만이라도 유지해야 한다는 게 미국과 소련의 계산이었다. 결국 1948년에 두 개의 한국 — 소련 점령지의 조선민주주의인민공화국과 미국 점령지의 대한민국 — 이 생겨났다. 분단은 한반도에 대한 지배력을 지키기 위해 한편으로 미국과 다른 한편으로 중국·소련이 한반도를 무대로 해서 벌인 한국전쟁으로 한층 굳어졌다.

　일본 식민주의, 일본 패망 이후 한반도를 분할 점령한 미국과 소련, 그리고 한국전쟁에 개입한 미국과 중국이 모두 한반도 분단에 책임이 있다. 제국주의적 침략과 분단 그리고 전쟁 과정에서 한국인들은 징병, 죽음, 이별 등 온갖 수모와 고통을 겪어야 했다.

　민족주의는 이처럼 역사적 경험에서 비롯하는 것이다. 그것은 제국주의 억압에 대한 반감, 즉 반제와 관련이 있는 것이다. 민족을 경제·지리·언어를 기준으로 삼아 규정하려는 경향이 있지만, 어떤 추상적인 기준도 결정적인 요인이 아니다. 그보다 훨씬 중요한 것은 그들의 역사 의식과 감정과 욕구다. 제국주의 강대국에 대한 종속의 기억은 이 국가가 상당한 정도의 독립을 쟁취한 뒤에도 오랫동안 살아남는다.

　외세에 의한 분단을 끝내고 통일을 이루기 원하는 민족 감정을 이해하고 지지해야 한다. 우리 민족은 누구를 침략해 본 적도 없으며 통일을 하더라도 주변 나라들을 억압할 가능성도 없다. 피억압 민족에 대한 지배 수단으로 이용하기 위해 자결권을 요구하는 경우라면 이것을 지지할 수 없지만(예컨대 팔레스타인의 아랍인을 지배하려는 유태인들의 자결권) 한국 민족의 경우는 그렇지 않다. 남북한 주민들은 하나의 국가로 통합해 살고 싶다면 원하는 때에 원하는 방식으로 통일할 수 있어야 한다. 우리는 재통일 결정을 포함해 강대국들의 간섭 없이 살자고 결정할 권리, 즉 자결권을 지지해야 한다.

적대 관계 속의 공생

두 개의 한국은 각각 그들을 지배하고 있는 강대국의 모습을 좇아 건설됐다. 지난 50년 동안 남과 북은 각각 독립적인 국가를 건설했고, 자체의 지배계급을 형성했고, 자체의 부(富) 축적 방식을 추구해 왔다. 미국과 소련은 국민국가의 건설과 경제 발전을 억압하지는 않았다. 남한 지배자들은 극동의 반공 보루로서 원조 덕을 보기도 했다. 그 결과 남북한은 세계 중류 수준의 공업국으로 성장했고(북한이 지금 심각한 경제 붕괴 상태에 있지만 1970년대까지는 놀라운 속도로 공업 성장을 이루고 있었다), 대규모 노동계급이 형성됐다.

통일을 원하지 않았던 것은 한반도 주변의 열강들만이 아니었다. 남북한의 지배계급은 각각 별도의 국가를 건설하면서 통일은 그저 먼 미래의 일로만 미뤄 두고 오히려 적대관계를 정권 유지의 명분으로 이용해 왔다.

한국전쟁을 앞뒤로 한 시기에는 남북한 당국이 공공연히 무력 통일을 주장했다. 한국전쟁을 거치면서 남한에는 반공·반북 의식이, 북한에는 반미·반남 정서가 팽배했다. 이승만은 국제적으로는 '유엔 감시하의 인구비례에 의한 총선거'를 주장했지만, 국내적으로는 북진통일을 내세우고 있었다. 북진통일은 또 다른 전쟁을 치르지 않고서는 불가능한 것이었다. 이승만이 얼마나 호전적이었던지 미국은 그가 미국과 상의 없이 전쟁을 일으킬까 봐 걱정이 돼 북방한계선

(NLL)[*]을 정하기까지 했다. 이승만은 대화를 통한 통일을 배격했다. 제3대 대통령 선거 후보로 나왔던 조봉암은 평화통일을 주장했다는 이유로 선거가 끝난 뒤에 국가보안법 위반 혐의로 구속돼 사형당했다.

박정희는 쿠데타 직후에 1960년 4월혁명으로 분출했던 통일운동을 짓밟고 평화통일을 주장했던 수천 명의 인사들을 용공 혐의로 잡아들였다. 박정희는 "반공을 국시의 제일로 삼"고 이른바 '선 경제건설 후 통일'을 주장했다. "국토통일을 위해서 공산주의와 대결할 수 있는 실력 배양에 전력을 집중하겠다"는 것이었다. 통일을 입에 담는 것조차 불온시됐다. 박정희는 1972년 7·4 남북공동성명을 통해 통일의 3대 원칙으로 자주·평화·민족대단결을 천명했지만, 그것을 종신 권력을 구축하는 지렛대로 사용하는 데만 관심을 기울였다. 통일 시대를 대비한다는 명목으로 유신 개헌을 단행한 것이다. 그 뒤에 들어선 정권들도 자신의 통일 방안을 거창하게 발표하곤 했지만, 그것은 실천을 위한 것이 아니라 대국민 과시용이고 상대방 압박용이었다. 남한 지배계급은 수십 년 동안 북한과의 대치 상황을 이용해 내부의 적을 탄압하고 권력 기반을 강화했다.

분단 국가 건설에 매진하기는 북한도 마찬가지였다. 북한의 대남 정책의 핵심적 개념으로 알려진 '민주기지론'은 흔히 잘못 해석돼 왔다. 가장 대표적인 오해가 민주기지론을 무력 적화 통일 방안으로

---

* 1998년 남북한 사이에 교전까지 일으킨 북방한계선은 애당초 이렇게 해서 만들어진 것이었다. 남한 지배자들의 거짓말과는 달리 NLL은 남북이 합의한 국경선이 아니었다.

여기는 것이다. 그러나 민주기지론은 분단 국가 건설을 정당화하기 위한 것이었다. 스탈린의 '일국 사회주의론'을 원용해 한반도의 한 지역에서 먼저 '사회주의'를 건설한다는 것이었다. 이종석의 지적대로 '민주기지론'은 "통일을 향한 적극적인 개념이라기보다는 한 지역에서 일방적으로 추진하고 있는 혁명 건설을 통일의 관점에서 정당화시키기 위한 매개 개념의 성격이 더 강하다"*고 할 수 있다.(여기서 '사회주의 건설' 또는 '혁명 건설'은 급속한 중공업 건설을 뜻하는 것으로 읽으면 된다.) 이런 점에서 '민주기지론'은 박정희의 '선 경제건설 후 통일론'과도 일맥상통했다.

이것은 북한 당국이 민주기지론을 당건설, 경제 발전의 성과를 통일 문제와 연결시키는 과정에서 제시하곤 했다는 점에서도 잘 드러난다. 북한의 《정치사전》은 민주기지론에 대해 이렇게 쓰고 있다. "미제의 남조선 강점으로 말미암아 전국적으로 혁명을 밀고 나갈 수 없게 된 조건에서 공화국 북반구에 조선혁명의 강력한 보루, 혁명적 민주주의를 창설할 데 대한 독창적인 노선[을 김일성이 내놓았으며] … 공화국 북반부에 혁명적 민주기지를 창설하기 위하여 우선 당을 창건하고 당의 령도 밑에 인민정권을 세[웠다.]"**

1960년대부터 주창된 '남조선혁명론'의 밑바탕도 "북반구 혁명적 기지의 가일층 강화"였다. 북한 관료들은 노동자들을 더 오래, 더 많이 일 시키기 위한 증산 운동에 '전투', '투쟁' 등의 구호를 붙이고는

---

* 이종석, 《분단시대의 통일학》, 한울(1998), 93쪽.

** 《정치사전》, 평양: 사회과학출판사, 1235쪽. 같은 책 93쪽에서 재인용.

경제 성장이 '반미'와 '통일'과 관련 있는 양 명분을 내세우곤 했다. 북한에서 "경제투쟁"은 임단협 투쟁이 아니라 증산운동을 가리키는 말이다.

북한도 남한과의 적대 관계를 내부의 적을 탄압하고 권력을 강화하는 데 이용해 왔다. 1972년 7·4 공동성명 이후 북한은 모든 권력을 국가 주석 김일성을 중심으로 편재하는 기형적인 새 헌법을 만들었다. 그리고 북한 당국은 남북 화해 국면을 이용한 남한의 유신 체제 수립에 대해 어떤 비판도 하지 않았다. 최근에 남측 언론사 사장단을 만난 김정일도 "그 때 그 환경에서는 유신이고 뭐고 그럴 수밖에 없었다"며 마치 당시 민주화운동 세력이 "무정부적 민주화"를 주장하기라도 한양 말했다.

남북한 지배자들 사이에 서로 눈감아 주는 정도가 아니라 아예 노골적인 뒷거래도 있었다는 사실이 1998년 북풍 사건 폭로를 통해 확인됐다. 1996년 4·11 총선 때 북한이 DMZ에서 무장 시위를 벌인 것은 김영삼 정권의 요청에 의한 것이었다. 북풍 사건을 조사한 전 국정원장 이종찬은 1992년 대선에 영향을 준 대형 간첩단 사건인 '중부지역당 사건'과 1987년 대선에서 여권이 이기는 데 결정타 구실을 한 'KAL 기 폭파사건'도 북풍사건이었을 것이라고 의구심을 나타낸 바 있다.

냉전 해체와 남북한 및 주변 열강과의 관계 변화

1980년대 말 냉전의 해체는 남북 관계에 여러 변화의 조짐들을 불러 왔다. 북한—소련, 북한—중국*을 한편으로 하고, 남한—일본—미국을 한편으로 하는 냉전 구도가 무너지면서 동북아시아의 질서는 한층 복잡하고 불안정해졌다. 많은 사람들은 냉전 해체로 통일 여건이 조성됐다고 생각했지만 상황은 그리 간단치 않았다.

북한은 냉전 해체 전부터 경제 위기를 겪고 있었다. 1970년대까지 북한의 대남 정책은 남한에 대한 경제적 자신감을 바탕으로 하고 있었다. "남북 합작은 남조선 경제 복구의 담보" — 이 말은 1960년대 북한이 가장 자신 있게 남한측에 제시했던 제의 가운데 하나였다. 그런데 1970년대 후반부터 한반도의 경제력 균형은 뚜렷이 남쪽으로 기울고 있었다. 북한의 연평균 성장률은 1975~85년에 4%대로, 1986~89년에 2% 수준으로 계속 하락하고 있었다.** 1987년에 북한은 채권국에 대해 공식적으로 지급 불능을 선언했다. 1988년에는 소련에 무역대금도 제대로 치르지 못했다.

설상가상으로 소련과 동유럽이 붕괴하자 북한 경제는 큰 타격을 입었다. 1991년 1월 소련은 대북 무역에서 예전 같은 특혜를 중단하고 경화 지불을 요구했다. 북한 총 무역량 가운데 소련과의 교역이 5분의 3을 차지하고 있었기 때문에 북한 경제에 미치는 충격은 이만저만이 아니었다. 에너지 수입은 전해보다 75%가 줄었다. 이에 따라 북한은 수입 에너지 물량의 3분의 2를 중국에 의존하게 됐는데, 중

---

* 중국과 소련은 중소 분쟁 등으로 불편한 관계였고, 북한은 둘 모두와 가깝게 지내면서 줄타기 외교를 하고 있었다.

** 통계청, 《남북한 경제사회상 비교》, 1996. 11.

국마저 그 해 5월부터 무역 특혜를 중단할 방침이라고 통보해 왔다. 북한은 석유 소비량의 4분의 1 가량을 줄이지 않을 수 없었다. 공장이 잇달아 멈추고 건설이 중단됐다. 북한의 GNP 감소폭은 1990년 (-3.7%)에 비해 1991년(-5.1%)과 1992년에(-7.7%)에 더욱 커졌고, 그 뒤 10년 동안 북한 경제는 마이너스 성장을 기록했다.

고르바초프가 1989년 12월 몰타회담을 통해 미국과 적국이 아님을 선언하고, 1990년 6월 노태우와 정상회담을 갖자 북한과 소련의 관계는 급속히 악화됐다. 한국과의 관계 개선 결정을 알리러 소련 외무장관 셰바르드나제가 북한을 방문했을 때 북한 외교부장 김영남은 북한 당국의 입장을 이렇게 전달했다.

· 한소 수교는 한반도의 영구 분단에 대한 국제적인 적법성을 부여하는 결과를 가져올 것이다. 소련이 남한을 공식적으로 승인하는 것은 다른 나라들이 그렇게 하는 것과 근본적으로 다르며 보다 심각한 문제를 초래할 것이다.

· 소련이 남한을 승인하게 되면 남한은 동독에 대한 시나리오를 본떠 북한의 사회주의를 말살하고 북한을 집어삼키기 위해 더욱 무모한 시도를 할 것이다. 그로 인해 한반도의 긴장은 고조될 것이다.

· 소련의 남한 승인은 1961년 체결된 북소 안보조약의 근간을 무너뜨리게 될 것이다. 그렇게 되면 북한은 아시아·태평양 지역에서 독자적인 행동을 취할 수 있고 정책 수립에 있어 소련과 협의할 의무에서 벗어날 것이다.

· 북한과 소련의 동맹조약이 파기되면 북한은 희망하는 무기를 개발하지

않겠다는 약속에 더 이상 얽매이지 않을 것이다.*

대단한 분노가 묻어나는 그리고 어느 정도 협박조인 위 글에는 누구의 통제에도 따르지 않게 된 동시에 의지할 곳도 없어진 북한의 처지가 잘 드러나 있다. 미국의 입장에서 봤을 때 소련이 통제하던 동안은 북한이 안정된 지역이었지만 이제는 더 이상 그렇지 않게 된 것이다. 더구나 마지막 항의 "희망하는 무기"가 핵무기일지도 모른다는 가정 하에 미국은 소련 외무장관 셰바르드나제와 1990년 2월부터 5월까지 이 문제를 의논하기도 했다.

중국과의 관계는 소련만큼 절망적이지는 않았지만 소원해지기는 마찬가지였다. 1990년 9월 김일성은 중국 선양을 방문해 장쩌민·덩샤오핑과 각각 회담을 가졌는데, 김일성의 간청에도 불구하고 중국은 선양 회담 한 달 뒤 한국과 준영사급 무역사무소를 개설하는 데 합의했다. 1991년 5월에는 한국의 유엔 가입에 거부권을 행사하지 않겠다고 밝혔고, 급기야 1992년 8월에는 한중 외교 관계를 수립했다.** 북한 당국은 북한이 미국·일본과 수교할 때까지 중국이 남한과의 공식 관계 수립을 유보해 주기를 바랐지만, 중국은 그렇게 하지 않았다.

북한은 소련과의 관계 악화를 만회하기 위해 일본과 수교 노력을

---

* 돈 오버도퍼,《두 개의 코리아》, 중앙일보사(1998), 206~207쪽.

** 노태우는 중국과의 관계개선을 위해 갖은 노력을 기울였다. 천안문 항쟁 폭력 진압으로 중국의 아시안 게임 개최가 위태로워지자 노태우는 아시아 각국 스포츠 인사들을 상대로 중국에 불리한 결정을 내리지 말도록 막후 공작까지 폈다.

기울였다. 1990년 한-소 정상회담 이후 일본과의 관계 개선 노력을 쏟은 결과, 그 해 9월에 일본 외무성 관리, 보좌관, 언론인 들과 함께 44명의 의원 대표단이 평양을 방문했다. 방문자 가운데는 일본 정치계 제1실력자 가네마루 신도 포함돼 있었다. 김일성은 북-일 국교를 즉각 정상화하자고 제의했다. 이것은 그 동안 북한이 반대해 온 남북한 교차 승인을 뜻했다.

북한은 1965년 한일협정의 전례에 따라 일본으로부터 수십억 달러의 보상금을 받을 수 있을 것으로 기대하고, 그 중 일부라도 국교 정상화가 되기 전에 제공해 달라고 요청했다. 긴 협상 끝에 일본의 자민당·사민당 합동 대표단은 "일본은 36년간의 식민 통치와 2차대전 후 45년간의 비정상적인 대우에 대해 북한에 공식 사과하고 보상해야 한다"는 공동 선언문을 발표했다.

그러나 미국이 북일 수교를 가로막고 나섰다. 미국은 일본 정부에게 ① 북한이 핵사찰을 받아들이게 하고, ② 전후 45년의 보상은 받아들이지 않으며, ③ 식민지 기간의 보상도 북한 군사력의 강화에 이용되지 않는다는 것을 보증받으며, ④ 남북대화가 후퇴하지 않도록 배려해 달라고 요구했다.* 사실상 회담을 결렬시키라는 것이나 마찬가지였다. 미국의 강력한 반대에 부딪힌 가네마루는 주일 미 대사에게 미국을 제쳐놓고 성명서를 발표한 데 대해 사과해야 했다.

북한은 남한에도 고위급회담을 제의했다. 1990년 10월 안기부장 서동권의 평양 방문으로 시작된 대화로 1991년 12월에는 남북기본

---

* 이종석, 앞의 책, 117쪽.

합의서와 비핵화공동선언이 채택됐다. 한반도의 화해 분위기는 어느 때보다도 한껏 달아 올랐다.

북한은 미국과의 수교에도 관심을 보였다. 김일성은 1990년 5월 24일 최고인민회의에서 미군의 즉각 철수에서 한발 물러난 주장을 폄으로써 대미 관계의 변화를 소망하는 제스처를 보냈다. "미국이 남한에서 한꺼번에 모든 군대를 철수할 수 없다면 점진적으로 철수할 수도 있을 것[이다]."* 또, 5월 28일에는 미군 전사자 유해 5구를 미국에 돌려 주었다. 그러나 미국으로부터 돌아온 답변은 "핵사찰을 수용하라"는 것뿐이었다.

미국의 북한 핵사찰 요구가 거세지면서 남북 관계는 덩달아 다시 얼어붙기 시작했다. "남북 화해와 불가침 그리고 교류·협력" 약속은 물거품이 됐다. 평범한 사람들의 기대와는 달리 냉전이 해체된 뒤에 한반도 긴장이 더욱 고조됐던 것은 순전히 자신의 이해관계를 지키려는 미국 때문이었다.

냉전 해체 이후 미국의 대북 정책

미국의 가장 중요한 목적은 냉전 해체 이후에도 동아시아에서 주도권을 빼앗기지 않는다는 것이었다. 그러나 소련의 도발로부터 우방국을 지킨다는 냉전 시기의 명분은 이제 사라져 버렸다. 미군은 이

---

* 돈 오버도퍼, 앞의 책, 213쪽.

제 무슨 근거로 전세계에 주둔할 것인가? 1990년대 초 당시 미국 대통령 부시는 "새로운 위협이 지난 45년 동안의 전통적 동서 대립 밖에서 출현하고 있다"는 말로 미국의 탈냉전 시대 전략을 암시했다.

북한은 동아시아 지역에서 "새로운 위협" 구실을 맡을 적임자였다. 북한은 소련과 소원해지고 미국과는 수교를 맺지 않는, 제멋대로인 골칫덩이요 시한폭탄 같은 이미지에 딱 알맞았다. 게다가 북한은 1970년대까지 놀라운 경제 성장을 기록한 공업국이고, 군사에 많은 비용을 투자해 온 나라였다.* 이 점도 미국이 제기하는 '의혹'의 개연성을 뒷받침해 주는 조건이었다.

미국은 북한의 "위협"을 이를 데 없이 과장했다. 그래야 이 "새로운 위협"을 다스리는 미국의 능력이 더욱 위대해 보일 것이기 때문이다. 이것은 미국이 이라크에도 똑같이 써먹은 수법이었다. 미국의 저널리스트 홀리 스클라는 다음과 같이 썼다.

미국 국방부는 고의로 이라크의 위력을 과장했다. 이라크 군대를 제3세계에서 가장 강력한 군대의 하나로서가 아니라 세계에서 가장 강력한 군대의 하나로 묘사한 것이다. 그 목적은 두 가지였다. 하나는 이라크를 오도하는 것이고, 다른 하나는 승리를 더욱더 영웅적으로 보이게 과대포장할

---

* 물론 북한 군사비는 미국에 비하면 새발의 피다. 미국의 군사비는 북한의 56배이다. 미국이 '깡패 국가'로 간주하여 군사 침공의 대상으로 삼고 있는 5개국(북한, 쿠바, 리비아, 이라크, 수단)의 군사비 합계 80억 달러는 미국 1국의 35분의 1에 못 미친다. 리영희, 《반세기의 신화》, 삼인(1999), 136~137쪽을 참고하시오.

수 있는 무대를 마련하는 것이었다.[*]

그러나 미국이 걱정한 것은 북한 자체가 아니었다. 동북아 다른 나라들이 북한을 군사력 증강의 명분으로 이용하는 게 미국의 진짜 걱정거리였다. 미국은 특히 일본이 걱정스러웠다. 미국은 북한의 핵을 문제 삼았다. 그것은 미국이 탈냉전 시대 세계 전략의 핵심 과제 중 하나로 삼고 있는 핵무기확산 통제 정책의 일환이었다.^{**} 미국은 탈냉전 이후 확산될지도 모를 각국의 핵무장에 쐐기를 박으려고 북한을 본보기로 삼았다. 전세계 거의 모든 언론은 북한을 무시무시한 악당으로 만드는 데 여념이 없었다. 북미 관계는 대개 범죄와 처벌에 관한 사건으로 보도됐다. 북한은 그들이 저지른 악행 때문에 경제제재를 받는 불법 국가로 묘사됐다. 북한의 양보조치는 경시됐으며 중대한 의미를 갖는 제안은 의도적으로 무시됐다.^{***} 미국은 북한에 온갖 협박을 퍼붓고 전쟁도 불사하려 했다. 클린턴은 남한에 상당수의 증원군 파병을 승인했고 북한의 핵시설을 공습하는 계획이 준비됐다. 전쟁을 할 경우 1백만 명 이상이 죽을 것이란 예측이 나왔지만, 미국의 목적을 위해서라면 한국인 1백만 명쯤은 아무것도 아닌 것으로 취급됐다.

---

*   홀리 스클라, '신세계질서와 미국', 《탈냉전과 미국의 신세계질서》, 역사비평사 (1996), 241쪽.

**   미 백악관, '미국의 국가안보전략: 개입과 확장', 《국가전략》 제1권 1호, 세종연구소(1995), 242쪽.

*** 리언 시걸, 《미국은 협력하려 하지 않았다》, 사회평론(1999), 277쪽.

결국 북한은 1994년 제네바 합의를 통해 핵확산금지조약(NPT)에 잔류하고 사찰을 받기로 약속했으며, 흑연감속 핵 반응기를 경수로로 대체하기로 합의했다. 이것은 말할 것도 없이 북한에게 불리한 협정이었다. 세계 제일의 핵강국인 미국이 남의 나라의 핵 개발에 이래라 저래라 하는 것 자체가 위선일 뿐 아니라, 북한에 핵 투명성을 강요한 미국 자신은 정작 한반도에서 비핵화 약속을 지킬 의사가 전혀없었다. 부시는 1991년에 남한에서 핵무기를 철수하겠다는 공식 결정을 내리기에 앞서 남한 당국에 '핵무기의 한반도 배치 여부와 상관없이 한국에 핵우산을 계속 제공하겠다'고 비공식 통보를 한 바 있었다.**** 지금까지도 미국은 북한에 대한 핵 공격 위협을 결코 철회한바 없다.

그런데도 미국과 남한내 우파들은 미국 정부가 지나치게 양보를 해 북한에 경제적 보상을 해 줬다고 비난했다. 이것은 터무니없는 억지였다. 왜냐하면 흑연감속로는 1990년 이래로 심각한 에너지난에 허덕이고 있는 북한의 전력 공급원 — 그로부터 플루토늄을 추출했든 안 했든 — 이었기 때문이다. 경수로와 중유 제공 약속은 최소한

**** 1991년 미국은 남한에서 핵무기를 철수한 것으로 알려져 있다. 1991년 12월에 남한 대통령 노태우는 남한에 어떤 핵무기도 존재하지 않는다고 공식 발표했다. 1989년 부시 정부가 출범할 당시 남한에는 약 1백 개의 핵탄두가 배치돼 있었고, 1972년경에는 무려 763개의 핵탄두가 배치돼 있었다. 미국 대통령 아이젠하워가 남한의 핵무기 배치를 승인한 이래 30년이 넘게 남한에 핵무기가 존재했지만, 1991년 이전까지 남한 국민들은 남한에 철수해야 할 핵무기가 존재하는지조차 알지 못했다. 핵무기 철수가 발표된 뒤에도 해마다 핵항모를 비롯한 미군 전력이 동원된 군사 훈련이 한반도에서 실시돼 왔다. 팀 스피리트 훈련은 대표적인 핵전쟁 훈련이다.

의 보상이었다. 그런데도 미국은 이에 필요한 돈을 제공하는 데서는 꽁무니를 뺀 채 일본과 남한 — 주로 남한 — 에 책임을 전가했다.

대북 전쟁 위협과 제네바 협상에 이르는 일련의 과정을 통해 미국은 냉전 해체 뒤에도 미국이 동아시아에서 손뗄 생각이 전혀 없으며, 동아시아의 안정이 미국의 군사력에 달려 있음을 기억하라고 동아시아의 다른 열강들에게 선언한 셈이었다. 패권을 지키기 위해 전쟁도 마다하지 않는 깡패짓을 미국 자신은 "전쟁억지력", "지역적 균형자"라고 불렀다. 이 과정에서 미국의 동아시아 전략 구상도 확립돼 갔다.

1990년 미국 국방부는 '동아시아 전략구상'을 의회에 제출했는데 '이지(EASI)'라고 부르는 이 전략 구상은 동아시아에 주둔하고 있는 미군의 3단계 철수안을 담고 있었다. 이에 따라 1단계로 1992년 12월까지 모두 1만 5천여 명의 미군이 아시아를 떠났고, 주한미군 6천 9백87명도 철수해 3만 7천4백13명으로 줄었다. '이지'는 1992년에 '이지 투(EASI Ⅱ)'로 수정됐다가 1995년 2월에 다시 수정돼 '동아시아 전략보고서'로 발표됐다.*

이 전략은 주한미군 2단계 감축 계획을 완전히 폐기하고 주한미군을 앞으로 10년 동안 유지한다는 것과, 주한미군, 주일미군, 미 제7함대의 해상지원 병력을 포함해 동아시아에 전진 배치한 10만 명의 병력을 계속 유지한다는 내용이었다. 이 문서는 아시아 주둔 미군이 어떤 역할을 하는지 비교적 솔직하고 분명한 어조로 설명하고 있다.

---

* 정상모, 《새로운 세기를 위하여》, 한겨레신문사, 218쪽.

아시아 태평양에 대한 미군의 전진 배치는 지역 안보와 미국의 전지구적인 군사적 위치 유지에 필수적인 요소이다. 태평양 지역에 전진 배치된 군사력은 전세계적인 차원에서 신속하고 유연한 위기 대응 능력을 보장한다. 그것은 지역적 패권국가의 등장을 억지한다. 이 지역에서 광범한 영역에서의 중요한 문제들에 미국이 영향을 미칠 수 있는 능력을 향상시킨다. 국가 안보 목적들을 충족시키기 위해 요구되는 미국 군사력의 숫자를 줄임으로써 제한된 군사력을 경제적으로 활용할 수 있게 된다. 방대한 태평양이 제기하는 시간과 거리상의 불리점을 극복하게 해준다. 미국의 친구들, 우방국가들과 잠재적 적대국들에게 다같이 이 지역 전체의 안보에 대해서 미국이 가진 관심을 가시적으로 보여 준다.[*]

냉전 해체 이후 미국의 동아시아 전략을 잘 보여 주는 이 보고서는 "21세기에도 미국은 태평양 세력으로 계속 남을 것이다"는 말로 끝맺고 있다.[**] 냉전 해체와 더불어 부풀었던 한반도 평화와 통일에 대한 기대는 미국의 동아시아 전략의 일환 속에 허물어졌다.

제네바 협상 즈음 북한에 대한 미국의 태도는 조금 누그러져 있었다. 북한이 미국의 핵심 요구를 받아들였다는 점(NPT 잔류, 핵개발 포기)과 함께 김일성의 죽음은 미국 태도 변화의 중요 요인이었다. 미국은 김일성의 죽음을 계기로 북한이 격변에 휘말릴까 봐 걱정

---

[*] United State Security Strategy for the East Asia-Pacific Region, 이삼성, 《미래의 역사에서 미국은 희망인가》, 당대, 216쪽에서 재인용.

[**] 정상모, 앞의 책, 219쪽.

했다. 미국을 비롯한 서방 나라들은 김일성의 죽음에 애도를 표했고 북한이 붕괴하지 않기를 바란다는 입장을 공식 표명했다. 이런 태도는 1994년부터 1997년 상반기 정도까지 계속됐다.

이 기간 동안 관계가 더 험악했던 쪽은 남북한간이었다. 당시 대통령이었던 김영삼은 1994년 제네바 합의에 반대하고 나섰다. 1996년 1월 하와이에서 대북 쌀 지원 문제를 논의하기 위해 한·미·일 3국이 만났을 때도 한국 정부는 나머지 나라들을 집요하게 설득해 '정부 차원의 지원을 유보'한다는 '협의'를 얻어냈다. 미국은 남한 정부의 눈치를 보며 국제 기구를 통한 대북 식량원조를 추진했고, 일본에서도 "북한에 식량 지원을 하지 않으면 불행한 사태가 올지도 모른다는 우려론"이 주류를 이루었다.*

"고장 난 비행기"론 같은 '붕괴론'이 남한 지배자들의 입에 오르내렸지만, 그렇다고 이들이 일관되게 북한의 붕괴를 바랐다고 말할 수는 없다. 남한 지배자들은 북한의 붕괴가 몰고올 파장을 두려워했다. 이런 혼란을 한몸으로 표현하고 있던 김영삼에 대해 전 주한 미대사 제임스 레이니는 이렇게 표현한 바 있다. "그는 이성적으로는 북한의 붕괴가 재난을 초래한다고 생각하며 사람들에게 자신이 북한과 협조하기 위해 현재 추진하고 있거나 앞으로 추진하려는 일에 대해 말했다. 그러나 감정적으로는 북한이 붕괴함으로써 자신이 통일 한국을 통치하는 첫번째 대통령이 되기를 원했다."**

---

* 이종석, 앞의 책, 122쪽.

** 돈 오버도퍼, 341쪽.

이런 혼란은 국내 정치와의 연관에서 비롯한 대북 정책의 이데올로기적 성격 때문에 심화되곤 했다. 1994년 이후 미국과 일본이 골치 아파 할 정도로 남한 정권이 '강경' 방향으로 튀었던 계기가 김일성 죽음 직후의 '조문 파동' 때문이었던 점은 이를 잘 보여 준다. 조문이 가져올 대북 이데올로기의 균열이 국내 정치의 위기를 가져올까 봐 한층 우경화된 국내 정치 상황이 남북 관계에도 영향을 미쳤던 것이다.

1998년 초경부터 미국은 북한을 다시 한번 몰아붙이기 시작했다. 북미간에 특별한 문제가 있었던 것도 아니었다. 1997년 12월 9~10일 열린 4자회담 첫 본회의는 오히려 미국이 만족할 만했다. 그런데도 미국 국무부 차관보 스탠리 로스는 다음 번 접촉의 일정표 제시를 거부했다. 객관적 상황이 변화하고 있었기 때문에 회담 자체의 성과로 섣불리 다음을 기약할 수 없다고 생각했던 것이다. 미국 국방부 아시아 태평양 지역 부국장을 지낸 바 있는 척 다운스는 완고한 우익 입장에서 쓴 책 《북한의 협상 전략》에서 이렇게 시인했다.

협상은 진공상태에서는 이뤄지지 않는다. 협상 테이블 이면에서 벌어지는, 회담과는 아무런 관련이 없어 보이는 수많은 사건들이 회담의 탄력을 둔화시키기 시작하였다.

이 때 남한은 동남아에 이어 전혀 예상치 못한 심각한 금융위기를 맞이하였다.*

---

* 척 다운스, 《북한의 협상전략》, 한울(1999), 386~387쪽.

대부분의 사람들은 1998년에 재현된 한반도 전쟁 위기가 북한의 인공위성 발사 실험에서 비롯됐다고 생각하지만 사실은 그렇지 않았다. 북한이 인공위성을 실험 발사하기 몇 주 전 미국 정보기관은 북한이 핵합의를 위반하고 대규모 지하 핵시설을 건설중임을 포착했다고 밝혔다. 2주 전에는 〈뉴욕타임스〉에도 이런 내용이 보도됐다. 클린턴 정부의 한 관리는 "북한이 지하에 새로운 원자로와 재처리 시설을 건설하려 한다."고 말했다.

그 뒤 확인됐듯이 클린턴 정부가 지목한 금창리 지하시설은 빈 동굴이었는데, 이것이 1998년 한반도 전쟁위기의 출발점이었던 것이다. 왜 클린턴 정부가 금창리 지하시설을 핵시설로 둔갑시켰는가 하는 점을 이해하기 위해서는 그해 5월로 거슬러 올라가야 한다. 그해 5월에 인도가 핵실험을 했는데 이것은 동아시아 세력 균형에서 중요한 사건이었다. 인도는 공공연히 중국을 적국으로 생각한다고 표명하고 있었으므로 인도의 핵실험은 중국의 핵전력 증강 노력으로 이어질 게 뻔했다. 중국의 무기 증강은 일본의 무기 증강을 자극할 것이다. 일본은 미국의 그늘 아래서 벗어나 핵무기 등을 개발하려 할지도 모른다. 게다가 동아시아는 경제 공황에 빠져 있었고 이와 함께 심각한 정치 불안을 겪고 있었다. 이런 불안정한 상황이 동아시아에서 미국의 지위를 위협하고 있었다. 미국에서 최근에 발표된 '아시아 2025'라는 보고서에는 미국이 "일본-인도 동맹" 등 새로운 동맹관계 출현에 대비해야 한다는 내용이 실렸는데,* 이 보고서는 일본에 대한

---

* 〈조선일보〉 2000년 7월 6일치.

미국의 경계심을 잘 보여 주고 있다.

미국은 해결의 실마리를 또다시 북한에서 찾았다. '인도가 핵실험을 한 것은 파키스탄의 가우리 미사일 시험 발사 때문인데, 가우리 미사일은 북한 노동미사일 기술을 모델로 한 것이다. 이런 사태가 벌어진 것은 모두 북한 책임이다!' 이것이 미국의 해법이었다. 미국의 안보문제 전문가들은 "파키스탄의 미사일 발사 실험이 인도의 핵실험 결정을 자극한 것"*이라는 의도적인 분석을 내놓았다. 금창리 현장 방문과 미사일 협상은 냉전 해체 이후 두번째로 한반도의 긴장을 고조시켰다. 1998년 11월에는 클린턴이 직접 남한을 방문해 금창리 사찰을 받으라고 북한을 위협하기도 했다.

이 긴장은 1999년 8월 이후에 완화되기 시작했다. 미국의 동아시아 우방들의 안전이 미국 군사력에 달려 있다는 사실을 각인시킬 수 있는 전역미사일방위체제(TMD)를 일본이 공동 개발하기로 약속한 것이다. 이것은 미국이 일본에 몇 년 동안 촉구해 온 끝에 거둔 성과였다. 미국은 동아시아 패권 유지 문제에서 한시름 놓을 수 있었다. 1999년 하반기 이래 한편으로 나토 전쟁 기간 동안 미국과의 관계 악화 속에 결속이 강화된 중·러와 다른 한편으로 일본의 TMD 공동 개발 약속으로 다져진 미·일이 동아시아에서 세력균형을 이룬 상황을 배경으로 남북 정상회담이 이루어졌다.

---

* 척 다운스, 앞의 책, 395~396쪽.

남북 정상회담과 4대 열강

남북 정상회담 발표가 있자 한반도 주변 4열강의 움직임은 매우 부산했다. 그 동안 남북간 관계개선을 지지한다고 표명해 왔지만 속으로는 한반도의 (통일을 포함한) 급격한 변화를 원하지 않는 주변국들은 막상 정상회담이 일정에 오르자 변화되는 상황에서 주도권을 쥐기 위해 또는 영향력을 조금이라도 확대하기 위해 각축을 벌이고 있다. 지난 두어달 동안 남북한과 4열강(2+4)은 서로서로 정상회담 또는 외무회담 등을 가졌다.

미국은 대북 문제에서 주도권이나 우선 순위가 밀리게 될까 봐 그리고 한반도에 대한 영향력에 변화라도 생길까 봐 우려하지 않을 수 없었다. 남북 정상회담 발표가 있자 중국은 정부 대변인을 통해 "환영한다"고 발표한 반면 미국의 첫 반응은 "주한미군은 장기간 머물러야 한다"(코언)는 것이었다. 미국 국무장관 매들린 올브라이트는 중국을 방문한 자리에서 "정상회담은 만병통치약이 아니다. 모든 것이 잘 될 것이라고 생각하는 것은 순진한 발상"이라고 잘라 말했다. 미국은 정상회담 발표 뒤에, 그리고 정상회담이 있은 뒤에 보름이 멀다 하고 뻔질나게 남한을 드나들며 탐색하고 간섭했다. 5월 9일 방한해 대북정책 조율을 위한 한미회담을 가진 미국측 대표는 그 동안 양국간에 "사소한 오해와 마찰이 이번 협의를 통해 해소됐다"고 내비쳐 그 동안 "사소한 오해와 마찰"이 있었음을 시인했다. 미국으로서는 주한미군 주둔과 지위 문제, 남한 내 확대되고 있는 반미 분위기가 골칫거리다. 6월 23일 올브라이트가 방한한 목적 가운데 하나는 현지 분위기를 파악하는 것이었는데, 그 뒤(7월 초)에 주한미군에게 혼자 다니지 말라는 경계령이 내려졌다.

또, 북한을 핑계 삼아 추진하고 있던 국가미사일방어체제(NMD)도 난관에 부딪히게 됐다. 반면, 중국과 러시아의 NMD 반대에는 힘이 실리게 됐다. 중국과 북한을 방문하고 G8에 참여한 푸틴은 NMD 반대를 소리 높여 요구했다. 게다가 7월 7일에 있었던 두번째 요격 실험도 또다시 실패했다. 유럽 국가들의 반대도 거세고, 미국 내 노벨상 수상 과학자 50명도 NMD 추진을 미친 짓이라고 말한다. 미국 국방부는 NMD의 치명적인 결함이 밝혀진 검사 보고서를 공표하지 못하게끔 하기 위해 MIT대학의 시어도어 포스털 교수를 세미나실에 감금하고 협박하기도 했다.* 포스털 교수는 보고서를 낸 뒤 한 좌파 신문과 가진 인터뷰에서 "NMD체제는 과학적으로 실행 가능하지 않다"고 말했다. NMD체제는 탄두와 교란 물체를 구별하지 못하고, 수백 개의 탄알로 나뉘어진 생물학·화학 무기는 궤도를 정확히 알아도 맞출 수 없다. 두 차례 실험은 진짜 탄두를 구별하기 위해 모양과 궤도를 미리 알려 준 상태에서 진행됐는데도 실패했다. 성공하도록 조작됐는데도 실패했다는 얘기다. 포스털 교수는 NMD가 세계적인 무기경쟁을 촉발할 것이라고 비판한다. "이 모든 것은 미국의 안보에 대한 실체를 알 수 없는 위협의 결과로 제기되고 있다. 이 위협은 좀체 믿을 수가 없다. 북한은 GDP가 파라과이 수준밖에 되지 않는다. 아무도 파라과이가 미국의 안보에 위협이 된다고 말할

---

* 〈한겨레〉, 2000년 6월 28일치.

수는 없지 않은가? 우리는 '요괴'를 발명해 낸 것이다."

그런데 미국 국방장관 코언은 "NMD 체제 전체가 아닌 실험의 실패일 뿐"이라는 궤변을 늘어놓으며 "NMD 포기는 시기상조"라고 주장했다. 결정권은 다음 정부로 넘어갔는데, 공화당과 민주당 둘 다 새 정강에서 "NMD 추진"을 표방했다. 이것은 군비경쟁을 자극해 동아시아를 더한층 불안정에 빠뜨릴 것이다.

중국과 러시아는 남북 정상회담 국면을 이용해 한반도에 대한 영향력을 확대함으로써 동아시아 지역에서 미국을 견제하는 능력을 증대시키기 위해 애쓰고 있다. 중국은 러시아와의 동반자 관계를 확립해 동아시아 맹주로서 지위를 확보하고 싶어한다. 중국은 미국보다 훨씬 빨리 남북 정상회담 사실을 알았고, 베이징 비밀회담을 위한 편의를 제공한 것으로 알려졌다. 김정일은 이미 지난 3월에 중국 대사관을 방문해 남북 정상회담 사실을 통보하고, 중국에 초청해 달라고 요청했다고 한다. 1990년대 동안 한반도 문제에서 영향력이 약화됐던 중국을 끌어들인 것이다. 정상회담이 열리기 10여 일 전 김정일은 중국을 방문했는데 이것은 매우 상징적인 일이었다. 이를 통해 중국은 미국을 견제하고 한반도에서 영향력을 확대하는 길에 성큼 다가섰다.

러시아는 7월 중순 중국과 북한 방문을 통해 자신이 동아시아에서 중요한 세력임을, 그리고 북한 미사일 문제를 다루는 데서도 한몫 할 수 있음을 G8 정상들에게 과시하려 했다. 중국 방문을 위해 떠나기 직전에 푸틴은 이렇게 말했다. "러시아는 유럽 국가임과 동시에 아시아 국가이며 새처럼 두 개의 날개를 갖추게 된다면 더 잘 날게 될 것이다."

정상회담을 둘러싼 일련의 과정 속에서 특별한 두각을 드러내지 못했던 일본은 중국과 러시아의 진출에 대비해 북한과의 수교에 관심을 기울이고 있는 듯하다. 한반도 문제에서 주도권을 놓치지 않기 위해 미국은 7월 들어서만 세 차례나 북한과 회담을 가졌다. 미국은 여전히 북한을 다스리는 능력을 보여 줌으로써 동아시아 패권을 유지하려는 전략을 유지하고 있다. 미사일 회담과 테러지원국 해제를 위한 평양회담이 구체적 성과를 남기지는 못했지만 미국은 이 회담들을 긍정적으로 평가했다. 아세안지역포럼에서 북미 외무회담을 가진 뒤 매들린 올브라이트는 장기자랑 시간에 노래 가사를 이렇게 바꿔 불렀다. "북한을 그 동안 깡패(rogue)로 생각했는데 요즘은 인기(vogue)가 좋다. … 처음 악수할 때 그[백남순]를 무례한이라고 생각했는데 사실은 아주 세련된 사람이었어요." 이런 분위기를 배경으로 북미 수교가 머지 않아 이루어지리라는 전망들이 나오고 있다.

그러나 한반도에서 주도권을 잡으려는 4강의 각축전은 남북 관계의 불안정성도 보여 주고 있다. 전통적인 미·일과의 동맹을 재삼 다짐하고 있는 남한과, 남북 정상회담을 계기로 중국을 끌어들이고 러시아와 우호관계를 재건하고 있는 북한. 이 둘의 관계개선은 4강의 관계로부터 절대 자유로울 수 없다. 커다란 위기로 비화될 수도 있는 동아시아의 불안정성은 중국 외교부장 탕자쉬안을 향한 올브라이트의 노래 가사 바꿔 부르기에서 상징적으로 드러나 있다. "나의 가장 친한 사람 가운데 한 명이여, 당신의 사랑이 식는다면 난 미 제7함대를 부를 거예요. 이것이 미국의 방법이죠."

남북 공동선언 1항 — 자주의 원칙?

미국을 비롯한 한반도 주변 4대 열강들은 한반도의 통일을 공식적으로 반대하고 있지 않지만, 2차대전 종전과 함께 그어진 국경이 유지되는 '현상의 지속'에 더 관심이 크다. 한반도에서 자국의 영향력이 확대되는 방식의 통일이 아니라면 차라리 분단이 더 낫다는 것이다. 그런데 남북한 당국은 6·15 공동선언에서 통일 문제를 자주적으로 해결하기로 합의했으면서도 제국주의 열강에 반대할 생각은 없다. 오히려 특정 세력을 등에 업거나, 한 세력을 견제하기 위해 다른 세력을 끌어들이거나, 여러 세력들 사이에 아슬아슬한 줄타기를 하려고 한다. 하지만 19세기 말 한반도 역사는 이런 방식의 비극적 결말을 보여 주었다.

김대중은 "자주"가 주한미군 철수 등 반외세를 뜻하는 것이 아니라 당사자주의를 뜻하는 것이라고 말한다. "옛날에는 주변 나라들과 사이좋게 지내지 않는 것을 자주라고 했는데, 우리가 말하는 자주는 그게 아니다."며 "공조가 자주"라는 논리를 펴고 있는 것이다. 그러나 앞에서 설명했듯이, 미국이 냉전 해체 이후에 한반도를 두 차례나 전쟁 위기로 몰아넣었다는 점을 염두하면 "자주"가 "한·미·일 공조"와 대립되지 않는다는 것이 순전한 거짓말임을 알 수 있다. 그래서 리영희 교수는 김대중을 이렇게 꼬집었다.

김대통령이 '한·미·일 공조는 남한에도 좋고, 북한에도 좋은 것'이라고 답변해 김위원장을 이해시켰다고 설명하던데, 이는 북한이 이해할 성격의 답변이 아닙니다. '공조'라고 우회적으로 표현합니다만 사실상 한·미·일 공조는 군사동맹과 같습니다. 북한을 적대시하고 파멸시키려는 미국의 군사 전략에 입각한 것이 이 공조 체제인데, 어떻게 한국에 좋은 만큼 북한에도 좋을 수 있겠습니까.*

김대중은 주한 미군이 계속 주둔해야 한다고 주장한다. 이것은 정상회담 앞뒤로 미국 정부가 확답받고 싶어하는 가장 핵심 사안이었다. 주한 미국 대사 보스워스는 한 강연에서 "주한미군은 한미 상호 방위 조약에 따라 북한의 위협에 대응하기 위해 있으며 남북 정상회담의 바람직한 결과에도 불구하고 북한의 위협은 그대로 존재하고 있다."**고 주한미군 주둔을 정당화했다. 미국 국방장관 코언은 한술 더 떠 "통일이 돼도 우리 군대가 그 곳[남한]에 남아 있어야 한다"고 밝혔다. "주한 미군을 철수하게 되면 태평양의 다른 지역 주둔군에 대한 문제도 야기할 것"***이라는 것이다.

김대중은 미국이 행여 오해라도 할까 봐 기회가 닿을 때마다 주한 미군에 대한 고마움을 늘어놓는다. 그리고 국익을 위해서도 주한미군이 필요하다고 강조하며 반미 시위를 억압하고 있다. 김대중은 한반도와 동아시아에서 패권을 유지하려는 미국과 한결같은 공조를 유지하려 애쓰고 있다. 그는 남북 정상회담을 나흘 앞두고 한·미·일

---

* 〈시사저널〉, 2000년 6월 29일자호(557호), 19쪽.

** 〈조선일보〉, 2000년 7월 12일치.

*** 〈조선일보〉, 2000년 7월 3일치.

도쿄회담에 참여하기도 했다. 이것이 김대중의 "자주"이다. 그는 미국에 맞서 싸울 의사가 전혀 없다.

북한 당국의 반미 입장은 흔히 매우 강경한 것으로 알려져 있다. 냉전 시절은 물론 그 뒤에도 미국으로부터 실재하는 전쟁 위협을 당해 왔으니 "반미"를 외치지 않을 수 없었다. 그러나 1980년대 후반부터 반미 언사 이면에서 변화의 조짐들이 일어났다. 대표적으로 주한미군에 대한 입장 변화를 들 수 있다. 이번 남북 공동성명은 주한미군 문제를 담고 있지 않지만 정상회담에서 논의된 것으로 알려졌다. 재미 기자 문명자는 6월 30일 김정일과의 인터뷰에서 이 문제에 대해 물었다.

문명자; 김대중 대통령은 이번 남북정상회담 과정에서 "주한미군의 즉각적인 철수는 현실적으로 힘들다"는 점을 설명해서 김 국방위원장께서 완전한 동의는 아니어도 일부 납득했다고 말했는데 이에 대해서는 어떻게 생각하십니까.
김정일; 그 동안 미군더러 나가라고 했지만 그들이 당장 나가겠습니까. 우선 미국 스스로가 생각을 달리해야 합니다. 그들은 분단에 책임이 있는 만큼 통일에도 책임이 있습니다. 지난날 닉슨도 카터도 미군을 철수하겠다고 했는데, 주한미군 문제는 우선 그들 스스로가 우리 민족의 통일을 적극적으로 돕는 방향에서 알아서 결정해야 합니다.[*]

---

[*] 《말》, 2000년 8월호, 59~60쪽.

매우 모호한 답변이긴 하지만, 한 가지 분명히 알 수 있는 것은 김정일이 주한미군 철수를 강력하게 주장하고 있지 않다는 점이다. 알아서 결정하게 내버려 두면 과연 미국 스스로 개과천선해서 군대를 철수하기로 생각을 바꿀 수 있을까? 김정일의 답변은 몇 년 전부터 간간히 보도돼 온 주한미군에 대한 북한의 현실론을 뒷받침하고 있다. 당시에 친북 좌파는 이런 보도를 거짓·조작으로 치부했다. 1996년에 인민군 판문점 대표부 북측대표 리찬복은 이렇게 말한 바 있다. "미국의 대아시아 정책에서 주한 미군 문제를 바라볼 때 미군이 내일 당장 떠나지 않을 것이라는 판단을 어렵지 않게 할 수 있다. 현실적으로 미군 철수 문제는 상당한 시간을 필요로 할 것이다. 따라서 우리는 미군이 조선반도에 계속해서 주둔할 것이라고 하는 상호 이해의 기초 위에서 새로운 평화보장체제를 만들자는 것이다."* 올해 7월 7일치 〈교도 통신〉은 북한 당국이 지난 1992년부터 주한미군에 대해 '적대적 관계'가 아닌 '지역의 균형세력'으로서 일정한 의의를 인정해 주둔의 목적 및 역할을 변경하도록 미국에 제안한 바 있다고 보도했다.

　　뿐만 아니라 북한 당국은 최근 들어 미국·일본과의 수교에 더욱 열의를 보이고 있다. 이것은 북한이 미국에 대해 종종 말은 과격하게 할지라도 더 이상 미국을 일관되게 싸워야 할 대상으로 여기고 있지 않음을 보여 주는 것이다. 김정일은 문명자와의 인터뷰에서 미국에 "고위급에서 대표를 파견"할 것이며, 일본과도 "가깝고도 가까운 나

---

* 《말》, 1996년 4월호, 71쪽.

라가 될 준비가 되어 있다"고 말했다. 북한은 제국주의 열강들과 투쟁하기를 원하지 않으며 대신에 현재 세계 질서 속에 인정받는 세력으로 편입하기를 바라고 있다. 이를 위해 다른 열강인 중국의 도움이 필요하다면 그를 끌어들이는 데 주저하지 않는다. 김정일은 남북 정상회담을 열흘 앞두고 중국을 방문한 바 있다.

남북 공동선언 2항 — 통일선언?

남북 당국이 공동선언 2항에서 연합제 안과 낮은 단계 연방제 안의 공통성을 인정한 것은 그것을 좋게 보든 나쁘게 보든 아주 획기적인 일로 평가됐다. 냉전 우익들은 정부가 북한의 적화통일 방안인 연방제를 수용했다며 펄쩍 뛰었다. 한편, 범민련은 "국가연합제를 연방제로 끌어당겼다"면서 "사실상 연방제안에 대한 동의"라고 환영했다.** 하지만 지난 10여 년 동안 남북한 당국의 통일 방안의 변화를 고려하면 두 해석 모두 과도한 것이다. 왜 그런지 남북 당국의 통일 방안에 대해 간단하게 비교해 보자.

김대중은 3단계 통일방안을 주장해 왔다. **국가연합**은 이 방안의 1단계로서 통일국가로 나아가는 과도기다. 남과 북의 현 국가, 즉 기존 주권과 권한을 그대로 둔 채 남북 협력을 제도화하기 위한 장치

---

* 《말》, 2000년 8월호, 60쪽.

** 범민련 기관지 7월호, 11~12쪽.

인 것이다(1민족 2국가 2체제 2독립정부 1연합). 쉽게 말하면 통일은 시기상조이니 각기 외교·군사·내치권을 갖는 두 개의 국가를 연합해 나가자는 것이다. 이 단계에서는 평화 교류와 협력이 강조된다. 국가연합 단계에서 북한 경제가 시장경제 체제로 이행하고 정치적으로 복수 정당제가 실시되는 상황에 도달하고, 남한 사회도 사회정의와 국민복지 향상 등에서 발전을 이룩하게 되면 2단계인 연방제로 이행한다. 이 연방제는 북한의 연방제 안(1민족 1국가 2체제 2정부)과는 달리 1민족 1국가 1체제 2지역정부이다. 이 연방 과정을 걸쳐 최종으로 3단계인 1민족 1국가 1체제 1정부로 나아간다는 것이 김대중 3단계 통일방안의 구상이다.

김대중 통일방안의 특징은 첫째, 북한 붕괴에 따른 급속한 통일을 원하지 않는다는 것이다. 김대중은 동서독 통일을 "흡수통일이 바람직하지 않음을 가르쳐 주는 교훈으로 보고 있다."[*] 그는 천문학적인 통일 비용이 경제에 끼칠 부담을 걱정한다. 골드만삭스 보고서는 남북한 통일비용이 8백55조 원에서 최대 3천9백40조 원에 이를 것이라고 전망했다.[**] 영국 투자 은행 바클레이즈 캐피탈은 남북한 경제 격차가 동서독 통일 당시 5배보다 훨씬 더 큰 20배라며, 남북한이 통

---

[*] 김대중, '런던대 SOAS 초청 강연회 연설문', 7쪽. 이종석, 앞의 책 269쪽에서 재인용.
    물론 지향점이 시장경제 체제라는 점에서 넓게 보아 그의 통일 방안은 흡수통일론이라고 할 수 있다. 그의 통일 방안은 최종으로 단일한 국가, 단일 체제, 단일 정부를 지향한다.
[**] 〈한겨레〉, 2000년 4월 22일치.

일해서 북한의 소득을 남한의 50% 수준으로 끌어올리려면 대략 5천6백28억 달러가 들 것이라고 주장했다.* 둘째, 국가연합을 과도기로 설정한 단계적이고 점진적인 방식을 추구한다. 김대중은 통일을 10~20년 뒤 혹은 그보다 더 먼 미래의 일로 생각(하고 싶어)한다. 사실상 국가연합 이후 단계에는 별로 관심이 없다. '지금은 통일 단계가 아니라 화해와 협력, 평화 공존 단계'이며 여기에 집중해야 한다는 게 그의 평소 지론이다.

북한 당국의 연방제 방안은 처음에 국가연합제와 여러 모로 차이가 있는 통일 방안으로 제시됐다. 김일성은 1980년 10월 조선노동당 제6차대회에서 '고려민주연방공화국' 안을 제시하면서 이렇게 말했다.

해방 후 오늘까지 북과 남에는 오랜 기간 서로 다른 제도가 존재하여 왔으며 거기에서는 서로 다른 사상이 지배하여 왔습니다. 이러한 조건에서 민족적 단합을 이룩하고 조국통일을 실현하려면 어느 한쪽의 사상과 제도를 절대화하지 말아야 합니다. 만일 북과 남이 제각기 자기의 사상과 제도를 절대화하거나 그것을 상대방에게 강요하려 한다면 불가피적으로 대결과 충돌을 가져오게 되며 그렇게 되면 도리어 분렬을 심화시키는 결과를 낳게 될 것입니다. … 우리 당은 북과 남이 서로 상대방에 존재하는 사상과 제도를 그대로 인정하고 용납하는 기초 위에서 북과 남이 같은 권한과 의무를 지니고 각각 지역자치제를 실시하는 련방공화국을 창립하

---

* 〈조선일보〉, 2000년 7월 15일치.

여 조국을 통일할 것을 주장합니다.*

1980년 이전에 북한 당국이 내놓은 연방제('고려연방공화국')는 통일로 가는 과도적 형태였는 데 비해 1980년에 발표된 연방제는 통일 국가의 최종 모습으로서 제안됐다. 외교권과 국방권을 갖는 연방 국가 안에 사상과 제도가 다른 두 개의 지역 정부가 공존한다는 것이다(1민족 1국가, 2제도 2정부).

그런데 이 연방제 방안은 1990년대 들어 내용이 바뀌기 시작했다. 이 변화는 소련과 동유럽의 붕괴, 경제적 어려움, 흡수통일에 대한 우려를 반영하고 있었다. 1991년에 김일성은 신년사를 통해 "잠정적으로는 연방공화국의 지역자치 정부에 더 많은 권한을 부여하며, 장차로는 중앙정부의 기능을 더욱 높여 나가는 방향에서 연방제 통일을 점차적으로 완성하는 문제도 협의할 용의"가 있음을 표명했다. 이것이 공동선언에 등장한 '낮은' 단계의 연방제인데, '1국가'를 당장 수립하는 것이 현실적이지 못하다는 인식 아래 지역 정부가 외교·국방권을 보유하도록 하자는 것이다. 김일성 사망 이후에도 북한 지도자들은 비공식적인 자리에서 통일의 첫단계는 "수십 년 동안이나 유지될 수 있는" 국가연합이 되어야 함을 인정해 왔다고 한다.**

이런 변화에 대해 이장희 교수는 이렇게 설명한다. "북한은 90년

---

* 국토통일원 편, 《조선노동당대회자료집(제4집)》, 1988, 59쪽. 이종석, 앞의 책 100 ~101쪽에서 재인용.

** 이종석, 앞의 책, 107쪽.

대 이후 명목상으론 하나의 조선 정책을 상징적으로 내세우지만, 실제적으론 두 개의 조선 정책을 인정하는 평화공존을 지향하는 현실 정책으로 가고 있다고 판단된다. 북한은 체제의 정통성 문제 때문에 공개적으로 하나의 조선 정책을 포기할 수는 없을 것이다. 다시 말해 북한의 고려연방제도 그 이름과는 달리 사실상 국가연합제 모델로 기울고 있다는 얘기다."*

이렇게 봤을 때 이번 6·15 공동선언의 2항은 그 동안 남북한 당국 통일 방안의 변화를 인정하고 공식화한 것이라고 할 수 있다. 그리고 일각에서 제시하는 희망이 앞선 해석과는 달리 통일을 조속히 이루자는 합의가 아니라 상당 기간 남북한 국가의 온존을 전제로 교류·협력해 나가자는 얘기일 뿐이다.

민족대단결 사상과 계급 화해주의

범민련과 한총련 그리고 전국연합은 6·15공동선언(특히 1항과 2항)을 통해 남북이 곧 통일을 이루게 될 것이라고 기대하며, 공동선언을 구미에 맞게 해석 — 1항은 주한미군 철수로, 2항은 연방제 합의로 — 하고 '절대 선'으로 추앙하고 있다. 전국연합 《민》지에서 한호석 씨는 이렇게 주장했다. "조국통일위업을 다음 세대가 맡아야 할 먼 장래의 일로 밀쳐놓고서 우선 남북이 화해협력정책을 추진하

---

* 〈한겨레〉, 2000년 7월 14일치.

여 두 나라로 평화공존을 하자는 양국론을 주장해 오던 김대중 대통령이 일국론을 지향하는 구체적인 통일방안을 합의하는 단계에까지 이르게 되었다."* 남북 정상회담은 "미국과 남(한국)이 공조한 화해협력 정책과 북(조선)의 자주통일정책이 한 판 맞붙은 정책 대결의 장"이었는데 여기서 "승리를 거둔 쪽은 자주통일정책이었다"** 는 것이다.

이런 해석은 공동선언 서명 당사자인 김대중이 1항은 반미가 아니라 당사자 원칙이요, 2항은 남북 두 지방정부가 외교·군사권을 각각 갖는 것이라고 해명하고 있는 것과는 사뭇 다르다. 그렇다고 범민련과 한총련, 그리고 전국연합 등이 '공동선언의 본래 뜻을 김대중이 퇴색시키고 있다'고 비판하며 독립적으로 행동하느냐 하면 그것도 아니다. 오히려 그들은 김대중 정권이 공동선언 지지세력이라며 공동선언 실천을 위해 연대해야 한다고 생각한다.

범민련과 한총련과 전국연합은 그 동안 연방제 방안을 일관되게 지지하며 김대중의 국가연합 방안을 "남북의 관계를 두 개 국가간의 관계로 합법화하고 그것을 끝없이 지속시키자는 분단고착화 방안"*** 이라고 비판해 온 만큼, 남북 정상이 두 방안의 공통성을 인정한 게 당혹스러울 만도 할 텐데 마치 바뀐 게 하나도 없는 양 계속 "연방제로 통일하자"고 외치고 있다. 국가연합이 분단고착화라면 그것과 공

---

* 《민》, 2000년 7월호, 27쪽.

** 같은 책, 24쪽.

*** 범민련 기관지 7월호, 15쪽.

통성을 인정한 낮은 단계의 연방제도 분단고착화 아닌가? 국가연합을 반대하고 연방제를 지지하는 것은 공동선언 지지 입장과 모순되는 것 아닌가? 지도부는 북한 당국을 추종해 해명도 없이 입장을 바꾸고 사후적으로 정당화하는 데 익숙해져 있는지 몰라도, 학생들을 비롯한 지지자들은 매우 어리둥절하고 혼란스러울 것이다. 남북한 유엔 동시가입이 분단고착화 책동이라며 반대해 온 북한이 1991년 5월 급작스레 유엔에 동시 가입했을 때도, 북한 당국이 1990년 범민족대회를 탄압한 바로 그 노태우 군사 정권과 며칠 뒤 고위급회담을 시작했을 때도 이런 혼란이 있었다. 당시는 지금과 마찬가지로 남북 화해 국면으로서 통일의 주도권이 남북 당국에 넘어갔을 때였다.

어쨌든 지금[당분간]은 통일에 대한 기대감이 이 모든 모순을 압도하고 있는 듯하다. 범민련과 한총련, 그리고 전국연합은 통일을 가장 중요하며 최우선인 과제로 삼고 있다. 이에 비하면 다른 문제들, 특히 계급 문제는 부차적인 일로 취급한다. 통일에 모든 것을 종속시킨다. 먼저 통일을 이루어야 하고 사회변혁은 그 다음 일이라고 생각하는 것이다. 통일을 이루기 위해서는 민족 구성원 전체가 이를 위해 합심 단결해야 한다는 점이 강조된다. 이것이 바로 소위 "민족통일전선전략"이요 "민족대단결 사상"이다.

그런데 지난 50여 년 동안 남과 북은 각각 독립적인 국가를 건설하고, 세계 중류 수준의 공업국이 됐다. 이것이 뜻하는 바는 하나의 민족 안에 선명한 계급 분단이 생겼다는 것이며 계급 투쟁이 중요하게 됐다는 것이다. 더구나 지난 15년 동안에 남한의 계급 투쟁은 세계에서 다섯 손가락 안에 들 만큼 높은 수준이었다.

제국주의 열강에 맞서 민족적 과제를 수행하기 위해서 민족 전체가 단결할 수 있지 않느냐고 생각할 수 있다. 제국주의의 압력이 모든 계급을 밀착시키는 외적·기계적 압력으로 작용한다고 흔히 생각한다. 그러나 이것은 결코 사실이 아니다. 오히려 제국주의는 계급투쟁을 뚜렷하게 만드는 깊숙이 자리잡은 내적 동인이다.

남한 지배계급은 미국에 반대하기는커녕 미국의 이해관계를 옹호하고 공유한다. 예컨대 주한미군의 주둔은 동아시아에서 패권을 유지하기 위한 미국의 통제에 의한 것인 동시에 남한 지배계급도 공동의 이해관계를 갖는 문제다. 김대중은 지난 6월 "미군이 없었다면 우리가 오늘날 살아남아 이런 경제적 번영을 누릴 수 있었겠느냐"고 말했는데, 남한 지배계급의 입장에서 미국은 매우 고마운 존재였다. 용산 기지 앞과 매향리에서 주한미군 철수를 요구하며 시위할 때 우리 앞을 가로막은 것은 미국 군대가 아니라 김대중 정부의 경찰이었다. 김대중은 미국 제국주의와 맞서 싸울 생각이 조금도 없다. 오히려 그는 미제국주의를 옹호해 반제투사들과 맞서 싸운다. 여야 정치인들, 국가관료들, 대기업주들 모두 그렇다. 그래서 미제국주의에 맞선 민족 전체의 투쟁은 불가능하다. 제국주의에 대한 반대는 민족에 맞선 민족의 투쟁으로서가 아니라 계급 투쟁으로만 해결될 수 있다.

오늘날 노동계급만큼 강력한 힘을 발휘할 수 있는 집단은 없다. 어떤 종류의 사회 변화도 노동계급이 동원되지 않고서는 이룰 수 없다. 노동계급은 자신의 계급적 이익을 위해 싸우는 과정에서 민주주의나 반제 과제를 성취할 수 있다(민족을 위해 자신의 계급적 이익을 포기하고 종속시킴으로써가 아니라). 무시무시한 반공 독재 정권 아래서 통일의 '통'자도 꺼내지 못하다가 오늘날처럼 통일운동을 벌일 수 있게 된 것도 노동자 투쟁의 부상과 무관하지 않다. 남한의 통일운동이 대규모로 부상한 게 1961년과 1988년이었는데 이것은 그 전해 벌어진 1960년 4월혁명과 1987년 6월항쟁과 7~9월 노동자 대투쟁 덕분이었다.

그런데 통일을 최우선 과제로 여기는 입장은, 노동계급의 이익과 그것을 쟁취하기 위한 투쟁을 억누르고 계급 화해를 이루라고 촉구한다. 범민련, 한총련, 전국연합의 "민족대단결" 사상은 바로 이런 점에서 문제가 있다. 전국연합 기관지《민》지의 한호석 씨는 김정일 국방위원장이 광폭정치로 김대중과 손잡았다며 칭송했다. "김정일 총비서의 통일전선전략은 사상과 이념의 잣대를 치우고 공동의 민족적 과업인 자주통일위업을 위하여 지난 날 서로 반목하고 적대하던 상대라도 과거를 묻지 않고 손을 잡을 수 있다는 데서 출발한다."* 원래 통일전선은 노동계급의 공동행동을 위한 것인데 이와 달리 "민족통일전선 전략"은 코민테른 7차대회의 반파시즘 인민전선에서 유래한 것으로 지배계급과의 동맹을 추구한다.

한총련은 "민족통일전선전략"에 따라 김대중을 "통일운동을 함께 일구어 나갈 일 주체"로 규정했다. 그리고는 "김대중 정권은 공동선언 이후 국가보안법과 한미행정협정 등에서 이전과는 다른 전향적인 자세를 보이고 있다"**고 환상을 부추겼다. 이런 환상을 갖고 있으면

---

* 《민》, 2000년 7월호, 37쪽.

** 서총련 통일축전 토론 자료 중에서.

김대중에 맞서 일관되게 투쟁하기 어려울 것이다. 그런데 이런 주장
이 나온 얼마 뒤 김대중은 통일한마당에 참여했다가 돌아오던 한총
련 대의원들을 줄줄이 잡아가 단국대생 네 명을 구속했고, SOFA 개
정 촉구 집회를 아예 불허해 버렸다.

　김대중은 남북 공동선언을 채택한 지 보름도 되지 않아 롯데 호텔
노동자들의 파업 농성장에 '솔개'라는 특수진압 경찰을 투입했고, 이
틀 뒤 사회보험 노조에도 경찰을 투입했다. 이런 마당에 "조국통일을
실현하기 위한 길에 노동자와 자본가가 따로 있을 수 없고, 청년학생
과 정부당국자가 따로 있을 수 없다"*고 생각한다면 결코 탄압에 맞
서 일관되게 저항할 수 없다. 7월 내내 벌어진 민주노총의 항의 투쟁
에서 한총련 학생들을 볼 수 없었던 것은 결코 우연이 아닐 것이다.
민주노총의 항의 투쟁이 한창 고조되고 있던 7월 중순 북한 평양방
송은 다음과 같은 논평을 발표했다.

> 협소한 이해관계와 편견에 사로잡혀 지역적·계급적 이익을 민족적 이익 위
> 에 올려 세우거나 계급적 요구를 실현하기 위한 투쟁을 조국통일을 위한
> 투쟁과 배치시킨다면 언제가도 통일을 이룩할 수 없다.**

　이 논평은 민족주의가 언제나 계급보다 민족을 앞세우며, 노동자
투쟁을 민족적 단결을 해칠 우려가 있는 '종파적' 행동으로 간주한

---

*　같은 글.

**　〈한겨레〉, 2000년 7월 14일치.

다는 것을 보여 준다. 재야 통일운동 세력들은 이 논평을 김대중 정권이 노동자를 탄압할지라도 김대중과 동맹하기를 주저하지 말라는 메시지로 받아들였을 것이다. 재야 통일운동 세력들은 노동자를 탄압하는 정부 당국과 함께 '통 크게' 통일대축전 행사를 치를 생각이었다. 범민련 공동사무국은 7월 12일 "남측 8월 통일행사에 6·15남북공동선언을 지지하는 모든 통일애국세력의 결집이 이루어지길 바라며 특히 정부당국과 민화협, 경실련을 비롯한 시민운동단체들까지 함께할 수 있기를 바란다"고 서한을 보냈다. 전국연합도 준비 여건이 부족하다면 15일 하루만이라도 민화협 등과 함께 행사를 하자며 공동행사에 열심이었다. 민주노총만이 롯데와 사회보험 파업을 폭력 진압 당한 마당에 정부 주도 단체인 민화협과 함께할 수 없다고 옳게 반대*했다. 8월 15일 민화협 행사가 있는 비슷한 시간에 민주노총은 노동자 대회를 열었다. 한총련 등은 민주노총이 이 날 노동자대회를 잡은 것에 못마땅해 했고, 이와 대조적으로 민주노동당 학생위원회는 통일대축전이 열리는 한양대에서 노동자 대회 참여를 호소하는 활동을 벌였다. 통일대축전에 모인 한총련 학생 가운데 소수만이 이날 노동자대회에 참여했다. 한총련도 곤혹스러웠는지 깃발은 보냈지만, 유감스럽게도 한총련 학생들 다수는 민화협 행사에 참여하기 위해 광화문으로 갔다. 하지만 한총련의 구애에도 불구하고 정부는 참여를 허락하지 않았다.

전국연합 기관지 편집인 박세길 씨는 우리 나라 노동자 운동이 그

---

* 《말》 8월호.

동안 조합주의적이었다며 노동자들이 통일운동으로 "정치 세례"를 받아야 한다고 주장했다. 하지만 어떤 정치든 다 좋은 게 아니다. 만약 계급 화해를 촉구하는 민족주의 정치라면 그 "정치 세례"가 조합주의보다 계급 투쟁에 더 해롭다. 민족주의 정치는 계급을 민족에 종속시키고, 이것은 노동자 운동을 지배계급의 일부나 중간계급의 일부에 종속시키는 결과를 가져 온다. 통일을 지지해야 하지만 민족을 위해 노동자 운동의 정치적·조직적 독립성을 손상시켜서는 안 된다.

통일에 대한 태도

통일은 남한과 북한의 노동자들이 근본적 사회변혁을 이루는 과정에서 그 일환으로 이룩되는 게 가장 바람직할 것이다. 하지만 통일은 해결하지 못한 부르주아적 과제이므로 근본적 사회 변혁이 일정에 오르기 전에 얼마든지 제기될 수 있다. 이럴 때 근본적 사회 변혁 없는 부르주아적 통일이라 해서 반대한다면 그것은 올바른 입장이 아닐 것이다. 국민의 다수가 원한다면 비록 그것이 자본주의에 머무르는 통일일지라도 불가피하게 통일(자결) 열망에 타협해 그것을 지지해야 할 것이다. 그럼에도 이 때조차 "민족대단결"이라는 관점이 아니라, 노동계급의 단결이라는 관점에서 통일 문제에 접근해야 한다. 통일이 된다 해도 노동자들의 처지는 근본으로 달라지지 않을 것이며, 근본적 사회 변혁은 여전히 이뤄야 하는 노동계급의 역사적 과제일 것이기 때문이다. 예컨대 남한 노동자들은 북한 노동자들이 남한 노동자들과 대등한 수준의 임금을 받아야 한다고 주장해야 한다. 이것은 남북한 노동자들이 근본적 사회변혁을 위해 단결할 수 있는 기초가 될 것이다.

재야 통일운동 세력들이 지지해 온 연방제는 어떤가? 연방제는 남북이 서로의 사상과 제도를 그대로 인정하는 통일이다. 남북한 당국은 "연방통일국을 건설한 뒤에도 끝까지 손잡고 민족의 운명을 개척하는 동행자"가 돼야 한다. 남북한 기성 권력이 그대로 유지된다는 얘기다.

이 밖에도 여러 통일 방안들이 있을 수 있다. 그러나 리영희 교수의 지적대로 통일 경로의 청사진을 그리는 것은 의미 없는 일이다. 우리는 국민 대중이 원하는 방식으로 원하는 때에 아래로부터 통일하는 것을 최우선으로 지지한다. 그리고 당국간 협상을 통한 통일일지라도 대중이 전폭 지지한다면 우리는 불가피한 전술적 타협으로서이 통일도 지지해야 할 것이다. 지난 세기에 분단 국가들은 어떻게 통일을 이루었는지 몇 가지 유형으로 나누어 살펴보자.

첫째, 국민의 뜻을 거슬러 군사력으로 상대방을 정복하려는 무력 통일이 있을 수 있는데 우리는 이런 통일에 반대한다. 예멘의 2차 통일방식이 바로 이런 것이었다. 사우디 아바리아 남쪽에 위치한 예멘은 오랫동안 남과 북으로 갈려 식민 통치를 받았다. 남예멘은 1966년까지 영국의 식민지였다가 해방돼 예멘민주인민공화국이라는 스탈린주의 정권을 수립했고, 북예멘은 1918년 터키로부터 독립해 이맘 왕정으로 있다가 군사쿠데타로 1962년에 예멘 아랍공화국을 수립했다. 남북 예멘은 서로 뿌리 깊은 불신을 가지고 있었다. 1960년대까지 남북 예멘은 통일의 당위성을 인정하고 연방 형성을 위해 논의했지만 서로 자기쪽으로 흡수하려는 의도를 갖고 있었다. 1972년에 아랍 국가의 중재로 남북 예멘은 평화협정을 체결하고 통일원칙에 합의했다. 이것은 북예멘 우익 세력의 반발로 백지화되고 말았지만 그 후에도 지속적인 협상이 있었다. 결국 1989년 통일헌법안을 승인하고 1990년 5월 통일을 선포했다. 이것이 예멘의 1차 통일이다.

그러나 이 합의는 오래가지 못했다. 남북 예멘 정부는 1 대 1의 동등한 비중으로 정치통합을 이루었는데도 많은 부작용이 생겼다. 남북 예멘 관료들의 이해관계와 편의에 따라 정책이 혼선을 빚곤 했다. 특히 남북 예멘의 군대는 현지에 계속 주둔하여 기존 명령 계통에 따라 운영됨으로써 통일은 매우 불안한 요소를 안고 있었다. 남북 예멘 지배자들 간의 갈등이 계속되다가 남예멘의 지배자들이 집무를 거부하고 남예멘의 수도로 돌아갔다. 결국 1994년 4월에 내전이 일어났고 이 무력 충돌에서 북예멘이 승리해 재통일했다. 이것이 바로 무력에 의한 예멘의 2차 통일이었다. 이 무력 통일의 과정은 평범한 많은 사람들에게 고통을 안겨주었다.

둘째, 정부 주도의 정치 협상을 통한 통일이 있을 수 있다. 지금 남북한 당국도 이런 방식의 통일을 표방하고 있다. 이런 방식에 원칙적으로 반대할 수는 없다. 지배자들간의 정치 협상을 통한 것일지라도 국민 다수가 원한다면 불가피하게 타협할 수밖에 없다.

이런 사례로는 앞서 살펴본 예멘의 1차 통일이 있다. 그런데 예멘이 1차 통일을 할 수 있었던 것은 특정 조건 덕분이었다. 1989년 동유럽과 소련 격변의 영향으로 고르바초프가 남예멘에 대한 지원을 중단했고 다른 제국주의 열강들의 개입도 없었다. 또, 남북 국경지역에서 발견된 석유도 통일을 자극하는 한 요소였다고 한다. 그러나 통일 뒤에도 권력을 둘러싼 남북 지배자들의 다툼은 끊이지 않았다. 한 국가 안에서도 여야 정치인들 간에 싸움이 끊이지 않는데 서로 다른 국가에서 오랫동안 각자 권력을 구축해 온 두 세력들이 오죽했겠는가.

셋째, 대중 자신이 통일을 이루기 위해 나서는 아래로부터의 통일이다. 이 사례로는 베트남 반제민족해방전쟁을 들 수 있다.

베트남의 통일은 무력 통일이긴 했지만 민중의 뜻을 거슬러서 하는 통일은 아니었다. 남북 베트남 민중 모두 미국을 물리치고 통일하기를 간절히 원하고 있었다. 베트남은 매우 길고 가혹한 제국주의 피지배 역사를 가지고 있다. 1858년부터 1941년까지 프랑스의 식민통치를, 1941년부터 1945년까지는 일본의 식민통치를 겪었다. 1945년 8월 일본이 항복하자 식민 지배 하에서 독립운동을 이끌었던 호치민을 중심으로 베트남 민주공화국이 수립됐다. 그러나 곧이어 프랑스가 식민지 재건을 시도해 1946년부터 1954년까지 프랑스와 베트남민주공화국 간에 9년간의 전쟁이 벌어졌다. 프랑스군의 항복으로 전쟁이 종결돼 제네바 협정이 맺어짐으로써 북위 17도선 이북은 베트남민주공화국이, 이남은 프랑스가 지배하다가 2년 뒤에 총선를 치르기로 돼 있었다.

그런데 프랑스군이 2년이 되기 전에 철수해 버리고 총선거가 무산되자 미국이 남베트남에 베트남공화국(월남)을 세우고 고 딘 디엠을 대통령에 앉혔다. 디엠 정권의 독재와 폭력과 부패는 세계 유래를 찾기 어려울 정도였다. 베트콩이라고 불리는 베트남민족해방전선이 1960년에 결성돼 내전상태에 돌입했다. 1964년에 미국의 통킹만 폭격을 선전포고로 미국과 북베트남(월맹) 사이에 전쟁이 벌어졌다. 1975년 월맹군에 의한 사이공 함락으로 베트남은 10년간의 전쟁을 끝내고 통일을 이루었다.

이와 같은 방식으로 통일을 이룰 수 있었던 데는 몇 가지 조건이 작용했다. 첫째, 월맹이 자체의 국가 권력과 군사력을 갖고 있었다는 점이다. 둘째, 베트남 지리가 게릴라 전에 유리했고 인민전쟁을 치렀다는 점이다. 셋째, 서방이 1968년 이래 격변을 겪고 있었다는 점이다. 미군 장교 가운데는 전쟁에서 죽은 수보다 미국 본토의 반전 분위기에 영향받은 병사들에 의해 살해된 수가 더 많았다.

넷째, 아래로부터의 통일과 위로부터의 통일이 결합된 사례다. 독일 통일은 단순히 동서독 지배자들의 정치 협상에 의해 이루어진 흡수 통일로만 규정되곤 한다. 그러나 독일 통일을 민중의 뜻과 무관한 통일로 얘기하는 것은 잘못이다.

동독에서 1989년 동유럽 혁명의 일환으로 거대한 투쟁이 일어났다. 동독의 변화는 민중에 의해 아래로부터 시작됐으나 호네커는 개혁 요구에 아랑곳하지 않았다. 달을 거듭하면서 시위는 수십만 규모로 확대됐고, 대량 이민 사태도 계속 확산됐다. 대량 이민 사태는 1989년 7월 헝가리로 휴가 왔던 일부 동독인들이 헝가리·오스트리아 국경을 넘어 서독으로 탈출하면서 시작됐다. 8월 초에 1백 명이 체코를 통해 서독으로 탈출했고, 9월에 오스트리아와 헝가리를 통해 1만 5천 명이 탈출했다. 10월에는 동독인 3천 명이 서독으로 가는 열차에 태워 달라며 드레스덴 역을 포위하기도 했다. 1989년 1월부터 10월까지 동독 탈출자와 이주자들의 수는 약 16만 7천 명에 이르렀다. 이들은 주로 숙련 노동자들이었다. 이런 일들은 동독 주민들이 동독의 개혁과 통일을 얼마나 열망하고 있었는지 잘 보여 준다.(이들을 "자본주의"에 물든 "체제 부적응자"들로 간단히 제쳐버려서는 안 된다. 탈북자에 대해서 잘못된 태도를 취하듯이 말이다.)

10월 초에 호네커가 베를린 장벽을 넘는 사람들에 대한 발포를 명령했는데, 이것은 불에 기름을 붓는 격이었다. 1989년 10월경에는 시위대의 요구 가운데 통일이 등장했다. 재야 운동 단체인 신광장의 핵심 요구는 자유 선거와 여행 제한 철폐였다. 10월 23일에서는 라이프치히에서만 30만 명이 시위를 벌였다. 이런 투쟁의 결과 1989년 11월 9일 베를린 장벽이 무너졌고 통일은 이제 거부할 수 없는 대세가 됐다. 1989년 11월 9일 집권당 당수는 여행의 자유화를 발표하면서도 "동독이 조만간 장벽을 허무는 일은 없을 것"이라고 선언했다. 그러나 바로 그날 밤 동독 주민들은 베를린 장벽으로 달려가 그것을 무너뜨렸던 것이다. 서독인들은 베를린 장벽을 통과해 서독에 온 동독인들을 박수를 치며 환영해 주었다.

동독 정권은 굴복하지 않을 수 없었다. 서독 정권도 원래 급속한 통일을 원하지 않았지만 사태는 두 정권의 계획을 앞질러 발전하고 있었다. 빌리 브란트의 동방정책이 통일을 낳았다고들 얘기하지만, 빌리 브란트의 정책은 동서독의 공존이었지 하나의 독일이 아니었다. 이처럼 독일 통일은 동서독 대중 자신이 지지하고 나선 아래로부터의 통일이었다. 따라서 그것이 동독이 서독으로 흡수되는 방식의 통일일지라도 그것을 반대할 수는 없었다. 동독은 서독과 마찬가지로 노동자를 착취하고 억압하는 체제였으므로 흡수통일을 '착취 체제의 확산'이라고 볼 수는 없다. 다만 그것이 동서독 노동자들의 단결을 이루는 계기로 될 수 있도록 해야 했다. 서독 노동자들은 동독 노동자들이 서독 노동자들 수준의 임금을 받을 수 있도록 요구하고, 동독 노동자들은 서독 노동자들이 동독 수준의 복지를 받을 수 있도록 지지해야 했다. 독일 통일 이후 동서독의 생활 수준 격차와 이로 인한 동서독 주민간의 반목은 이런 요구가 왜 중요한가를 보여준다.

그 동안 많은 좌파들이 민족 통일 문제에 제대로 대처하지 못해 왔다. 계급을 민족에 종속시키려는 민족주의에 경도되거나 이와 정반대로 통일을 바라는 민족 감정을 아예 무시해 버리는 식이었다. 이 둘 모두 올바른 입장이 아니다. 민족통일을 지지하되 '민족의 영광과 이익'이 아니라 '노동계급의 단결'이라는 관점에서 접근해야 한다. 이런 입장을 견지한다면 복잡다단한 근본적 사회변혁 과정에서 민족 문제에 관한 올바른 입장을 취할 수 있을 것이다.

북한의 핵 개발과 미국

북한이 지난해 말 핵 시설들의 봉인을 제거하고 국제원자력기구 (IAEA) 사찰단원들을 추방했다. 그러자 미국 권력자들 사이에서 이 문제에 대한 대응을 둘러싸고 분열이 깊어졌다. 미국 국방장관 럼즈 펠드는 "미국은 두 개의 전선에서 전쟁을 벌여 승리할 수 있다"고 거 친 말을 내뱉었다. 이라크 전쟁과 동시에 북한과도 싸울 수 있으니 까불지 말라고 협박한 것이다. 하지만 미국은 1999년 나토 전쟁 뒤 두 개의 전쟁을 동시에 치를 능력이 없다고 판단하고 "윈윈 전략"을 폐기한 바 있다. 실제로 미국은 북한에 즉시 군사적 대응을 하지 않 았다. 무기사찰단을 받아들인 이라크는 치겠다고 하면서 국제원자 력기구 사찰단을 쫓아낸 북한에 대해서는 가만히 있느냐며 미국의 모순을 비꼬는 목소리가 나올 법도 했다.

1994년 북미 제네바 합의의 미국측 협상 당사자는 갈루치라는 사

김하영. 월간 《다함께》 21호, 2003년 2월 1일.

람이었다. 그는 '핵 폐기를 선언할 때까지 대화 않겠다'는 부시 행정부의 입장에 대해 "그것도 외교냐"고 비난했다. 일본과 한국 정부로부터도 사태를 이 지경으로 만든 데 미국 책임이 큰 거 아니냐는 불만 섞인 목소리가 터져 나왔다. 일본과 한국 정부는 동아시아 지역의 불안정 심화를 원하지 않는다. 한·미·일 사이에 대북정책을 조정감독하는 회의가 있다. 티콕이라고 줄여 말하는데, 거기에서 미국이약간 누그러진 목소리를 낸 것은 한·일 정부들의 이런 불만 때문이었다. 미국은 계속 막무가내로만 나가다가는 북한을 압박하는 일에서 일본과 한국 정부의 지지를 얻지 못하고 정치적으로 고립될지도모른다고 걱정했던 것이다. 하지만 미국의 '양보'는 시늉 수준을 넘지않았다.

애초에 한국 정부는, 북한은 핵을 폐기하고 미국은 김정일 체제를 보장하는 대타협을 이루자는 이른바 중재안을 내놓을 생각이었다. 그런데 이를 미리 안 미국이 불쾌감을 드러냈다. 그러자 한국 정부는 스스로 알아서 "중재"라는 표현을 거둬들였다. 형식을 거두어들인 대신 실질적인 내용이라도 일부 관철됐느냐 하면 그것도 아니었다. 미국은 "대화는 하되 타협은 없다"며 대화의 의제는 북한의 핵폐기를 어떻게 검증하느냐가 될 것이라고 못박았다. 미국은 그 동안보상 약속을 해 놓고도 지키지 않아 왔다. 그런 미국이, 이번에는 아예 어떤 보상도 없다고 못박으며 북한에 대화를 하자고 한다. 북한이 여기에 응할 턱이 있겠는가? 북한의 입장에서 보면, 이것은 마치학생 주임이 그가 보기에 "문제아" 학생을 불러 소지품 검사를 하겠다는 식이었을 것이다.

미국은 일방적 독주로 상황을 극한으로 몰고 간다는 비난을 슬쩍 피해 시간을 벌면서 공을 북한에 떠넘겼고, 북한은 이에 NPT 탈퇴와 미사일 실험 재개 위협으로 맞받아쳤다. 이것은 미국이 북한과 대화할 수도 있다고 한 걸음 물러서는 듯한 입장을 밝힌 때 나온 반응이어서 미국을 더 당황스럽게 만들었다.

하지만 북한의 대응은 초강경처럼 보이지만, 자세히 보면 핵을 폐기하고 핵사찰을 수용하겠다는 의사를 담고 있었다. 미국에게 당신들이 우리와 대화를 할 거면 핵문제·미사일 문제와 중유 제공, 체제 보장 같은 실질적인 쟁점을 테이블에 올리시오 하고 말한 셈이다. 북한은 미국이 이라크 전쟁 문제에 매여 있는 점, 다른 강대국들과 미국의 전통적 동맹국들조차 미국의 독주에 불만을 갖고 있다는 점, 이 문제를 둘러싸고 미국 지배자들 사이에 분열이 일어나고 있다는 점 등의 조건을 십분 이용하고 있다.

북한의 대응은 양날의 칼을 담고 있는 셈이다. 두 날 가운데 한 날인 북한의 핵 개발과 미사일 실험 재개가 동아시아 지역에 끼칠 영향을 부시 정부는 우려한다. 그래서 부시 정부는 일단 다른 한 날인 '핵 폐기–체제 보장' 맞바꾸기를 잡고 북한을 '대화'에 묶어 두며 시간을 벌기로 한 듯하다. 동아시아 지역은 미국이 '그래, 어디 한번 실수해 봐라. 우리가 손을 봐줄 테다' 하고 중동처럼 대처할 수 있는 지역이 아니다. 북한 정권은 일본에 미사일을 날릴 수도 있고, 중국·러시아와 국경을 접하고 있다. 일단 군사적 충돌이 벌어지면 어디까지 번질지 미국도 걱정하지 않을 수 없다.

하지만 부시 정부는 북한을 어떻게 다뤄야 할지 분명한 전략이 서 있는 것 같지 않다. 부시 정부는 미국이 가장 중요하게 생각하는 지역인 중동에서 벌일 이라크 전쟁 계획에 몰두하고 있다. 이에 비하면 북한은 그렇게 급한 문제가 아니다. 지난 2~3주 동안의 상황 전개를 보면, 북한이 강수를 둘수록 부시 정부는 오히려 말랑말랑해져 그들이 그렇게 싫어하는 클린턴 정부의 대북 정책 쪽으로 회귀하는 느낌마저 든다.

미국이 북한과의 대화에 나선다 해도 이것이 동아시아 지역의 안정을 보장하리라고 생각하는 것은 큰 오산이다. 지금까지 북미 대화는 몇 달씩 또는 몇 년씩 질질 끌면서 결국 위기로 이어진 사례들이 있다. 1994년 전쟁 일보직전의 위기는 1993년부터 시작된 북미간 핵협상의 연장선상에서 일어난 일이다. 엊그제 미국 국무장관 콜린 파월이 한 말은 대화가 시작되더라도 순탄히 진행되기는 어렵다는 점을 짐작하게 해 준다. 그는 북한이 핵 개발을 포기하더라도 핵 생산 능력을 완전히 제거하는 새로운 합의가 필요하다고 했다. 그러면서 제네바 합의 때 약속했던 경수로 2기를 북한에 지어 주는 일에 대해 회의를 나타냈다. 미국의 세계 전략은, 비록 지금 당장 전쟁을 일으키지는 않을지라도, 동아시아 지역을 점점 더 불안정하게 몰고 가고 있다.

부시의 공격적 세계전략

최근의 위기 상황을 제대로 이해하려면 시야를 좀더 넓히고 좀더 거슬러 올라갈 필요가 있다.

북한을 위기의 원인 제공자로 보는 사람들은 지금의 사태가 북한의 핵 시설 봉인 제거에서, 또는 북한의 핵 개발 계획 '시인'에서 시작된 것처럼 말한다. 북한의 김정일 정권이 1994년 제네바 합의를 어겼기 때문에 사태가 불거졌다는 것이다.

물론 북한의 대응을 지지할 수는 없다. 하지만 현재 위기의 주된 원인은 부시 정부에 있다. 부시는 이미 취임할 때부터 제네바 합의(1994년)와 북미 공동성명(2000년)을 존중할 의사가 없었다. 사실, 약속 어기기는 클린턴 정부 때부터 시작된 일이었다. 클린턴 정부는 북한이 핵시설을 봉인하는 데 대한 대가로 중유를 제공하고 경수로형 원자로를 지어 주기로 약속했다. 그러나 중유 제공도 안정적으로 이뤄지지 않은 데다 2003년 완공 예정이었던 경수로는 2008년이 돼도 완성될 수 있을지 미지수인 상태다. 또, 클린턴은 1999년에 북한의 미사일 실험 유예에 대한 대가로 경제 제재 해제를 약속했지만, 이 약속도 지키지 않았다.

부시는 한술 더 떴다. 약속을 어긴 것이 문제가 아니라 약속을 한 것 자체가 문제라는 것이었다. 북한 같은 "불량 국가"에게 보상을 해 줄 필요가 뭐가 있냐는 것이다. 게다가 일본·남한 등 주변국이 북한과 관계를 개선하려는 것도 부시는 못마땅하게 생각한다. 부시 정부는 남한 정부에게 북한에 전력 공급을 하지 말라고 했고, 남북 평화협정도 체결하지 말라고 했으며, 최근에는 남북 경협도 확대하지 말라고 했다.

백악관 안보 보좌관 콘돌리자 라이스는 2000년에 '국익의 증진'

이라는 글을 썼는데, 거기에서 "북한 같은 정권에 단호하게 접근해야 한다"며 이렇게 말했다. "이 정권들은 간신히 버티고 있다. 이들에 대해 겁먹을 필요가 없다. 오히려, 최선의 방어는 분명하고 고전적인 억제책이어야 한다. 즉, 그들이 대량살상무기를 갖는다면 그 무기는 쓸모 없는 것이 될 것이다. 왜냐하면 대량살상무기를 사용하려는 어떤 시도도 국가적 멸망을 부를 것이기 때문이다."

'인정사정 볼 것 없다'로 요약될 수 있는 이 무시무시한 말은 북한을 협박하고 공포에 떨게 만들고 목을 졸라 약화시키겠다는 의지의 표현이었다. '대화는 해도 협상은 없다'는 방침은 바로 이런 의지에 바탕을 둔 것이었다.

9·11 이후 부시 정부는 한층 공격적인 세계 전략을 추구하기 시작했다. 그리고 이를 정당화하는 데 "테러와의 전쟁"을 이용하기 시작했다. 지난해 1월 29일 부시는 이렇게 말했다. "테러와의 전쟁은 이제 막 시작됐을 뿐이다. … 우리의 두 번째 목적은 테러 지원국들이 미국과 우리의 우방과 동맹국을 대량살상무기로 위협하지 못하도록 막는 것이다." 그리고는 이라크·이란과 함께 북한을 "악의 축"으로 지목했다.

그 해 6월 부시는 "악의 축"을 어떻게 다룰 것인지 밝혔다. 이른바 "선제 공격 독트린"이다. "우리는 비확산 협정에 서명한 뒤 그것을 체계적으로 어기는 독재자들의 말을 믿을 수 없다. … 테러와의 전쟁은 방어로는 승리를 거둘 수 없을 것이다. 우리는 적과 전투를 택해야 하고, 적의 계획을 가로막아야 하며, 최악의 위협이 나타나기 전에 그것과 대결해야 한다. 우리가 들어선 세계에서, 안정으로 가는 단

하나의 길은 공격하는 길이다."

선제 공격의 첫 대상은 이라크이다. 미국의 이라크 전쟁은 석유 통제권을 확보하기 위한 전쟁이다. 오늘날의 자본주의 기업은 산업을 점점 더 석유에 의존하고 있다. 또한 미국은 독일·일본 등 다른 강대국들의 석유 공급이 미국의 군사력에 달려 있다는 것을 보여 주고자 한다. 이들은 미국보다 더 수입 석유에 의존하고 있다. 다른 열강들이 자기에게 의존하고 있음을 확인시킴으로써 미국은 자신의 세계 패권을 천명하려 한다.

미국의 국방 예산은 미국 다음의 14개 국가의 국방 예산을 합친 것보다 크고, 미국의 경제 규모는 미국 다음의 3개 나라를 합친 것보다 크다. 하지만 장기적으로 봤을 때 미국은 자신과 대적할 만한 경쟁자가 나타날까 봐 걱정하고 있다. 미국이 진짜로 걱정하는 것은 "불량 국가"들이 아니라 바로 이들이다. 국방장관 도널드 럼즈펠드는 "우리의 전략은 잠재적 경쟁국의 출현을 저지하는 것이어야 한다."고 말한 바 있다. 그리고 부시 정부는 지금이 경쟁국이 나타나지 못하도록 못을 박아놓을 수 있는 절호의 기회라고 생각한다. 부시 행정부는 막강한 군사력과 '테러와의 전쟁'을 이용해 어떻게 해서든 이라크를 침공하려 하고, 호전적인 발언을 서슴지 않으며 세계 곳곳에서 전쟁 준비를 하고 있다. 이것은 부시가 단순히 미치광이 전쟁광이어서가 아니라 이런 계산에 바탕한 미국 공화당내 우익의 전략에 따른 것이다.

미국의 일방주의는 세계 질서를 더한층 불안정하게 만들고 있다. 최근의 한반도 정세는 이 불안정의 한 사례다. 미국은 북한을 핵선

제공격 대상에 포함시키는 등 위협을 해 왔다. 서로 적대하지 않기로 했던 2000년 10월 북미 공동 성명도 어겼다. 그리고 "북한에 대한 핵무기 불위협 또는 불사용에 관한 공식 보장을 한다"고 했던 1994년 10월 북미 제네바 기본합의(3조 1항)도 어겼다.

이에 북한은 NPT 탈퇴로 맞섰다. 그런데, 북한 핵 문제가 부를 수 있는 한 쟁점이 일본의 핵 무장이다. 일본은 마음만 먹으면 순식간에 대량의 핵무기를 만들 수 있는 기술을 갖추고 있다. 지난해 4월 일본 자유당 당수 이치로 오자와는 이렇게 말했다. "우리는 핵 발전소에 많은 플루토늄을 가지고 있으며, 3~4천 개의 핵탄두를 만들 수 있다. 진지하게 생각해 보자. 군사력에서 누구에게도 얻어맞지 않게 될 것이다."

미국의 핵과 미사일 위선

상당수 NGO들은 북한 핵 문제가 불거지자, 미국과 북한 모두 나쁘다는 입장을 취하고 있다. 특히 그 동안 이라크 전쟁 반대 운동을 해 왔던 '전쟁반대 평화실현 공동실천' 내의 일부 단체가 이런 입장을 취하고 있는 것은 매우 안타까운 일이다. 왜냐면 이런 입장은 결국, 세계 평화를 위협하는 미국 제국주의에 맞서는 투쟁을 기피하거나 약화시키는 결과를 낳기 때문이다.

나는 북한의 핵 개발도, 김정일 정권도 지지하지 않는다. 북한 정권은 수많은 어린이들이 굶주리고 있는 마당에 무기 개발에 돈을 쏟아붓고 있다. 근본적으로, 북한은 사회주의와는 아무 관계도 없는 비민주적이고 억압적인 사회이다.

그러나 이 점 때문에 미국의 위협과 북한의 위협을 똑같은 반열에 놓고 볼 수는 없다. 미국은 북한의 굶주리는 어린이와 민주주의에 아무 관심이 없다. 미국은 자기 나라 다국적 기업의 이윤을 위해 아시아·아프리카와 남미에서 가난과 기아와 질병을 만연시켰다. 또, 자국의 이익을 위해서라면 흉칙한 독재자를 지원하는 일도 서슴지 않았다. 이 문제에 관해선 다른 나라 사례를 찾을 필요도 없다. 미국은 남한의 군사 독재를 줄곧 지원했다. 남한의 민주주의를 진척시킨 세력은 미국이 아니라 남한 민중이었다.

미국이 북한 핵을 문제 삼는 것도 완전한 위선이다. 북한에 핵이 있는지 없는지는 북한 당국을 빼고는 누구도 확실히 알지 못한다. 지난 10년 동안 미국은 핵 사찰을 몇 번이나 했지만 북한 핵의 실체를 밝히지 못했다. 물론 북한이 핵무기를 갖고 있을 가능성이 없는 것은 아니다. 북한은 공업국이고, 흑연 감속형 핵발전소를 가동한 적이 있고, 핵 재처리 시설도 가지고 있고, 우라늄 자원도 풍부하다.

하지만, 설사 북한이 핵무기를 가지고 있더라도, 비할 데 없이 더 많은 핵무기를 가지고 핵 전쟁 위험을 부추기고 있는 것은 미국이다. 미국은 1만6백기의 핵탄두를 가지고 있다. 미국은 실전에서 핵무기를 사용한 적이 있는 유일한 국가이다. 게다가 앞으로도 핵무기를 사용하겠다는 전략을 채택하고 있는 나라다.

최근에 북한이 탈퇴함으로써 문제가 불거진 조약이 바로 NPT다. NPT는 핵무기를 버젓이 다량으로 보유한 미국, 영국, 프랑스, 러시아, 중국이 다른 국가가 핵무기를 갖는 것을 가로막기 위한 장치이다. '나는 되도 너는 안 된다'는 위선적인 조약이다. 그리고 미국은 핵무기를 가지려는 게 누구냐에 따라 이중 잣대를 사용해 왔다. 미국의 중동 지역 경비견인 이스라엘은 핵탄두를 2백 기나 가지고 있다. 그리고 NPT에 가입도 하지 않았지만 미국은 이를 문제삼은 바 없다.

북한이 NPT를 탈퇴하자 미국은 "국제적 의무를 지키라"고 북한을 비난했다. 하지만 미국은 북한의 NPT 탈퇴를 비난할 도덕적 명분이 조금도 없다. 미국은 1년여 전에 핵실험금지협정에 대한 지지를 철회했다. 이것은 지난해 카슈미르 지역의 인도·파키스탄 갈등에서 보듯이 세계 핵무기 경쟁을 부추겼다. 뿐만 아니라 미국은 탄도탄요격미사일조약(ABM)도 탈퇴했다. 생물학무기제한협정과 소형무기거래규제안도 지지하지 않고 있다. 〈파이낸셜 타임스〉 지(1월 11일치)는 "그 자신이 군축에 대해 회의적인 미국 정부로서는 다른 나라에 군축을 강요하기가 더욱 어렵다는 문제를 드러냈다"고 꼬집었다. 북한의 핵과 미사일은 미국이 동아시아 지역에서 패권을 유지하기 위해 군대를 주둔시키고, 국가미사일방어체제(NMD)를 만드는 명분일 뿐이다.

민족주의는 일관된 반미를 할 수 없다

우리 나라 좌파는 모두 미국의 대북 위협에 반대한다. 반대 운동을 실제로 구축하느냐는 별개 문제이지만 말이다. 좌파 안에 여러 차이들이 있을 수 있다. 그러나 미국에 반대한다는 공통점에 비추면 이 투쟁에서 그 대부분은 사소한 차이일 수 있다. 하지만 반미 운동 자체를 약화시킬 수 있는 약점이 있다면 이 차이를 흐릴 수는 없다.

첫째는 운동의 일각에서 노무현 당선자가 북미 문제 중재자로 나설 것을 기대하고 촉구하는 것이다. 한국 정부가 미국이 한반도를 불안정에 빠뜨리는 데 불만을 갖고 있는 것은 사실이다. 그리고 동아시아 지역에서 온순한 동맹국을 잃고 싶지 않은 미국도 이 점을 고려하지 않을 수 없는 상황이다. 특히 미국 정부는 한국민들의 반미 감정을 걱정하고 있다.

하지만 한국 정부가 미국이 동아시아에서 불러일으키는 위기를 잠재울 수 있다고 생각한다면 그것은 큰 착각일 것이다. 첫째, 노무현은 미국의 세계 전략을 근본으로 반대하지 않으며 한미 동맹의 유지를 중요시한다. 노무현은 세계 거의 모든 사람이 전쟁광으로 여기는 부시에게 "역동적으로 움직이는 사람"이라고 호감을 표시하며, "세대가 비슷해 잘 통할 것 같다"고 했다. 둘째, 한국은 이 지역을 불안정으로 몰아 넣는 한 당사자다. 한국은 지난 몇 년 동안 꾸준히 무기를 증강해 왔으며, 일본이 핵무장 의도를 드러낼 경우 한국이 핵무장을 시작할 수도 있다.

둘째는 '북핵 문제가 터졌는데 이라크 전쟁 반대 얘기는 왜 하느냐'며 이 문제를 이라크 전쟁 반대와 분리시키는 것이다.

이런 생각은 여러 방향으로부터 나타날 수 있다. 한반도 문제 다루기도 급급한데 다른 나라 문제 다루게 됐냐는 생각, 또는 쟁점을 분산시켜서는 안 된다는 생각, 심지어는 미국이 이라크와 전쟁을 벌이면 상대적으로 북한쪽 숨통이 트일 수 있으므로 이라크 전쟁을 반대하는 것은 도움이 되지 않는다는 생각도 있을 것이다. 마지막 것은 결코 입 밖으로 나오지 않는 견해이지만 말이다.

사실 이것은 새로운 문제가 아니다. 한반도 내 문제와 관련돼 일어나는 반미 시위들은 그 동안 이런 문제를 안고 있었다. 예컨대, 여중생 촛불 시위 범대위가 이라크 전쟁 반대를 주장할 것 같은 연사들에게 연단을 내주려 하지 않았던 것은 정말 안타까운 일이다.

1986년 봄 '반전반핵 양키 고홈'을 외치며 김세진·이재호 열사가 몸을 불사른 일이 있었다. 그 이전에도 그랬지만, 그 이후만 보더라도 우리는 훌륭한 반미 운동의 전통을 갖고 있다. 하지만, 우리 나라 반미 운동은 민족주의에서 벗어나 거듭날 필요가 있다. 미국 제국주의를 미국과 한반도의 관계로만 봐서는 안 되며, 국제적·지구적 시야에서 봐야 한다.

나는 앞서 최근의 한반도 위기 상황이 부시 정부의 공격적이고 일방주의적인 세계 전략과 그것이 일으키고 있는 세계적 불안정의 일부라고 설명한 바 있다. 그리고 부시 세계 전략의 첫 실험대가 이라크라고 말했다. 부시는 이 문제에 매달리고 있고 여기서 미국의 세계 패권을 재천명하려 하고 있다. 그렇다면, 세계 좌파와 함께 우리의 중요한 임무도 이라크 전쟁에 반대하는 것이어야 한다. 우리는 이 문제를 미국의 대북 위협 문제와 연결시켜야 한다. 지역만 다르지, 위협의 원천은 똑같은 미국이기 때문이다.

이라크 전쟁에 반대하는 것은 미국이 한반도에서 벌이는 짓과 결코 무관하지 않다. 만약 미국이 이라크에서 성공을 거둔다면 그들은 한반도를 더욱 불안정으로 몰아넣을 것이고, 더욱 거만해져 효순이 미선이에게 저지른 일을 언제든 다시 반복할 것이다. 미국이 이라크 전쟁에서 패배한다면, 그것은 전세계 민중의 승리가 될 것이다. 미국은 베트남 전쟁에서 패배한 뒤 20여 년 동안 다른 나라에 대한 군사적 개입에 겁을 먹었다.

오늘날 전 세계는 전례 없는 반미 분위기를 드러내고 있다. 이것은 미국의 보통 사람들과 미국 문화에 대한 혐오여서는 안 된다. 그것은 세계 여러 나라에 자유 시장 체제 도입을 강요하며 가난과 질병을 낳고 있는 미국 지배자들에게, 다국적 기업의 이윤을 위해 환경을 파괴하고 있는 미국 지배자들에게, 수십만 명의 목숨을 앗아갈 이라크 전쟁에 혈안이 돼 있는 미국 지배자들에게 반대하는 것이다. 한반도를 불안정에 빠뜨리고 있는 미국에 대한 반대는 이 문제들과 서로 연결돼야 한다.

탈북자 난민 인정 필요하다

　최근 중국 정부가 탈북자 단속을 대폭 강화함에 따라 탈북자 강제 송환이 잇따르고 있다. 국경 마을의 경우 한 달에 두세 차례 정기적으로 단속이 벌어지고 있다.

　지난해 12월 중국 길림성 통화시 공안당국은 탈북자 150명을 북한으로 압송했고, 같은 해 6월 안도현 지역에서도 부녀회장이 중국 주민과 결혼한 탈북 여성들에게 호구(공민증)를 부여한다며 실태조사를 한 다음 이들을 북한으로 강제송환한 바 있다.

　그 동안 중국 정부는 1960년에 맺은 조-중 국경협약을 준수해 탈북자들을 강제송환해 왔는데, 1990년대 중반부터 북한의 경제난 심화로 탈북자들이 급증하자 갈수록 국경 통제를 강화해 왔다. 1997년에는 형법을 개정해 변경(국경)관리방해죄를 신설해 불법 국경출입에 최고 무기징역까지, 탈북자를 지원한 경우 최저 징역 7년형

이 글은 《비판과 대안》 2호(1999년)에 실린 것이다.

에서 최고 사형까지 선고할 수 있게 처벌을 강화했다.

이러한 단속 강화는 10~20만 명으로 추정되는 중국내 탈북자들의 삶을 더욱 비참하게 만들고 있다. 이들은 대부분 동북 3성(요녕·길림·흑룡강성) 조선족 마을에서 농사일이나 잡역을 하면서 숨어지내고 있는데, 중국 공안당국이 올 들어 북한 접경 중국 2개성 주민들에게 탈북자들을 단 하룻밤이라도 재워줄 경우 1년치 임금인 5천 위안의 벌금을 물리겠다는 엄포를 놓는 등 단속을 강화해 탈북자들의 도피 생활은 갈수록 힘겨워지고 있다.

탈북자들은 강제송환을 피하기 위해 호구(공민증)와 체류증을 구입하려 하는데, 이 과정에서 많은 사람들이 인신매매되거나 혹사당하고 있다. 지난해 〈복무일보〉와 〈연변일보〉는 중국 신문으로는 처음으로 탈북 여성들이 3천9백~4천7백 위안(약 60~80만 원)에 팔려나가고 있다고 보도했다.

중국 공안당국의 단속 강화로 탈북자들이 비참한 상황에 놓여 있지만, 김대중 정부는 이것을 못 본 척 침묵으로 일관하고 있다.

그 동안 남한 정부는 탈북자의 정확한 숫자조차 공개하지 않았고 중국이나 북한 등을 자극한다는 이유로 탈북자 문제를 아예 거론조차 하지 않았다.

위선적인 선별수용 정책

남한 정부가 취해 온 탈북자 정책은 위선으로 가득 찬 것이다. 지배자들은 남한이 북한 사회보다 '우월하다'는 것을 선전하기 위해 탈북자들을 이용해 왔을 뿐 그들의 삶에 대해서는 아무런 관심이 없었다.

따라서 남한 지배계급에게 이용가치가 없는 평범한 사람들의 망명은 계속 거부돼 왔다. 중국과 러시아 등 제3국에서 남한으로 망명을 요청한 사람들이 1천 명이 훨씬 넘었지만 1994~1998년 동안 국내에 들어온 탈북자는 고작 2백66명에 지나지 않았다.

선별수용 정책은 탈북자들이 급증하기 시작한 김영삼 정부 때부터 시작돼 지금까지 이어지고 있는데, 현행 "북한이탈주민 보호 및 정착지원에 관한 법률안"은 탈북자들이 제공한 정보나 가져온 장비의 활용가치에 따라 보조금을 차별 지급하고 제3국 체류 탈북자들을 수용할 수 없다는 점을 분명히 해, 탈북자를 계급에 따라 차별하는 정책의 근간이 되고 있다.

남한 당국이 선별수용 정책을 고수하는 이유는 계속 늘어나고 있는 탈북자 모두를 수용할 때 따르는 경제적 부담과 사회적 불안을 우려하기 때문이다. 이 때문에 남한 당국은 탈북자들을 "식량을 구하기 위해 국경을 넘은 북한 주민들"(정부 공식 용어로 '북한이탈주민')일 뿐 난민이 아니라고 우기고 있다.

모든 탈북자들을 난민으로 인정하라

최근 탈북자 지원단체 가운데 일부가 탈북자에게 국제법상 난민 지위를 공식 부여할 것을 요구하고 있다. 국제주의자들과 인권을 존중하는 활동가들은 이 요구를 지지해야 한다. 현재 탈북자들이 난민으로 인정받지 못하고 '불법 체류자'로 규정돼 강제송환 등 가혹한 박해를 받고 있기 때문이다. 한국기독교총연합회는 지난 4월부터 탈북자 난민 인정과 난민수용시설 설치를 요구하며 유엔 청원 운동을 벌이고 있다.

탈북자들의 국제법상 지위 문제는 그 동안 꽤 논란이 돼 왔다. 유엔 난민협약은 "인종, 종교, 국적, 특정 사회 집단의 구성원 또는 정치적 견해를 이유로 박해를 받을 것이라는 충분한 근거가 있는 공포"가 있을 때 난민으로 인정하는데, 유엔의 난민 판정을 받게 되면 강제송환이 금지되고 원하는 곳으로 망명할 수 있는 기회가 주어진다. 1995년 유엔난민고등판무관실(UNHCR)은 시베리아 벌목장을 탈출한 벌목공에게 탈북자로서는 최초로 국제적 난민 지위를 부여해 본인의 희망에 따라 한국으로 망명을 허용한 바 있다.

유감스럽게도, 유엔의 난민 판정 절차는 까다롭기 짝이 없다. 보통 국제법상 난민 판정을 받기 위해서는 전쟁이나 정치적 박해 등 그 성격이 정치적이어야 하기 때문에, 전세계에서 발생하는 난민들 대다수가 제외되고 있다. 유엔난민고등판무관실은 '순수한 경제적 이유' 때문에 국경을 넘은 사람들은 난민으로 볼 수 없다고 분명히 규정한 바 있다. 비록 시베리아 벌목공들이 난민 판정을 받긴 했지만, 벌목장의 참혹한 인권 침해를 고려해 내려진 것이지, 탈북자 전체를 난민으로 인정한 것은 아니었다.

그러나 탈북자들이 본국으로 송환될 경우 가혹한 박해를 받는 점을 고려해 볼 때, 탈북자들을 난민에서 제외하는 것은 잔인한 짓이다. 북한 형법 제47조는 '월경 및 망명 시도 등의 행위'를 '반국가 범죄'로 규정해 강제수용소에 수용하거나 최고 사형까지 선고할 수 있도록 하고 있다.

탈북자들은 정치적 탄압을 피해서든 굶주림을 피해 식량을 구하기 위해서든, 어떤 이유에서든지 자유롭게 국경을 넘나들 수 있어야 한다. 야만적인 탈북자 강제송환을 막고 탈북자들이 원하는 곳에서 살 수 있도록 유엔은 모든 탈북자들을 난민으로 인정해야 한다.

이주의 자유와 노동자 국제주의

유엔이 탈북자를 난민으로 인정할 것을 요구하는 최근의 움직임은 현재 수십 만에 이르는 탈북자들의 비참한 처지가 전세계 언론에 보도되면서 생겨난 국제적 압력을 반영한다. 이러한 압력 가운데 대부분은 좌파로부터 오는 것이기보다는 더 이상 탈북자들을 마냥 방치할 수만은 없다는 '인도주의'적 자유주의자들로부터 오는 것이다.

물론 온정주의 차원의 압력이라 할지라도 그로 인해 유엔이 탈북자들에게 공식 난민 판정을 내린다면 적어도 강제송환은 막을 수 있다는 점에서 탈북자들에게 이로운 일이 될 것이다.

그러나, '인도주의'를 내세우는 이들 종교 단체들은 한결같이 감옥과 다를 바 없는 난민 수용소 설치를 요구하는 등 '인도주의'를 일관되게 지키지 않고 있다. 그들의 태도는 본질적으로 선심 쓰기에 지나지 않는다.

탈북자들에게 필요한 진정한 인도주의는 탈북자 모두가 자신들이 원하는 곳에서 살 수 있도록 이주의 자유를 옹호하는 것이다. 따라서 진정으로 탈북자 문제를 해결하기 위해 필요한 것은 망명과 이주의 자유를 옹호하는 노동자 국제주의다.

그 동안 민주노총을 비롯해 남한 좌파들은 탈북자 문제에 침묵할 뿐, 남한 당국의 위선적인 선별수용 정책을 비판하는 데 소극적이었다. 이것은 그 자체로도 부끄러운 일일 뿐 아니라 지배자들이 노동자 운동을 공격할 때 북한 위협을 이용하는 데 무기력할 수밖에 없는 정치적 오류다.

지금 중국 등 제3국에서 강제송환의 공포에 떨면서 가난과 박해를 받고 있는 대다수 탈북자들은 억압당하는 민중들이거나 보통의 노동자들이다. 이들은 남한 노동자들과 똑같이 그들의 지배자들로부터 착취·억압당하는 우리의 형제다. 진정한 노동자 국제주의는 남한과 북한 정부 모두를 대안으로 여기지 않는 혁명적 입장을 취할 때 가능하다.

운동 내 논쟁:
탈북자의 국내 입국을 환영해야 한다

주체주의자들은 남한(또는 제3국)에 입국하는 탈북자를 '사실상' 환영하지 않는다.

내가 '사실상'이라고 강조한 이유는 그들이 탈북자의 국내 입국을 '반대한다'고는 결코 분명히 말하지 않고 있기 때문이다. 그들은 으레 그렇듯이 자신들의 스탈린주의적 입장을 은폐하기 위해 정치적으로 솔직하지 못한 태도를 취하고 있다.

주체주의자들의 주장은 이렇다. 1995년 대홍수 이후 북한 주민 가운데 일부가 양식을 구하러 중국에 가는 일이 생겨났다.

그들의 대부분은 양식만 구하고 곧바로 귀국한다. 장기 체류하고 있는 나머지도 대부분은 북한 귀환을 원한다. 오직 극소수만이 남한이나 제3국으로 망명한다.

격주간 〈다함께〉 45호, 2004년 12월 8일. https://wspaper.org/article/1691.

그러므로 재중국 '탈북자'는 대부분 어느 나라에나 있는 불법체류자일 뿐이다. 그런데도 탈북자의 남한 입국이 증가하고 있는 것은 순전히 기획탈북 때문이다.

기획탈북 조직자들은 북한 체제의 전복을 기도하는 미국 정보기관들과 남한 우익단체들, 그리고 탐욕스런 중국 브로커들로 이뤄진 국제 커넥션이다.

그러나, 음모에 '유인'돼 '사실상의 납치와 인신매매'로 입국하는 것만 제외하면 탈북자가 '어느 나라에나 있는 불법체류자일 뿐'인데도 왜 그들의 강제송환을 (암묵적으로) 지지하는 것일까? 주체주의자들은 한국에 오는 남아시아 출신 이주노동자의 강제추방도 지지할까?

그들은 탈북자들이 남한 입국 후 여러 고통을 겪고 있다면서도 그것에 대해 어떻게 해야 한다는 얘기는 한 마디도 하지 않는다.

때로 일부 주체주의자들은 남한 거주 탈북자들의 정착을 정부가 지원해야 한다고 말한다(가령 12월 2일 5시 고대법대 신관에서 열린 토론회에서 반미청년회 정태홍 대표의 답변).

그러나 기획탈북을 통해 들어왔다 해서 환영하기가 내키지 않는 사람들을 위해 정부가 돈을 쓰라고 요구한다는 것은 모순이거나 생색일 뿐이라는 지적을 받을 수 있다.

결국 '기획탈북'에 의한 입국('기획입국')이 원죄라는 것이다. 주체주의자들은 탈북자의 남한 이주를 사실상 반대하는 이유에 대해 북한 체제 전복과 침략을 위한 미국의 음모('기획탈북')라는 견지에서 설명한다.

이런 주장의 문제점은 첫째, 미국이 북한 주민의 대량 이탈과 그들의 자국 입국을 원하지 않는다는 점이다.

북한인권법은 위선의 산물이다. 미국은 인권이라는 허울 좋은 이름으로 탈북자를 정치적으로 이용하는 데만 관심이 있을 뿐, 탈북자 인권과 수용에는 진정한 관심이 없다. '다함께' 김하영 동지는 이렇게 지적한다.

미국이 노골적인 대북압박을 해 온 1990년대 내내, 그리고 부시 정부 들어서도 평범한 탈북자들의 문제는 관심 밖이었다. 정치적 이용 가치가 높고 고급 정보를 가진 소수의 고위층을 제외하면 말이다.

미국은 한국전쟁 이후 지난해까지 총 8명(김경필 전 베를린 주재 북한 이익대표부 서기관 부부 등 외교관·과학자 등)에게만 망명을 허용했다. …

미국은 탈북자를 '프라이오리티[우선순위] 2' 대상에 지정함으로써 이데올로기적 효과를 노리는 동시에, 탈북자의 한 해 망명 상한선을 정해 탈북자들이 몰려드는 것을 막으려 한다.

2005년의 탈북자 망명 상한선은 5백 명 수준으로 결정될 예정이다. 쿠바인 망명 실제 허용이 망명 상한선의 10퍼센트 수준에서 이뤄진 것을 감안하면, 미국 정부가 탈북자 5백 명을 다 받아들이지 않을 것임을 짐작할 수 있다.

벌써부터 미국 정계에서는 탈북자 수용의 문제점이 지적되고 있다. 예컨대, 최근 미 하원 법사위는 국토안보부에 서한을 보내 북한이 북한인권법을 악용해 간첩이나 테러리스트를 미국에 잠입시킬 가능성을 경고했다.

미국은 이라크에서 온 난민(신청자)들에 대해 구금을 명하고 있다(국제앰

네스티 한국지부 소식지 2003년 5~6월).

미국의 이런 위선은 이미 여러 차례 드러났다. 북한인권법의 상원 통과를 눈앞에 뒀던 올해 9월 27일, 미국측은 중국 상하이 미국인 국제학교에 진입한 탈북자 9명을 추방했다. 추방이 곧 체포와 강제 송환으로 이어질 것이 뻔한데도 말이다.

북한인권법이 상하원을 모두 통과한 지난 10월 말에도 비슷한 일이 벌어졌다. 러시아 블라디보스톡 주재 미국 총영사관에 40대 북한인(연해주 지역에서 일하던 북한 노동자)이 들어와 망명을 신청했다. 그런데 미국 총영사관측은 미국 망명을 허용하지 않기로 결정했고 그를 러시아 당국에 인도할 방침이다.

지난 11월 23일에는 미국 워싱턴주 시애틀 이민법원이 북한 특수부대 지휘관 출신이라고 밝힌 탈북자의 정치 망명 요청을 기각했는데, 그 이유는 '북한 출신임을 증명하기가 어렵다'는 것이었다.

난민들은 안전을 위해 신분증과 여권을 없애는 경우가 허다한데, 각국 정부는 이런 점을 난민 요청 기각의 사유로 곧잘 이용하곤 한다.

둘째, 주체주의자들의 주장과는 달리, 탈북자가 '기획탈북' 조직자들의 접촉과 유인에 의한 사실상의 납치와 인신매매를 통해 국내 입국하는 것은 아니다.

탈북자가 만일 북한에서 어지간히 살 수 있었다면, 또 중국에서 체류 또는 거주할 권리가 주어졌다면, 남한으로 오지도 않을 것이다.

만일 북한 인접국들인 중국과 남한이 탈북자의 이주 권리를 인정한다면 기획탈북이 아예 필요가 없을 것이다. 주체주의자들은 기획탈북이 존재하는 이유에 대해 얘기하지 않는다. 이주와 왕래의 자유에 대해 침묵한다.

중국 체류자든 남한 입국자든 탈북자를 고통에 빠뜨리는 것도 바로 이주와 이주자에 대한 억압이다. 주체주의자는 북한·중국·남한이 이 자유를 억압하는 것을 비판하지 않는다.

오히려 주체주의자들은 해결책으로 기획탈북 근절을 요구한다. 이것은 북한·중국·남한 정부들이 기획탈북을 빌미로 북한 이탈 이주자를 억압하는 것을 사실상 지지하는 것이다.

지금 북한·중국 정부들은 북한 주민의 이주 자유를 억압하면서 '기획탈북'을 이유로 대고 있다. 남한 정부도 이런 태도를 부분적으로 공유하고 있다.

셋째, 주체주의자들은 기획탈북이 국제 문제를 일으킨다고 주장한다. 이 때문에 중국 정부는 탈북자 색출·송환을 하고, 이는 재중 북한인 불법체류자들의 삶을 더 어렵게 한다는 것이다.

그러나 기획탈북이 국제 문제를 일으키는 것은 아니다. 탈북자의 존재를 둘러싸고 남북한과 중국·미국의 정부들이 '체제 우위' 언쟁을 하는 것이 '국제 문제'의 실상이다.

브로커 등이 연루된 남아시아인들의 '기획이주' 때문에 한국 정부와 필리핀·방글라데시·네팔 등의 정부들이 서로 갈등을 일으키지는 않는다.

진보진영이 이 가운데 북한 편을 드는 것이 옳은가? 오히려 아무 편도 들지 않고 오직 탈북자만을 옹호하는 것이 필요하다. 그들은 거의 다 피억압자들이다. 잘 먹고 잘 사는데도 조국을 떠나고 싶어하는 사람은 별로 없다.

넷째, 주체주의자들의 북한인권법과 기획탈북 등 미국의 음모에 대한 반대는 북한 내의 억압에 침묵하는 한은 설득력이 없다.

물론 진정한 진보운동가라면 미국의 음모에 찬성하지 않을 것이다. 그리고 미국의 인권 미사여구에 가려진 위선을 들춰낼 것이다. 그리고 진정한 진보운동가는 미국의 대북 압박과 적대 정책에 반대한다.

하지만 전쟁도 아닌 고작 음모와 유인에 의해 붕괴될 위험이 있을 만큼 허약한 체제는 어떤 체제인가? 미국의 그 알량하고 위선적인 권리조항에 이끌려 수많은 북한인들이 탈북할 것이 두렵다면 그런 체제는 커다란 문제점을 안고 있다고 스스로 고백하는 셈이다.

1989년 동독의 숙련노동자들과 기술자들이 대거 서독으로 이탈했을 때, 그리고 몇 주 뒤 수백만 명이 베를린장벽 제거를 요구했을 때 결국 동독 체제의 문제점 때문에 그랬던 것 아닌가?

물론 서독 체제가 더 나았다는 것은 아니다. 동독인들의 환상은 분명히 환상이었다.

하지만 지금 그들은 그들이 과거에 살았던 체제가 더 좋았다고 향수에 젖지는 않는다. 만일 그렇다면 옛 동독 지역에서 가장 인기 있는 당은 스탈린주의 정당이어야 할 텐데, 그렇지 않다. 옛 동독 공산당(SED)의 후신인 민주사회주의당(PDS)은 사회민주주의 정당으로 변신함으로써만 생존할 수 있었다.

북한 주민의 중국 이동이 단지 대홍수로 말미암은 경제적 궁핍 때문이었다는 주장은 북한이 사회주의가 아니라는 반증일 뿐이다.

마르크스주의에서 사회주의는 그 정의상 자본주의보다 진보하고 질적으로 우월한 사회다.

아무리 큰물과 큰 가뭄이었다지만 자연재해에 그토록 취약하고, 아무리 많은 이재민이었다지만 자기 인민도 제대로 먹이지 못하는 체제가 무슨 사회주의라는 말인가?

사실, 북한 경제는 1970년대 말부터 성장이 감속하기 시작해 1980년대 말에는 정체하고, 1990년대 대부분 동안에는 실제로 수축했다.

그것은 '우리식 사회주의'이기는커녕 옛 소련 경제의 리듬에 종속돼 있었을 뿐 아니라, 사실은 세계경제의 리듬에 종속돼 있다. 만일 북한 한 나라에서 사회주의가 가능했다면 이런 일은 일어날 수 없다.

다섯째, 주체주의자들은 궁극적 해결책으로 북한의 경제 사정과 식량 사정이 근본적으로 개선되는 것을 든다. 그래서 이를 위해 미국의 대북관계 정상화, 남북경협 강화, 대북 식량지원·전력 지원 등을 요구한다.

그러나 이것은 미국과 남한·일본 정부들이 그런 요구를 수용하는 제스처를 취할 때 그들에 대한 개량주의적 태도를 낳을 것이다.

이미 2000년 이후 김대중 정권 후반부에 이런 일이 일어났다.

제국주의와의 '평화공존'이 지속가능할까? 마르크스주의적 분석은 제국주의가 자본주의의 필연적 결과로 발전하는 자본주의의 특정 단계임을 강조한다.

북한 민중의 고통은 자본주의 세계 체제와 북한 체제가 그들에게 가하는 착취와 억압의 멍에 자체를 제거할 때 근본적으로 해결될 수 있다.

물론 그러기 전에라도 우리는 국내 입국하는 북한 출신 노동자·민중을 환영해야 한다.

미국의 음모가 사실일지라도 탈북자 인권 외면의 구실이 될 수는 없다. 미국 권력층의 일부가 장차 북한에 친미 정권을 세울 요량으로 해외망명 임시정부를 구성할 북한 관료 출신 극소수 탈북자들을 비호할 수 있다. 그럴지라도 그것 때문에 수많은 평범한 탈북자들의 불행이 외면돼도 되는 것은 아니다.

국제주의 전통 자료집

V-3. 제국주의와 전쟁, 민족문제

지은이 | 알렉스 캘리니코스, 크리스 하먼 외 지음
엮은이 | 이정구

펴낸곳 | 도서출판 책갈피
등록 | 1992년 2월 14일(제2014-000019호)
주소 | 서울 성동구 무학봉15길 12 2층
전화 | 02) 2265-6354
팩스 | 02) 2265-6395
이메일 | bookmarx@naver.com
홈페이지 | http://chaekgalpi.com

첫 번째 찍은 날 2018년 8월 27일

값 13,000원
ISBN 978-89-7966-150-7 04300
ISBN 978-89-7966-155-2 (세트)

잘못된 책은 바꿔 드립니다.